Über dieses Buch Für die Interpretation eines dichterischen Werkes ist die Kenntnis des künstlerischen Selbstverständnisses seines Verfassers unentbehrlich. Thomas Mann hat sich vor allem in Briefen und autobiographischen Aufsätzen vielfach über seine erzählenden und betrachtenden Bücher geäußert, zur Zeit ihrer Entstehung und oft auch noch rückblickend längere Zeit nach ihrem Erscheinen. Vom Sommer 1905 bis zum Februar 1909 arbeitete er, von gelegentlichen Aufsätzen unterbrochen, an ›Königliche Hoheit‹, einem Gegenstück zu ›Tonio Kröger‹, wie er seinen Plan erstmals im Dezember 1903 in einem Brief an Walter Opitz bezeichnete; vom Januar 1910 bis ins Jahr 1913 und, nach sehr langer Pause, von Januar 1951 bis zum April 1954 schrieb er »an dem ›Krull‹ zu meiner Unterhaltung langsam weiter, ohne zu wissen, ob das Ding je fertig wird, was jedenfalls eine Sache von Jahren wäre« (20. August 1951 an Jonas Lesser). Entstehung und Thomas Manns Selbsteinschätzung seiner Romane lassen sich anhand dieser wissenschaftlich edierten Zitate zu den Werken detailliert nachvollziehen. Die Ausgabe stellt für Kenner und Liebhaber eine wesentliche Interpretationshilfe dar.

Der Autor Thomas Mann wurde 1875 in Lübeck geboren und wohnte seit 1893 in München. 1933 verließ er Deutschland und lebte zuerst in der Schweiz am Zürichsee, dann in den Vereinigten Staaten, wo er 1938 eine Professur an der Universität Princeton annahm. Später hatte er seinen Wohnsitz in Kalifornien, danach wieder in der Schweiz. Er starb in Zürich am 12. August 1955.

Thomas Mann

Selbstkommentare: ›Königliche Hoheit‹ und ›Bekenntnisse des Hochstaplers Felix Krull‹

Herausgegeben von Hans Wysling
unter Mitwirkung
von Marianne Eich-Fischer

Fischer Taschenbuch Verlag

Teildruck aus ›Dichter über ihre Dichtungen.
Band 14 / I. Thomas Mann. Teil I: 1889–1917‹,
[München / Frankfurt am Main] Heimeran / S. Fischer [1975],
S. 238–280, 294–381, 590–602.
Für die Taschenbuchausgabe bearbeitet von Knut Beck

Veröffentlicht im Fischer Taschenbuch Verlag GmbH,
Frankfurt am Main, Juli 1989

Für diese Zusammenstellung:
© 1989 Fischer Taschenbuch Verlag GmbH, Frankfurt am Main
Umschlagentwurf: Buchholz / Hinsch / Hensinger
Umschlagfoto: Thomas Mann, 1955
© H. E. Lehmann, Köln
Gesamtherstellung: Clausen & Bosse, Leck
Printed in Germany
ISBN 3-596-6891-5

Inhalt

›Königliche Hoheit.‹ Roman

Entstehungszeit: Sommer 1905 (Novelle); Sommer 1906 – Februar 1909 (Roman) Erstdrucke: Die neue Rundschau, Berlin, Jg. 20, H. 1–9, Januar bis September 1909, und Berlin: S. Fischer Verlag 1909

Thomas Mann an Walter Opitz   München, 5. 12. 1903
Sie beklagen, daß Sie zu mir »in kein näheres Verhältnis gekommen« seien; aber gesetzt, daß es hier etwas zu klagen gäbe, – sollte Ihre Klage nicht so etwas wie Undank bedeuten? Näher, als Jemand, der, wie Sie, ein Leser des ›Tonio Kröger‹ ist, kann mir niemand kommen, und wenn Sie mich persönlich verschlossen fanden, so mag es daran liegen, daß man den Geschmack an persönlicher Mittheilsamkeit verliert, wenn man gewohnt ist, sich symbolisch, das heißt: in Kunstwerken zu äußern. Man führt, möchte ich sagen, ein symbolisches, ein repräsentatives Dasein, ähnlich einem Fürsten, – und, sehen Sie: in diesem Pathos liegt der Keim zu einer ganz wunderlichen Sache, die ich einmal zu schreiben gedenke, einer Fürsten-Novelle, einem Gegenstück zu ›Tonio Kröger‹, das den Titel führen soll: ›Königliche Hoheit‹...   (eBr./Br. I, 39)

Thomas Mann an Philipp Witkop   München, 14. 4. 1905
Ich lasse mir jetzt gegen meine schreckliche Constipation den Bauch elektrisiren und suche so, Stimmung zu gewinnen für eine neue grössere Novelle. Mein letzter Streich war ein Beitrag für die Schiller-Nummer des Simplicissimus, den Sie hoffentlich sehr schön finden; denn sonst wären Sie ein Rohling.   (eBr.)

Thomas Mann an Ida Boy-Ed   Wannsee bei Berlin, 3. 9. 1905
Eine grössere Novelle, eine Prinzengeschichte, ist begonnen; eine kleine, sehr unabhängige Novelle, die in Berlin W spielt, habe ich in diesen Ostseewochen geschrieben[1]; und ein Roman, für den seit Beendigung von ›Buddenbrooks‹ schon Material bei Seite getragen wurde, ist entworfen [Maja].   (eBr./Gra 157)

---

[1] ›Wälsungenblut‹, Die neue Rundschau, Berlin, Jg. 17, H. 1, Januar 1906, S. 91–111.

Thomas Mann an Heinrich Mann   München, 17. 10. 1905
Ich werde, da das Wetter sich aufgeklärt hat, in den nächsten Tagen
mit meiner Tiergarten-Novelle fertig, die zuerst im Januar-Heft der
Neuen Rundschau erscheinen soll und dann dem Kgl. Hoheit-Band
nicht zur Unehre gereichen wird.   (eBr. / M 38)

Thomas Mann an Heinrich Mann   München, 5. 12. 1905
Es ist Zeit, auf ein Meisterstück zu sinnen. Es ist nicht unmöglich,
daß ich nach ›Kgl. Hoheit‹ (das ein Kinderspiel ist im Vergleich [zu]
dem neuen Plan) alles andere vom Tische streiche und mich über
Friedrich hermache.   (eBr. / M (1984) 66)

Thomas Mann an Heinrich Mann   München, 22. 1. 1906
Ich suche wieder Fühlung mit ›Kgl. Hoheit‹ zu gewinnen, das mir
schon ganz entfremdet war. Und für den ›Friedrich‹ fange ich wirklich schon an, zu notiren. Wenn ich nur fleißiger sein könnte und ein
wenig sichtlicher von der Stelle rückte. Aber meine Arbeitstaktik,
die ein fortwährendes Zögern ist, wird sich nicht mehr ändern lassen.   (eBr. / M 50)

Thomas Mann an Kurt Martens   München, 30. 5. 1906
Jetzt, hier wieder akklimatisirt bin ich gottlob endlich wieder ins
Arbeiten gekommen.   (eBr.)

Thomas Mann an Heinrich Mann   München, 7. 6. 1906
Die ersten Tage nach meiner Rückkehr vom Weißen Hirsch (und
Berlin) war ich totmüde und schlief den halben Tag. Dann kamen
wirklich vier, fünf Tage voll Erneuerungsgefühl und Arbeitsstim-
mung, deren Frische ich nicht zum Briefschreiben benutzen wollte.
Und dann bereitete sich ein Magen-Anfall vor, der gestern, pünkt-
lich an meinem Geburtstage, seinen Ausbruch und Höhepunkt erreichte. Ungefähr eine Woche lang gehe ich in solchen Fällen in
tiefer Verdüsterung, geistiger Oede und neurasthenischer Men-
schenscheu umher, unfähig, auch nur zu lesen und unwissend, was
aus mir werden soll.   (eBr. / M 54)

Thomas Mann an Heinrich Mann   München, 11. 6. 1906
Ich baue sehr auf den Landaufenthalt; er muß mich wieder zu Kräften bringen. Wie wenig mit der »Conception« gethan ist, das fühlt

man erst, wenn die Kräfte, der Muth, die Lustigkeit fehlen, um (bei hoch entwickeltem Talent, großer Ungenügsamkeit und Gewissenhaftigkeit!) zu *arbeiten*, die Mache, die Widerwärtigkeiten der Periode, die Strapazen des Rhythmus auf sich zu nehmen. Der ›Friedrich‹, die ›Maja‹, die Novellen, die ich schreiben möchte, könnten vielleicht Meisterwerke werden, aber man verzehrt sich in Plänen und verzagt am Anfangen. Kleist hat seinen Robert Guiscard nicht gemacht und Hartleben nicht seinen Diogenes. Schrecklich, schrecklich! Nun, hoffen wir! Nochmals Dank für Deine Theilnahme und herzlichen Gruß. (eBr. / M 57)

Thomas Mann an Samuel Fischer   Oberammergau, 15. 7. 1906
Denn ich arbeite, arbeite, arbeite hier. Täglich. Mit Vergnügen, mit guter Hoffnung, setze Schwarz auf Weiß, und komme vorwärts – ein Glück, das ich schon kaum noch kannte und das mir so nöthig ist! Es steht fest, ich bin bei allem Inderthum im Grunde ein arbeitsamer Mensch. Arbeit ist schwer, ist oft genug ein freudloses und mühseliges Stochern. Aber *nicht* arbeiten – das ist die Hölle. – Es handelt sich um ›Königliche Hoheit‹, eine zarte, gefährliche Sache, die behutsam hergestellt sein will, aber von der *Glanz* ausgehen soll, wenn sie eines Tages in der Rundschau erscheint.
(eBr. / Br. III, 451)

Thomas Mann an Philipp Witkop   Oberammergau, 26. 8. 1906
[. . .] hier ist es auch nicht übel, und ich arbeite nicht ohne Glück.
(eBr.)

Thomas Mann an Kurt Martens   München, 15. 10. 1906
Das beifolgende Heft mit dem Artikel[2] über den Prinzen Ludwig Ferdinand und seinem Portrait kam zufällig in meine Hände, und mir fiel dabei Deine Liebe zu dem Prinzen ein. Vielleicht interessiert Dich Aufsatz und Bild. (eBr.)

Februar / März 1907
Thomas Mann im ›Versuch über das Theater‹
Daß der Romantiker und Königsfreund Richard Wagner es war, der

2 Albert Pfister, ›Der preußische Alcibiades‹, Velhagen & Klasings Monatshefte, Berlin u. a., Jg. 21, H. 2, Okt. 1906, S. 223–229.

die Demokratisierung des Zuschauerraumes, seine Nivellierung (wenn das Bild erlaubt ist) zum Amphitheater zuerst in Deutschland – zuerst in der ganzen Welt! – wieder vollzog: das gehört zu den lebensvollen, die Kategorien verwirrenden, die Antithesen aufhebenden Tatsachen, an denen der freie Geist seine Freude hat. Wie sollte denn aber auch der Dramatiker und Theatraliker großen Stils je etwas anderes sein können als romantischer Demokrat in dem Sinne, wie Wagner es in den ›Meistersingern‹ ist, – da ja das ideale Theaterpublikum gar nicht anders denn volkhaft, volkstümlich-einheitlich, volkstümlich-empfänglich in seiner Seele auch für das Höchste und unverbildet-amüsabel zu denken ist – kurz, als das Volks-Publikum, das Hebbel meinte, als er aussprach, daß unser modernes Theater zwar von jeher nur Unterhaltungsmittel, nur Zeitvertreib gewesen, daß aber, solange es Zeitvertreib des Volkes, »des wirklichen, wahren« Volkes bleibe, es nicht verloren sei. [5]

(X, 55)

Thomas Mann an Heinrich Mann München, 7. 6. 1907
Ob ich diesen Sommer mit ›Kgl. Hoheit‹ einigermaßen zu Rande komme? Frankfurt [4] hat mich wieder sehr abgelenkt, demoralisirt und ermüdet. Aber am See will ich mein Möglichstes thun.

(eBr. / M 60)

Thomas Mann an Heinrich Mann Seeshaupt, 19. 6. 1907
Ich bin möglichst fleißig und arbeite hier wenigstens wieder *regelmäßig*, wenn auch die tägliche Kraft nicht weit reicht.

(eBr. / M 61)

Thomas Mann an Heinrich Mann Seeshaupt, 22. 6. 1907
Ich arbeite nach Kräften. Aber was für kleine Schritte! Eine *Geduld* ist nöthig! Ein *Starrsinn!*

(eBr. / M 61)

---

3 Vgl. Friedrich Hebbel, ›Mein Wort über das Drama‹, in: F. Hebbel, ›Sämtliche Werke. Historisch-kritische Ausgabe‹, Hg. Richard Maria Werner, Bd. II, Berlin: Behr 1904, S. 16.
4 Aufführung der ›Fiorenza‹ in Frankfurt, vgl. Brief an Heinrich Mann vom 27. 5. 1907 (M 58).

Seeshaupt, Juli 1907

Thomas Mann in ›Mitteilung an die Literarhistorische Gesellschaft in Bonn‹

Das ist alles, was ich aufzuweisen habe, wenn man mich fragt, was ich im letzten Jahr fertigstellte, – denn seitdem habe ich das Fest des Schlußwortes und der ›letzten Hand‹ nicht mehr gefeiert. Ich bin von der zeitraubenden schriftstellerischen Abschweifung zu meiner ›Musik‹, meinem Roman zurückgekehrt, den die ›Neue Rundschau‹ schon allzulange ankündigt und den sie schon noch eine Weile wird ankündigen müssen. Jeden Vormittag ein Schritt, jeden Vormittag eine ›Stelle‹, – das ist einmal meine Art, und sie hat ihre Notwendigkeit. In einer warmherzigen und ungewöhnlich feinfühligen Besprechung, die Dr. Alexander Pache neulich in den ›Hamburger Nachrichten‹ meinen literarischen Bemühungen widmete[5], machte er auf meine Kompositionsart aufmerksam; er schilderte, wie ich das vielgebrauchte Kunstmittel des ›Leitmotivs‹ ausgebildet und verinnerlicht hätte, wie es bei mir nicht mehr ein bloßes Merkwort physiognomischen und mimischen Inhalts bleibe, sondern »direkt musikalisch« verwandt werde und für die ganze Darstellungsweise und Stilfärbung bestimmend sei. Das ist schon früher bemerkt worden. Auch Oscar Bie schrieb einmal, daß die Musik als symbolische und stilbildende Macht in meine Produktion hineinwirke. Nun, diese Machart allein würde genügen, meine Langsamkeit zu erklären. Es handelt sich dabei weder um Ängstlichkeit noch um Trägheit, sondern um ein außerordentlich lebhaftes Verantwortungsgefühl, das nach vollkommener Frische verlangt und mit dem man nach der zweiten Arbeitsstunde lieber keinen irgend wichtigen Satz mehr unternimmt. Aber welcher Satz ist ›wichtig‹ und welcher nicht? Weiß man es denn zuvor, ob ein Satz, ein Satzteil nicht vielleicht berufen ist, wiederzukehren, als Motiv, Klammer, Symbol, Zitat, Beziehung zu dienen? Und ein Satz, der zweimal gehört werden soll, muß danach sein. Er muß – ich rede nicht von ›Schönheit‹ – eine gewisse Höhe und symbolische Stimmung besitzen, die ihn würdig macht, in irgendeiner epischen Zukunft wiederzuerklingen. So wird jede Stelle zur ›Stelle‹, jedes Adjektiv zur Entscheidung, und es ist klar, daß man auf diese Weise nicht aus dem Handgelenk pro-

---

5 Alexander Pache, ›Thomas Mann‹, Belletristisch-literarische Beilage der ›Hamburger Nachrichten‹, Nr. 24, 16. 6. 1907, S. 1–3.

duziert. Ich blicke in dieses oder jenes gern gelesene erzählende Werk und ich sage mir: »Nun ja, ich will glauben, daß das flink vonstatten gegangen ist!« Was mich betrifft, so heißt es, die Zähne zusammenbeißen und langsam Fuß vor Fuß setzen, – heißt es, Geduld üben, den halben Tag müßig gehen, sich schlafen legen und abwarten, ob es nicht morgen bei ausgeruhtem Kopf doch vielleicht besser wird. Irgend etwas Größeres fertigzumachen, dem einmal Unternommenen die Treue zu halten, nicht davonzulaufen, nicht nach Neuem, in Jugendglanz Lockendem zu greifen, dazu gehört bei meiner Arbeitsart in der Tat eine Geduld – was sage ich! eine Verbissenheit, ein Starrsinn, eine Zucht und Selbstknechtung des Willens, von der man sich schwer eine Vorstellung macht und unter der die Nerven, wie man mir glauben darf, oft bis zum Schreien gespannt sind. Jedes Urteil über Neuheit und Wirkungsmöglichkeit des Werkes ist mit der Zeit abhanden gekommen, der Glaube daran wird künstlich, galvanisch, der größere Teil der Nervenkraft wird verbraucht, um den Glauben zu stimulieren, und zuletzt fragt man sich, ob all der Kampf eigentlich noch in irgendeinem Verhältnis steht zu der Würde und Wichtigkeit dessen, um was man kämpft. Das Ende muß es lehren, – auch diesmal.

Erzählen? Ausplaudern? Das ›Problem‹? Die ›Handlung‹? Ich werde mich hüten. Mein Geheimnis wenigstens will ich bis zum Ende für mich haben, – abgesehen davon, daß meine ›Stoffe‹ und ›Handlungen‹ die Eigentümlichkeit haben, sich nicht ausplaudern zu lassen... Ich gab die Überschrift her: ›Königliche Hoheit‹, – ein schöner Titel, unter dem zu arbeiten mich seit Jahren verlangt hat. Ein Prinz, ein Milliardär, ein Chauffeur, ein Rassehund, eine wahnsinnige Gräfin, ein romantischer Hilfslehrer und eine Prinzessin besonderer Art treten auf, – man sei also neugierig. Mir selbst erscheint das Ganze zuweilen so neu und schön, daß ich in mich hineinlache – und zuweilen so läppisch, daß ich mich auf die Chaiselongue setze und zu sterben glaube. Was wird die Wahrheit sein? Das Ende muß es lehren, – auch diesmal.   (XI, 715)

Thomas Mann an Carl Ehrenberg   Seeshaupt, 29. 7. 1907
Mein Buch schreitet vor.   (eBr. / Br. III, 452)

Thomas Mann an Philipp Witkop   Seeshaupt, 14. 8. 1907
[...] wie gewöhnlich wälze ich etwas Schweres vor mir her.   (eBr.)

Thomas Mann an Georg Martin Richter   Seeshaupt, 10. 9. 1907
Ich wälze unverzagt (oder manchmal doch verzagt) meinen Roman
vor mir her.   (eBr.)

Thomas Mann an Philipp Witkop   Seeshaupt, 24. 9. 1907
[...] und außerdem soll und muß diesen Winter mein Roman fertig
werden.   (eBr.)

Thomas Mann an Heinrich Mann   München, 16. 10. 1907
Wir hatten vorgestern interessanten Besuch: von S. Fischer, Verlag,
der expreß herbeieilte, um die Honorarfrage betr. ›K. H.‹ (was sowohl »Klaus Heinrich« wie »Kgl. Hoheit« heißt) zu ordnen. Ich las
ihm ein Kapitel vor und bekam recht stolze Bedingungen zugestanden: 6000 für den Vorabdruck und 10 Tausend gleich honorirt. Mir
ist nicht ganz geheuer bei diesem Optimismus.   (eBr. / M 63)

Thomas Mann an Kurt Martens   München, 2. 1. 1908
Was den Vortragsabend angeht, so hast Du wohl recht. Im Stillen
hatte ich mir auch schon dergleichen gedacht und aus der Spezial-
Reklame, die die Herren mit mir machen, ersehe ich, daß ich ihnen
wohl wirklich einen rechten Gefallen thue. Andererseits, warum
sollte ich nicht? Es ist ja eine reine Lokalsache und um meine »litte-
rarische Stellung in München« (mit der manche auswärtige Zeitungen es erklärten, daß Fiorenza nicht durchfiel) habe ich mich noch
niemals gekümmert. Die Einladung traf mich gleich nach der Thea-
teraufführung, ich war im Zuge und hatte Lust, gleich auch noch
mal aufzutreten und zu lesen. Schließlich ist ja auch Thoma dabei.
Und dann ist es eine Wohlthätigkeitsveranstaltung, ohne Honorar.
Und ganz schließlich: Rang ist gut, und ich habe ziemlich viel prinz-
liches Empfinden; aber vor Gott sind wir Alle Gewürm und vor
Shakespeare Alle Ettlingers[6]. Und zuweilen habe ich nicht die Cou-
rage zu lebhaftem Distanzgefühl. Jedenfalls kann ich nun nicht
mehr zurück, obgleich ich wahrscheinlich aus dem Rahmen fallen

6 Karl Ettlinger; Schriftsteller, populärer Satiriker und Redakteur an der
  Münchner Zeitschrift ›Jugend‹.

werde. Es ist sehr schwer aus meinem Roman was Lesbares herauszulösen. Ich werde ein Stückchen lesen, das zwischen den übrigen Darbietungen möglicherweise peinlich wirken und außerhalb des Zusammenhanges vielleicht nicht einmal verständlich sein wird. Nun, was liegt daran. Gumppenbergs[7] Vergleiche erwarte ich jedenfalls mit Ruhe. Daß die Redakteure der ›Neuesten‹ und der ›Jugend‹ bei der Kritik am besten abschneiden müssen, ist ja Jedem von vornherein klar. Aber es ist ganz gut, wenn einem mal ein bischen Unrecht geschieht. (eBr. / Br. I, 71)

Thomas Mann an Heinrich Mann   München, 15. 1. 1908
In ›K[önigliche] H[oheit]‹ bin ich nun, Gott Lob, bei der Liebesgeschichte angelangt. Aber es hat noch große Compositionsschwierigkeiten. (eBr. / M 64)

Thomas Mann an Heinrich Mann   Polling, 6. 2. 1908
Es ist starker Frost, und die Schreibebedingungen sind, auch abgesehen von der Tinte, nicht sehr günstig. Aber ich halte mich doch jeden Vormittag zwei Stunden am Schreibtisch fest und erzähle ein Stückchen weiter. Wie lange noch? Alles nimmt immer viel mehr Raum und Zeit in Anspruch, als ich dachte. Aber es muß wohl so sein. Es ist eine Sache, bei der das Erzählen in hohem Grade Selbstzweck ist. Auch glaube ich, daß es niemals eigentlich langweilig wird. Aber kurzweilig ist es auch nicht gerade. (eBr. / M 65)

Thomas Mann an Joseph-Emile Dresch   München, 19. 3. 1908
Was den angekündigten Roman ›Königliche Hoheit‹ betrifft, so werde ich noch bis in den Sommer daran zu arbeiten haben. Er wird im Oktober-Heft der Neuen Rundschau zu erscheinen beginnen und zu Weihnachten als Buch herauskommen. Sollten Sie dies neue Buch mit in Ihre Betrachtung[8] aufnehmen wollen, so wird Herr Fischer Ihnen mit Vergnügen die Hefte zugehen lassen. (eBr.)

---

7 Hanns von Gumppenberg, Schriftsteller, Theaterkritiker der ›Münchner Neuesten Nachrichten‹.
8 Vgl. Anm. 50.

Thomas Mann an Julius Bab   München, 9. 4. 1908
Ich liege in einem letzten, harten Kampf mit einer größeren eigenen
Arbeit und bin daher in diesen Wochen vollständig außer stande,
mich in fremde Schöpfungen mit Frische und Ruhe zu vertiefen.
                                                     (eBr.)

Thomas Mann an Joseph-Emile Dresch   München, 21. 10. 1908
Die Ungeduld, mit welcher Sie mein neues opus erwarten, muß mir
schmeichelhaft sein; zu meinem Bedauern muß ich Ihnen aber mit-
teilen, daß die erste Veroeffentlichung desselben sich, aus technischen Gründen, noch verzögert hat. Das Manuskript hat sich nämlich als zu umfangreich erwiesen, um in drei Heften (Oktober bis
Dezember) der ›Neuen Rundschau‹ erledigt werden zu können, und
so hat man beschlossen, im Januarheft zu beginnen und den Roman
mit Muße bis April oder Mai laufen zu lassen, um welche Zeit er
dann als Buch herauskommen soll. Dennoch würde ich wünschen,
daß Sie Ihren Essay nicht abfaßten, ohne von diesem neuen Buche
Kenntnis genommen zu haben; denn ich glaube wohl, daß mit ihm
eine Periode meiner Produktion sich endigt und eine neue beginnen
wird.   (eBr.)

Thomas Mann an Heinrich Mann   München, 10. 11. 1908
›K[önigliche] H[oheit]‹ geht mir augenblicklich von der Hand und
nähert sich seinem opernhaften Ende.   (eBr. / M 70)

Thomas Mann an Samuel Lublinski   München, 6. 12. 1908
Außer meinem Roman *und* den Correkturen habe ich jetzt noch
eine kleine Sache für die Weihnachtsnummer der N. Fr. Presse[9] zu
machen gehabt.   (eBr. / Br. III, 455)

Thomas Mann an Heinrich Mann   München, 7. 12. 1908
Hoffentlich kannst Du bald Deinen Roman[10] fertig schreiben, an
dessen Bedeutung und Wert ich *fest glaube*. Ich wollte, ich könnte
halb so fest an ›K[önigliche] H[oheit]‹ glauben, von dem ich mir ein
klägliches Fiasko erwarte. Nun, ich habe noch allerlei in Petto.
                                                     (eBr. / M 71)

---

9 ›Das Eisenbahnunglück‹, Neue Freie Presse, Nr. 15 940, 6. 1. 1909.
10 Heinrich Mann, ›Die kleine Stadt‹, Leipzig: Insel 1909.

München, 23. 12. 1908

Thomas Mann an Hugo von Hofmannsthal
Im Frühjahr wird meine neue Erzählung erscheinen, – eine sonderbare Sache, die schwer möglich zu machen war und vielleicht nicht möglich gemacht worden ist. Aber ich glaube doch, daß Dies und Jenes in meiner Schilderung des prinzlichen Daseins Sie sympathisch berühren wird, und so werde ich Ihnen das Buch schicken, – während ich jetzt vergeblich um mich schaue, womit auch ich Ihnen eine Freude machen könnte. (Ho 13)

Thomas Mann an Philipp Witkop   München, 23. 12. 1908
Zu Ihrer freundlichen Einladung sage ich nicht Nein, – das ist ja vorderhand alles, was Sie wünschen. Mitte Mai wäre, soviel ich voraussehe, ganz recht, und ich würde Ihnen ein hübsches Kapitel aus ›Kgl. Hoheit‹ lesen, – dasselbe, das ich neulich in Wien gelesen habe. (eBr.)

Thomas Mann an Joseph-Emile Dresch   München, 3. 2. 1909
Ich wußte nicht, daß Ihnen daran läge, meinen Roman schon in der Zeitschrift, in Fortsetzungen zu lesen. Nun, da ich es weiß, werde ich meinen Verleger bitten, Ihnen die ›Neue Rundschau‹ zu schikken, so lange meine Erzählung läuft. (eBr.)

Thomas Mann an Joseph-Emile Dresch   München, 18. 3. 1909
Nehmen Sie herzlichen Dank für Ihre gütigen, wohlthuenden Worte über meinen Roman.
Das *Mai*-Heft der Neuen Rundschau wird voraussichtlich den Schluß bringen. Das Buch wird schon jetzt, gleichzeitig mit den Rundschau-Heften gedruckt, kann aber erst zum Herbst erscheinen. (eBr.)

Thomas Mann an Heinrich Mann   München, 25. 3. 1909
Da ich Dir ›K[önigliche] H[oheit]‹ noch nicht schicken kann, so nimm vorlieb mit der Neuausgabe des ›Kl[einen] Herrn Friedemann‹[11], die etwas vermehrt ist. (eBr. / M 73)

---

11 ›Der kleine Herr Friedemann und andere Novellen‹, Berlin: S. Fischer 1909
   (= Fischers Bibliothek zeitgenössischer Romane, Jg. 1, Bd. 6).

Thomas Mann an Heinrich Mann   München, 1. 4. 1909
Mir ist nicht wohl bei der Nachricht, daß Du ›K[önigliche] H[oheit]‹
in der Rundschau liest. Ich fürchte, Du bist nicht in der Verfassung,
das Spiel, das ich dort, im Sinne meines Buches, mit unserem ge-
schwisterlichen Verhältnis treibe, zu nehmen, wie es genommen
werden muß.   (eBr. / M 75)

Thomas Mann an Korfiz Holm   München, 5. 5. 1909
Eigentlich ist der Ausschnitt in der Rundschau ja eine Schweinerei.
Kein Buch kann weniger dafür geeignet sein. Es ist alles so fest ver-
webt und verzahnt und wird nun so auseinandergerissen. Nun, desto erfreulicher, wenn er Ihnen trotzdem gefällt!   (eBr.)

Thomas Mann an Heinrich Mann   Zürich, 3. 6. 1909
Mit der Martini-Scene [12] hast Du vollkommen recht; ich hatte von
Anfang an das selbe Gefühl, und doch konnte ich es nicht lassen,
mag auch jetzt nicht streichen. Innerlich berief ich mich immer auf
Ibsen, der in den Kronprätendenden seinem Skule auch eine solche
Scene mit einem Dichter giebt (»Die Gabe des Schmerzes« [13]). Die
Gefahr, die darin liegt, auf den Unterschied zwischen conventionel-
ler und wirklicher Hoheit aufmerksam zu machen, fürchte ich weniger. Dieser Unterschied wird in dem Buch überhaupt nicht gemacht,
und ich glaube nicht, daß ein Leser die Hoheit Axel Martinis wirklicher finden kann, als die Klaus Heinrichs. Es ist nur eine andere
Form. Aber das Schlimme ist, daß es *die* Form ist, die durch all die
anderen Hoheitsformen symbolisiert wird und nun auf einmal selber auftritt, wenn auch geistig eingekleidet in die selbe Ironie, die
Alles durchdringt. Des Dichters Neid auf den jungen Weber halte
ich nicht für falsch. Diese Art von Neid und Sehnsucht gehört ja
innerhalb dieses (intellektuell sehr – abgeschlossenen) Buches geradezu zur Hoheit. Man muß bedenken, daß die Tendenz des Buches,
wenn auch mit einer etwas hinterhältigen Didaktik, auf das *Leben*
weist oder doch auf einen Compromiß von Hoheit und Leben. Der
junge Weber als Vertreter des Lebens ist eine solche Hinterhältig-
keit, und der Neid auf ihn gehört unbedingt zum Humor des Gan-

12 Vgl. Kap. ›Der hohe Beruf‹ (II, 172).
13 In den ›Kronprätendenden‹, IV. Akt, sagt der Skalde Jatgejr zu König Skule:
    »Ich empfing die Gabe des Leids, und da ward ich Skalde.«

zen.[14] Einerlei: Die Scene ist fehlerhaft. Den Durchschnittsleser werden ein paar lebhafte Détails darüber wegtäuschen. Wir anderen lernen etwas dabei; und so mag der Fehler stehen bleiben. –

(eBr. / M 77)

Thomas Mann an Hugo von Hofmannsthal   Bad Tölz, 25. 7. 1909
Es freut mich sehr, daß Sie die Schicksale meines Pärchens in der Rundschau weiter mit Wohlwollen verfolgen. Schon was Sie mir mündlich darüber sagten, zeigte mir zu meiner Genugthuung, daß Sie die Erzählung, ihren Absichten nach, zu würdigen wissen. Sie brauchten auch das Wort Allegorie, und dieses Wort ist ja ästhetisch recht sehr in Verruf. Mir scheint trotzdem die poetische Allegorie von großen Maßen eine hohe Form zu sein, und man kann, scheint mir, den Roman nicht besser erhöhen, als indem man ihn ideell und konstruktiv macht. Dieses Bestreben ist meine einzige Entschuldigung für solche Seltsamkeiten wie die, auf die Sie mich aufmerksam machen. Das Gespräch über den Gatten der Gräfin[15] ist gesellschaftlich gewiß unmöglich; aber man muß bedenken, daß die Beiden ja nach Wissen und »Einblicken« mit einander »stöbern«. Die Unwissenheit des Prinzen ist ja nicht real, sondern dekorativ übertrieben, und man muß an der humoristischen Annahme festhalten, daß sein Wissen nicht über die Enthüllungen des Schusters Hinnerke hinaus gediehen ist. Ist es nicht zu entschuldigen, daß er im Gespräch mit der kleinen »Schwester«, die er gefunden, und mit der er den Ausweg aus der Hoheit ins Leben finden wird, das Gesellschaftliche ein bischen vernachlässigt – zumal doch der Ausdruck im Einzelnen gewiß behutsam ist? – Offen gestanden: bedenklicher, als diese Passage, scheint mir eine andere, auf deren Gefährlichkeit auch mein Bruder Heinrich mich hinwies. Ich meine die Scene zwischen dem Prinzen und dem Dichter Martini. Hier tritt plötzlich die Wirklichkeit auf und unterhält sich mit ihrem eigenen Symbol. Das ist besten Falles amüsant. Ich habe mich während des Schreibens auf den Dialog in den ›Kronprätendenten‹ zwischen Skule und dem Skalden berufen – vielleicht mit Unrecht. Es wäre mir sehr wichtig, zu hören, ob Sie die Scene haben passieren lassen.   (eBr. / Ho 14 u. Br. I, 76)

14 Vgl. Kap. ›Der hohe Beruf‹ (II, 179).
15 Vgl. Kap. ›Imma‹ (II, 251).

Thomas Mann an Richard Dehmel Bad Tölz, 10. 9. 1909
Ueber Ihre freundliche Aeußerung zu ›K.H.‹ habe ich mich *sehr*
gefreut. Ich war nie so neugierig auf die Wirkung eines Buches. Es
scheint mir etwas irgendwie *Neues* zu sein. (eBr.)

Thomas Mann an Georg Martin Richter Bad Tölz, 17. 9. 1909
Da bin ich aber neugierig. Haben Sie den Artikel[16] denn schon abge-
liefert und soll er schon *vor* dem Buche erscheinen? Ich halte das nur
darum für möglich, weil in einigen anderen Zeitungen schon jetzt
von dem Roman die Rede ist. Bringen Sie doch den Aufsatz jedenfalls mit, wenn Sie Anfang Oktober kommen. Wir erwarten Sie mit
Vergnügen. (eBr.)

Thomas Mann an Heinrich Mann Bad Tölz, 30. 9. 1909
Ich bin sehr neugierig auf seine Wirkung [Heinrichs Roman ›Die
kleine Stadt‹], – eigentlich viel neugieriger, als auf die von ›K[önig-
liche] H[oheit]‹. (eBr. / M 79)

Thomas Mann an Samuel Fischer München, 26. 10. 1909
Ich bin ganz aufgeregt vor Vergnügen.[17] In 14 Tagen: Das ist mehr,
als ich erwartet habe. Möge es so weiter gehen. [...]
Nach Bahrs Essay bin ich ungeduldig.[18] Ich verspreche mir davon
Entschädigung für all die Unzulänglichkeiten, die ich bisher zu hören bekommen habe. Welcher Notstand! Ich bin entsetzt über das
Niveau der literarischen Tageskritik. Sie versagt über diesem Buche
vollkommen – voran Franz Servaes, der in der ›Presse‹ die beschä-
mendsten Plattheiten von sich giebt. Ist ein solcher Mangel an Erkenntnis und Verständnis möglich bei einem Kritiker, den man zu
den Besseren zählt, – was soll man dann von den Kalkschmitt [sic][19]
und Hans Bethge verlangen. Es liegt im Ton. So spricht man nicht

16 Georg Martin Richter, ›Königliche Hoheit‹, Münchner Neueste Nachrichten,
   München, 28. 10. 1909.
17 Über die Anzahl verkaufter Exemplare von ›Königliche Hoheit‹.
18 Hermann Bahr, ›Königliche Hoheit‹, Die neue Rundschau, Berlin, Jg. 20,
   H. 12, Dez. 1909, S. 1803–1808.
19 Eugen Kalkschmidt bezeichnete ›Königliche Hoheit‹ in seiner Rezension, die
   unter dem Titel ›Königliche Hoheit. Roman von Thomas Mann‹ in der Frankfurter Zeitung vom 25. 10. 1909 erschienen war, als »ein sehr gepflegtes
   Buch«.

von mir – und zwar, nachdem man gerade die Reuter in der ›Zukunft‹ wie eine Sappho gefeiert hat.[20] Mit einem solchen Mangel an Ranggefühl und Instinkt scheidet man aus aus der Reihe der ernst zu nehmenden Kritiker.

Monty Jacobs war sympathisch.[21] Ich habe ihm ausdrücklich gedankt, denn vergleichsweise hat er Einsicht gezeigt. Ich hoffe mit Ihnen, daß das Gute noch kommt. Es lassen sich gute Dinge über das Buch sagen, ja, das Buch ist nicht so gut, wie der Aufsatz, der sich darüber schreiben ließe. Aber *ein bischen Geist ist nötig.*

(eBr. / Stargardt, Kat. 583, S. 53)

[Ende Oktober 1909]

Thomas Mann an die Redaktion der Saale-Zeitung[22]

Ich wollte in Halle eigentlich ein abendfüllendes Kapitel aus meinem neuen Roman ›Königliche Hoheit‹ lesen, halte es aber schließlich für ratsamer, weil amüsanter, eine Auswahl von kurzen Sachen, Bruchstücken und kleinen Novellen vorzutragen. Ich bringe auch etwas mit, was ich gelegentlich der 100. Wiederkehr von Schillers Todestag geschrieben habe[23], – eine kleine Studie, die Schiller bei der Arbeit zeigt und gerade augenblicklich vielleicht wieder willkommen ist.

Außer Halle habe ich noch in Dresden und München Vorlesungen zu halten.

Ich arbeite zurzeit an einem Essay, der den Titel ›Geist und Kunst‹ führen wird. Ferner beschäftige ich mich mit einer größeren Erzählung ›Der Hochstapler‹, die psychologisch eine gewisse Ergänzung zu meinem Fürstenroman bedeuten wird. Auch mache ich die ersten Studien zu einem geplanten historischen Roman.[24]

---

20 Franz Servaes, ›Die Geschichte einer stillen Residenz‹, Neue Freie Presse, Wien, Nr. 16 221, 17. 10. 1909, S. 33–35 (dass. u. d. T. ›Thomas Manns Fürstenroman‹, Leipziger Neueste Nachrichten, 4. 11. 1909, Nr. 306). – Franz Servaes, ›Das Los des Weibes‹, Die Zukunft, Berlin, 16. 10. 1909, S. 85–91. (Betr. Gabriele Reuters Roman ›Das Tränenhaus‹, Berlin: S. Fischer 1909.)

21 Monty Jacobs, ›Thomas Manns Kunst. Beim Erscheinen des Romans ‹Königliche Hoheit›‹, Berliner Tageblatt, Berlin, Jg. 38, Nr. 525, 15. 10. 1909, S. 1–2.

22 Veröffentlicht im Anschluß an Paul Lehmanns Artikel ›Thomas Mann. Zum heutigen Vortrage in der ‹Literarischen Gesellschaft›‹, Saale-Zeitung, Halle / S., 2. 11. 1909.

23 ›Schwere Stunde‹ (Simplicissimus, München, Jg. 10, Nr. 6, 9. 5. 1905, S. 62–63).

24 Gemeint ist der Friedrich-Roman.

Thomas Mann an Heinrich Mann   München, 12. 12. 1909
Anbei zwei Ausschnitte. Das ›Echo‹, damit Du siehst, wie Servaes[25]
sich verändert hat, und den mit Spannung erwarteten Busse.[26] Er
läßt ja keine Hoffnung, aber innerhalb dieser Hoffnungslosigkeit ist
er doch fast sympathisch, ernst und traurig. Du wirst ihn schon
mehr reizen. Sonst ist nichts Lesenswertes mehr gekommen. Wie
findest du Bahr?[27]   (eBr. / M 80)

Thomas Mann an Anton Robert Cay Hase   München, 16. 12. 1909
Sie haben recht: Das Niveau unserer litterarischen Kritik ist betrü-
bend. Welchen Mangel an Erkenntnis! Welche Niederlagen selbst
namhafter, selbst wohlwollender Beurteiler einem Buche gegenüber, das gewiß kein Werk des Genies, wohl aber ein Werk des Geistes ist! Und doch ließe sich meiner Meinung viel Gutes gerade über
dies Buch sagen (ich meine nicht »Lobendes«, – ja, das Buch selbst
ist nicht so gut, wie der Aufsatz, der sich darüber schreiben ließe. Ich
muß hoffen, daß es fest genug, dauerhaft genug gearbeitet ist, um
warten zu können. Wenn die Tages-Reportage sich erschöpft hat,
wird einige bessere Interpretation schon noch nachkommen. Jakob
Wassermann, ein *kluger* Künstler, hat mir fürs Frühjahr einen Essay
in Aussicht gestellt.[28] Vorläufig bleibt ›K.H.‹ ein »gepflegtes«[29]
aber geistig ganz unbedeutendes Buch von sonderbarer Langweiligkeit.
Ihnen, sehr geehrter Herr, für Ihr liebevolles Eingehen meinen
besten Dank. Sie haben das Wesentliche erkannt, daß es sich um
keine »Satire«, auch um keinen fernen, fremden, spröden, gleich-
gültigen Stoff, sondern, auch diesmal, um ein Bekenntnis handelt;
daß alles Psychologische unmittelbar aus der künstlerischen Erfahrung geschöpft ist; daß die Analyse des fürstlichen, d. h. des formalen, unsachlichen Daseins diejenige des künstlerischen Daseins
ist.   (eBr.)

25 Franz Serveas, ›Königliche Hoheit‹, Das literarische Echo, Berlin, Jg. 12, H. 5,
    1. 12. 1909, Sp. 356–358.
26 Carl Busse, ›Neues vom Büchertisch‹, Velhagen & Klasings Monatshefte,
    Bielefeld u. a., Jg. 24, H. 4, Dez. 1909, S. 612–616.
27 Vgl. Anm. 18.
28 Jakob Wassermann, ›Über Thomas Manns Roman ‹Königliche Hoheit›‹, Der
    Tag, Berlin, Teil 1, Ausgabe A, Nr. 57, 9. 3. 1910.
29 Vgl. Anm. 19.

Thomas Mann an Heinrich Mann   München, 18. 12. 1909
Ich schicke Dir als Drucksache einen italienischen Artikel über K[ö-
nigliche] H[oheit] zur Lektüre.[30] Ich habe nicht viel davon verstanden, nicht mal die Überschrift. Vielleicht erklärst Du mir so ungefähr den Gesichtspunkt.   (eBr. / M 81)

                                   Berliner Tageblatt, 25. 12. 1909
Thomas Mann in der Umfrage ›Die interessantesten Zeitungsnach-
richten des Jahres?‹
Die interessanteste Zeitungsnachricht des Jahres war für mich diejenige, daß Herr Spoelmann in meinem Roman ›Königliche Hoheit‹
ein Porträt des seligen Harriman[31] sei. Da ich hauptsächlich Ge-
schäftsmann bin und beim Ersinnen meiner Bänkelsängerfabeln auf
die Sensationslust breiterer Schichten spekulierte, so mußte mir
diese Ausstreuung außerordentlich willkommen sein.

Thomas Mann an Heinrich Mann   München, 10. 1. 1910
Auf den Leitartikel in der Frankfurter [Zeitung][32] bin ich recht
stolz. Wenn es mit der Schickele'schen Aktion Ernst ist, solltest Du
Dich unbedingt beteiligen, damit man politisch direkt von Dir hört.
Die ›Kl[eine] St[adt]‹ gehört viel eher über den Strich, als ›K[önig-
liche] H[oheit]‹.
[. . .]
Ich sammle, notiere und studiere für die Bekenntnisse des Hochstaplers, die wohl mein Sonderbarstes werden. Ich bin manchmal überrascht, was ich dabei aus mir heraushole. Es ist aber eine ungesunde
Arbeit und für die Nerven nicht gut. Vielleicht ist dies der Grund,
weshalb es Kerr jetzt wirklich gelungen ist, mich zu enervieren und

---

30 G. Caprin, ›Altezza reale‹, Il Marzocco, Firenze, vol. 14, fasc. 50, 1909.
31 Gemeint ist der amerikanische Eisenbahnmagnat Edward Henry Harriman.
32 In einem ungezeichneten Artikel (›Fürstenerziehung‹) der ›Frankfurter Zei-
    tung‹ vom 8. 1. 1910 wird ›Königliche Hoheit‹ mit Prof. Dr. Wilhelm
    Münchs Buch über Fürstenerziehung verglichen: »Nichts ist natürlicher, als
    daß ein Dichter einen Roman und ein Professor ein Lehrbuch schreibt. Aber
    manchmal wird das Unnatürliche Ereignis, und dann ist der Roman das
    Lehrbuch und das Lehrbuch, wenn schon kein Roman, so doch eine Art von
    Belletristik. Das Buch von Münch wird die Lehrkonkurrenz mit der ›König-
    lichen Hoheit‹ von Mann nicht aushalten können.« – Schickeles Aktion:
    nicht ermittelt.

in meiner Arbeit zu stören. Im ›Tag‹ hatte er ja schon ein paar mal nach mir gespuckt.[33] Jetzt hat er gelegentlich eines Aufsatzes über Shaw[34] folgenden Satz in die [Neue] Rundschau eingeschmuggelt: »Er prahlt nicht wie etwa *mittlere Romanboßler. Jeder komisch neurasthenische Commis und alter Sanatoriumskunde, der eines Tages Romane schreibt, wird sich in hoher sozialer Stellung schildern und die Achillesferse novellig vertuschen* etc.« Wie gefällt das? Es merkt es natürlich kein Mensch außer mir selbst, aber das ist gerade das Feine daran. Schon wenn er nur das Wort »sozial« weggelassen und nur »in hoher Stellung« geschrieben hätte, hätte Bie was gemerkt und ihm den Satz gestrichen. Ich muß gestehen, daß mir Tage lang sehr übel davon war. Ich kann Feinde und nun gar eine so ekelhafte Art Feindschaft innerlich nicht brauchen, ich bin darauf nicht eingerichtet. Aber wenn er sich einmal stellt, mich allgemeinverständlich angreift, so soll ihm die Polemik mit mir schlechter bekommen, als die mit dem armen Sudermann.[35]   (eBr. / M 82)

Thomas Mann an Kurt Martens   München, 11. 1. 1910
Ein gewisser lehrhaft antiindividualistischer Zug ist dem Buche nicht abzusprechen und mein Bruder, ein leidenschaftlicher Demokrat der neuesten Prägung (sein letzter Roman[36] ist äußerst interessant als Zeitprodukt) *war entzückt* über Bahrs Ausdeutung von ›Königliche Hoheit‹. Giebt Dir das nicht zu denken? Politisch ist die Demokratie bei uns sicher im Avancieren, und eine gewisse Teilnahme der Schönen Litteratur läßt sich nicht verkennen. Ist Dir nicht aufgefallen, daß fast alle unsere »Intellektuellen« den Aufruf des Berliner Tageblatts zugunsten der preußischen Wahlrechtsreform unterzeichnet haben? Sie unterzeichnen freilich so ziemlich Alles, was man Ihnen vorlegt; aber daß die Politiker sie zu engagieren suchen, ist immerhin ein Zeichen der Zeit. Das zunehmende Interesse ist gegenseitig. Die Politiker ihrerseits kümmern sich um uns! Die ›Frankfurter Zeitung‹ brachte neulich einen Leitartikel über Für-

33 Alfred Kerr, ›Über ‹Königliche Hoheit›‹, Der Tag, Berlin, 10. 10. 1909.
34 Alfred Kerr, ›Shaws Anfang und Ende‹, Die neue Rundschau, Berlin, Jg. 21, H. 1, 1910, S. 115–125.
35 Kerr hatte Sudermann in dem Pamphlet ›Herr Sudermann, der D... Di... Dichter, ein kritisches Vademecum‹ (Berlin: Helianthus 1903) erstmals angegriffen.
36 Heinrich Mann, ›Die kleine Stadt‹, Leipzig: Insel 1909.

stenerziehung[37], worin mein Roman ausführlich behandelt war. Nun wäre es sicherlich mißverständlich, in ›K.H.‹ ein sozialkritisches Buch zu sehen, und das, was Du das »Altruistische«, Bahr[38] und mein Bruder das »Demokratische« daran nennen, ist nur eine seiner Beziehungen. Sein künstlerischer Wert beruht gewiß nicht darin, vielleicht aber sein geistiger, ethischer, und es ist nicht ausgeschlossen, daß es – wenn überhaupt – um dieser Beziehung willen in Zukunft genannt werden wird.

Verzeih meine Schwatzhaftigkeit! Ich wollte nur Bahr, soweit er es verdient, in Schutz nehmen. Soweit hast Du jedenfalls vollkommen recht, daß von mir des Weiteren »demokratische« Werke nicht ernstlich zu erwarten sind. Ein Künstler kann ja in einem Werk gewissen Zeittendenzen seinen Tribut entrichten und sich dann doch wieder ganz unabhängig davon erweisen. Soweit ich meine zukünftige Produktion übersehe, hat sie mit Demokratie allerdings nicht das Mindeste zu schaffen. (eBr. / Br. I, 79)

Thomas Mann an Heinrich Mann   München, 26. 1. 1910
Ueber ›K[önigliche] H[oheit]‹ habe ich seit Bahr[39] nicht viel Ermutigendes zu sehen bekommen. Das Buch wird von der Kritik entschieden nicht recht für voll, nicht recht ernst genommen, und ich habe den Eindruck, daß der Erfolg des Deinen[40] – im höheren Sinne – viel größer ist. Auch die Wohlwollendsten bezweifeln den Lustspielschluß; Jemanden hat das »strenge Glück« an Sudermann erinnert. Das Ganze, oder doch die zweite Hälfte gilt als Faschingsspaß, und ich bin an dieser Auffassung wohl etwas schuldig, da ich das Buch im ersten Waschzettel als »epischen Scherz« bezeichnete. Wirklich rührend ist das Referat der Litterarhistorischen Gesellschaft Bonn[41]; aber auch dieser sanfte, gescheidte Gelehrte glaubt nicht an die »Lösung des Nichtzulösenden«. Nachgerade glaube ich selbst nicht mehr daran. Der Schluß ist wohl ein bischen populär verlogen – wie zuletzt auch der Schluß von Zwischen den Rassen.[42] Im Grunde hat natürlich Überbein recht; und wer schon vor K[önig-

37 Vgl. Anm. 32.
38 Vgl. Anm. 18.
39 Vgl. Anm. 18.
40 Vgl. Anm. 36.
41 Vgl. Anm. 43.
42 H. Mann, ›Zwischen den Rassen. Roman‹, München u. Berlin: Cassirer 1907.

liche] H[oheit] einen ›Friedrich‹ plante, hat wohl nie so ganz innerlich an ein »strenges Eheglück« geglaubt. Was nicht hindert, daß man praktisch daran glauben kann.
Dein Brief über Kerr hat mir sehr wohlgethan und die Verdauung des unbekömmlichen Bissens sehr gefördert. Die Sache ist vergessen. (eBr. / M 84)

Thomas Mann an Ernst Bertram   München, 28. 1. 1910
Nach der Fülle von Dummheit und falschem Scharfsinn, die ich in Betreff meines letzten Buches über mich habe ergehen lassen müssen, war ich von Ihrer Anlayse[43] so ergriffen, daß die Thränen momentweise nicht mehr sehr fest saßen. Sie sind, unter anderem, neben Hofmannsthal der Einzige, der bisher des konstruktiven Elementes inne wurde, das doch gerade die neue Ambition des Romans ist. Hofmannsthal hatte erst ein paar Fortsetzungen in der Rundschau gelesen, als er mir sagte: »Das ist eine Allegorie, eine allegorische Konstruktion![44]« –
Den Schluß opfere ich gern. Es ist wohl ein bischen demagogisch, ein bischen populär verlogen. Ich erinnere mich wohl, daß ich während der Arbeit öfters zu den ›Meistersingern‹ emporblinzelte. Der Ehrgeiz nach dem *Lustspiel* liegt in der Luft; alle Welt versucht sich daran – warum nicht auch ich? Und warum sollte ich nicht einmal ein Märchen erzählen, wenn ich autobiographisch dazu berechtigt war? Ihr Korreferent[45] hat Recht, wenn er sagt, daß »man« in diesem Falle an die Synthese von Hoheit und Glück ernsthaft glauben soll; aber damit ist noch nicht bewiesen, daß *ich* im Grunde daran glaube. Die Didaktik des Buches ist ja ebenso hinterhältig wie aufdringlich, und Dr. Überbein ist zweifellos mehr wert, als sein College mit dem Bierherzen. Unter uns (und ich bitte, nicht darüber zu sprechen): mein *unverschämter* Plan, einmal den Lebensroman Friedrichs des Großen zu schreiben, datiert hinter ›Königliche Hoheit‹ zurück.[46] Mit einem solchen Plan im Herzen glaubt man offenbar nicht sehr

43 Ernst Bertram, ›Thomas Mann. Zum Roman ‹Königliche Hoheit›. Referat‹, Mitteilungen der Literarhistorischen Gesellschaft Bonn, Dortmund, Jg. 4, Nr. 8, 1909, S. 195 bis 217.
44 Vgl. 25. 7. 1909 (S. 18).
45 F. Ohmann; Korreferat a. a. O., S. 217–220.
46 Die ersten Notizen zu Thomas Manns ›Friedrich‹-Roman gehen auf 1905 zurück; vgl. Brief an Heinrich Mann vom 5. 12. 1905 (M 43).

innerlich an die obgenannte Synthese. Übrigens wird in ›K.H.‹ sehr
ausdrücklich zwischen Hoheit und *Größe* unterschieden. Und
schließlich kommt es immer noch darauf an, was man unter
»Glück« und zumal unter einem »*strengen* Glücke«[47] versteht.

(eBr. / B 7 u. Br. I, 81)

Thomas Mann an Kurt Martens   München, 7. 3. 1910

Dein Buch[48], für das ich Dir bestens danke, habe ich beinahe auf
einen Sitz von A bis Z durchgelesen, so unterhaltend und anregend
ist es. Wenn es breiten Erfolg hat, woran ich nicht zweifeln möchte,
so kann es unberechenbaren Nutzen stiften. Ich selbst komme ja im
Ganzen so ehrenvoll weg, daß es höchst undankbar von mir wäre,
gegen Deinen gelegentlichen Widerspruch zu mucksen. Ich dürste
ja nach gescheiter Kritik. Dennoch will mir das mit dem »Abstieg ins
Flachland des Optimismus« nicht einleuchten. Du hattest vollkommen recht, als Du Wedekind gegenüber behauptetest, ›Kgl. Hoheit‹
sei ein *Lustspiel*. Mein erstes. Gleich danach oder gleichzeitig hat
Hofmannsthal sein erstes geschrieben, mit ganz ähnlicher Tendenz.
Findest Du, daß auch Cristina's Heimreise einen Abstieg ins Flachland des Optimismus bedeutet? Es wird ja viel darauf gescholten.
Mir scheint es reizend.

Zweierlei nehme ich Dir übel. Erstens daß Du es Dir, wieder mal,
nicht verkneifen konntest, von ›Wälsungenblut‹ zu sprechen, das
ich doch darum sistiert habe, damit es für die Oeffentlichkeit *nicht*
in Betracht kommt. Und zweitens Deine Kritik der »Imma Spoelmann«, – eine Kritik, die entschieden persönlichen Charakter trägt.
Denn daß Du die Figur dieser kleinen Einsamen, deren Stachlichkeit
doch sehr sympathisch motiviert ist und auf die die Bezeichnung
»gänschenhaft« so wenig paßt wie etwa auf den Prinzen das Wort
»eselhaft«, – so garnicht solltest verstanden haben, kann ich mir bei
Deinem sonstigen Feinsinn unmöglich denken. Ein freches, unfrei-
willig komisches Persönchen minderer (?) Rasse konntest Du sie
unmöglich nennen, ohne daß es Dir persönlich am nötigen guten

---

47 Vgl. Kap. ›Der Rosenstock‹ (II, 363). Der Ausdruck wird von Heinrich Mann
im Roman ›Die Jagd nach Liebe‹ gebraucht (Hamburg u. Düsseldorf: Claassen 1970, S. 274).

48 Kurt Martens, ›Literatur in Deutschland. Studien und Eindrücke‹, Berlin:
Fleischel 1910. – Vgl. insbesondere Kap. ›Die Gebrüder Mann‹, S. 112–133
(»Abstieg ins Flachland des Optimismus«: S. 121).

Willen zum Verständnis fehlte, und das ist schade, denn ich konnte meiner Frau Dein Buch nicht vorenthalten, und – wir hätten so nett mit einander verkehren können. Aber Du wußtest wohl, was Du thatest. (eBr. / Br. I, 83)

Thomas Mann an Heinrich Mann   München, 16. 3. 1910
Auch sonst hatte ich kleine Freuden. Ein Bruder Katja's ist den Geschwistern Schmied[49] in Berlin auf dem Ball der Reinhardt'schen Theaterschule begegnet. Ines' Bruder hat sich ihm als »intimer Freund« und Verehrer von Dir präsentiert und bei dieser Gelegenheit den Auftrag an mich hinzugefügt, ich hätte ja, unter dem Titel ›K[öni]gl[iche] Hoheit‹ einen außerordentlich hohlen und schlechten Roman geschrieben. Antwort. »Das sagen Sie ihm nur selber. Ich lehne den Auftrag ab.« Es ist mir aber durch einen Dritten dann doch mitgeteilt worden. Wenn der junge Schmied betrunken war, so entschuldigt das die Aeußerung, aber nicht die Meinung, – die also wohl auch die Deiner Verlobten und überhaupt derer um Dich ist. Unsere Freunde waren nie das Beste an uns. (eBr. / M 86 u. Br. I, 84)

Thomas Mann an Joseph-Emile Dresch   München, 28. 3. 1910
Besonderen Genuß hat mir Ihre Übersetzung einiger Stellen aus ›Königliche Hoheit‹ bereitet.[50] Die Citate lesen sich sehr gut, wie mir scheint, und bestärken mich in der Meinung, daß der Roman, wenigstens in rein sprachlicher Hinsicht, sich besonders gut zur Übersetzung ins Französische eignet. Ich muß freilich hoffen, daß der Pariser Herr[51], der damit beschäftigt ist, das ganze Buch zu übertragen, ein so verständnisvoller und delikater Übersetzer ist, wie Sie.

(eBr.)

Thomas Mann an Hermann Hesse   München, 1. 4. 1910
Ich säume daher heute nicht länger, Ihnen zu sagen, daß Sie mir mit Ihrem Schreiben eine wirkliche Freude bereitet haben und, nament-

---

49 Gemeint sind der Schriftsteller Rudolf Johannes Schmied und seine Schwester Ines, die damalige Freundin Heinrich Manns (vgl. M 262).
50 Vgl. Joseph-Emile Dresch, ›Königliche Hoheit. Un nouveau roman de Thomas Mann‹, Revue germanique, Paris, année 6, mars / avril 1910, p. 174 bis 188.
51 Nicht ermittelt. Die französische Übersetzung wurde von Geneviève Bianquis und Jeanne Choplet besorgt und erschien 1931 bei Delagrave, Paris.

lich, daß Sie Ihrer März-Besprechung von ›Königliche Hoheit‹[52] Unrecht thun, indem Sie sie »nörgelnd« nennen. Das war sie nicht, sondern sie war kritisch, und mit Allem was Kritik und Erkenntnis heißt (und ist!) stehe ich auf viel zu freundschaftlichem Fuße, als daß ich etwas Anderes, als Interesse und Vergnügen bei der Lektrüe hätte empfinden können. Die Besprechung aus den ›Propyläen‹[53] ist ja gewiß süffiger, sie geht recht glatt durch die Kehle; aber Ihre ist mir lieber und die andere beweist eben nur Ihren Satz, daß zweierlei oder mancherlei Leute bei meinen Sachen auf ihre Kosten kommen. Darin kann man ebenso gut einen schweren Einwand wie einen besonderen Vorzug sehen, und also thut man wohl am besten, es als Thatsache zu nehmen. Gelegentlich Ihrer feinen mißtrauischen Bemerkungen habe ich wieder darüber nachgedacht und dessen kann ich Sie versichern, daß keine Berechnung, kein bewußtes Liebäugeln mit dem Publikum dabei im Spiele ist. Die populären Elemente in ›Kgl. Hoheit‹ z. B. sind ebenso ehrlicher und instinktiver Herkunft wie die artistischen, soviel ich weiß. Oft glaube ich, daß das, was Sie »Antreibereien des Publicums« nennen, ein Ergebnis meines langen leidenschaftlich-kritischen Enthusiasmus für die Kunst Richard Wagners ist, – diese ebenso exklusive wie demagogische Kunst, die mein Ideal, meine Bedürfnisse vielleicht auf immer beeinflußt, um nicht zu sagen: korrumpiert hat. Nietzsche spricht einmal von Wagners »wechselnder Optik«[54]: bald in Hinsicht auf die gröbsten Bedürfnisse, bald in Hinsicht auf die raffiniertesten. Dies ist der Einfluß, den ich meine, und ich weiß nicht, ob ich je den Willen finden werde, mich seiner völlig zu entschlagen. Die Künst-

52 Hermann Hesse, ›Gute neue Bücher. Thomas Manns ‹Königliche Hoheit›‹, März, München, Jg. 4, H. 4, 25. 2. 1910, S. 281–283.
53 Ludwig Finckh, ›Neue wertvolle Erzählungsbücher‹, Die Propyläen, München, Jg. 7, Nr. 25, 1909/10, S. 388–390.
54 Friedrich Nietzsche, ›Der Wille zur Macht‹, Aphorismus 825: »Die Scheidung in ›Publikum‹ und ›Cönakel‹: im ersten *muß* man heute Charlatan sein, im zweiten *will* man Virtuose sein und Nichts weiter! Übergreifend über diese Scheidung unsere specifischen ›Genie's‹ des Jahrhunderts, groß für Beides; große Charlatanerie Victor Hugo's und Richard Wagner's, aber gepaart mit soviel echtem *Virtuosenthum*, daß sie auch den Raffinirtesten im Sinne der Kunst selbst genug thaten. Daher der *Mangel an Größe*: sie haben eine wechselnde Optik, bald in Hinsicht auf die gröbsten Bedürfnisse, bald in Hinsicht auf die raffinirtesten.« (Nietzsche/GOA XVI, 249.) Vgl. Hans Wysling, ›‹Geist und Kunst›. Thomas Manns Notizen zu einem ‹Literatur-Essay›‹, Thomas-Mann-Studien, Bd. 1, Bern u. München: Francke 1967, S. 123–233.

ler, denen es nur um eine Coenakel-Wirkung zu thun ist, war ich stets geneigt, gering zu schätzen. Eine solche Wirkung würde mich nicht befriedigen. *Mich verlangt auch nach den Dummen.* Aber das ist nachträgliche Psychologie. Bei der Arbeit bin ich unschuldig und selbstgenügsam. (eBr. / H 5 u. Br. III, 456)

Thomas Mann an Kurt Martens   München, 9. 4. 1910
[...] daß ich niemals gesagt habe, ich hätte mich im Klaus Heinrich selbst portraitiert. (eBr.)

Thomas Mann an Alexander von Bernus   München, 22. 5. 1910
Ich schreibe an den Memoiren eines Hochstaplers, – einer sehr sonderbaren, auch anstößigen und – für mich – aufwühlenden Sache. Ob sie Ihnen gefallen wird, ist freilich die Frage; weiß ich doch noch nicht einmal, ob ›Königliche Hoheit‹ Ihnen gefallen hat. Wohl kaum. Der Voltaire'sche Zug darin muß Ihnen wohl unangenehm sein. Die Franzosen haben ihn gleich bemerkt, und der Erfolg des Buches ist, literarisch genommen, in Frankreich viel größer, als bei uns. Viele große Pariser Zeitschriften haben lange und durchweg sympathische Studien darüber gebracht. Verzeihen Sie diese Renommage, – wenn es eine ist und nicht vielmehr die Feststellung meiner Schande. (Be 95)

Thomas Mann an Heinrich Mann   München, 16. 11. 1910
Ich bin heute früh von Weimar zurückgekehrt, wo ich im Vitzthum-'schen Hause wirklich rührende Gastfreundschaft genoß. Er ist jetzt Kammerjunker und Johanniter, auch etwas dick geworden, sonst aber ganz unverändert. Alles, was ich an Eindrücken von kleinhöfischem Wesen gewann (durch Erzählungen und Augenschein) waren strikte Bestätigungen meiner Intentionen in K[önigliche] H[oheit]. Es schadet nichts, daß ich nicht vorher da war. (eBr. / M 92)

Thomas Mann an Hans von Hülsen   München, 27. 11. 1911
Meine Aeußerung über ›K.H.‹ ist nichts anderes als eine Replik auf die Ausstellungen jener »Deutschen Fürstin«, in Wirklichkeit Schwester der Kaiserin.[55] (eBr.)

55 Ein deutscher Fürst [Prinzessin Feodora von Schleswig-Holstein], Thomas Mann und Ferdinand Avenarius, ›Unsere Fürsten und wir‹, Der Kunstwart,

Thomas Mann an Martin Havenstein   München, 9. 5. 1912

Mit Ihrem Essay[56], der die größten Traditionen besitzt und mich als Composition direkt an den Versuch über naive und sentimentalische Dichtung erinnerte, haben Sie mir eine wahre Freude bereitet, für die ich bitte Ihnen herzlich danken zu dürfen. Es klingt fast anmaßlich, wenn ich Ihnen sage, daß Sie nichts in mein Buch hineingelegt haben, was nicht darin ist, aber da Sie diese Bestätigung wünschen, so nehmen Sie sie denn. Daß man Ihnen widerspricht, wundert mich nicht angesichts der Aufnahme, die der Roman bei unserer »Kritik« (o mein Gott!) gefunden hat, – eine Aufnahme, unter der ich wirklich etwas gelitten habe. Die geistreichste Meinung war, es handle sich um eine »Satire«, eine »Simplicissimus-Satire«, genauer gesagt. Aber die vorherrschende Meinung war, ›K.H.‹ sei ein modern aufgestutzter Gartenlauben-Roman und durchaus nichts weiter. Ausnahmen gab es kaum, – in Paris ein paar, beschämender aber am Ende nicht verwunderlicher Weise. Ermessen Sie aber danach, welche Wohlthat eine Analyse wie die Ihre für mich bedeuten muß!

Freilich »stimmt« in der Erzählung nicht alles so, wie in Ihrem Aufsatz. Thäte es das, so wäre das Buch in der That die starre Konstruktion, als die einige Leute, die etwas merkten, aber nicht genug merkten, es angesprochen haben. Das Leben ist nicht antithetisch; und so wünschenswert es ist, daß der Künstler Geist habe: so viel Geist, daß er der Natur dadurch entfremdet würde, darf er nicht haben. Dr. Überbein z. B. ist Vertreter des »bürgerlich-utilaristischen« Prinzips in gewisser Hinsicht, aber er ist Aristokrat und zwar nicht nur, weil man gern die Ethik lehrt, die man nicht hat, sondern seine Ethik der Leistung ist aristokratisch betont; und er geht daran zu Grunde, was man in diesem Buch an einer demokratischen Ethik nicht thut. Klaus Heinrich andererseits ist zwar eine »formale« Existenz, aber er ist »populär«. So ist es ja im Leben. Goethe war nicht durchaus naiv und Schiller nicht durchaus sentimentalisch. Die großen Gegensätze werden schicklicher Weise nur in der Tragödie und im Es-

München, Jg. 23, H. 13, 1. Aprilheft 1910, S. 1–11. (Vgl. auch Ferdinand Avenarius, ›Die Fürsten und Thomas Mann‹, Der Kunstwart, München, Jg. 23, H. 16, 2. Maiheft 1910, S. 275–277.)

56 Martin Havenstein, ›Vornehmheit und Tüchtigkeit. Zwei Seins- und Erziehungsideale‹, Preussische Jahrbücher, Berlin, Bd. 148, H. 2, Mai 1912, S. 193–225.

say in Reinkultur vorgestellt. Der Roman, auch wenn er Geist hat, muß das Leben in seiner Rundheit geben.

Alles in Allem kann man sagen, daß ›K.H.‹ ein Buch mit demokratischer Tendenz ist, aber mit so viel ironischen Vorbehalten, daß die Tendenz fast *umschlägt*. So mußte es wohl werden. Ich bin ein Mensch, der die ›Deutsche Tageszeitung‹ freilich nicht lesen kann (und sie hält mich für einen Juden). Aber Kerrs ›Pan‹, das Organ des literarischen Neu-Demokratismus, ist mir widerwärtig.　　　(eBr.)

Thomas Mann an Hedwig Fischer　　　　　Bad Tölz, 14. 10. 1912
Hoffentlich enttäuscht die zweite Hälfte [›Tod in Venedig‹] Sie nicht. Es geht nicht gut aus, die Würde des »Helden und Dichters« wird gründlich zerrüttet. Es ist eine richtige Tragödie, [...] und jenen »Abstieg ins Flachland des Optimismus«[57], der mir gelegentlich der ›Königlichen Hoheit‹ so sehr zum Vorwurf gemacht wurde, wird man hier streng vermieden finden. Ich werde mich hüten, je wieder ein Lustspiel zu schreiben, an dessen Ende »sie sich kriegen«.
　　　　　　　　　　　　(eBr. / Stargardt, Kat. 597, S. 73)

Thomas Mann an Korfiz Holm　　　　　　Bad Tölz, 2. 9. 1913
Wird das Publicum Spielsinn genug haben, sich auf die Fiktion einzulassen? ›Königliche Hoheit‹ war schon riskiert; aber erstens war das ein Roman, und zweitens handelte es sich um irgend ein innerdeutsches Großherzogtum politisch sehr anspruchsloser Art. Aber dieses Königreich Ihrer Laune[58] – wird man es anderthalb Stunden lang anerkennen?　　　　　　　　　　　(eBr. / Br. I, 104)

Thomas Mann an Heinrich Mann　　　　　Bad Tölz, 8. 11. 1913
›Tonio Kröger‹ war bloß larmoyant, ›Königliche Hoheit‹ eitel, der ›Tod in Venedig‹ halb gebildet und falsch.　　　　　（eBr. / M 104)

Randbemerkung Thomas Manns auf dem Typoskript zu einem 1914 veröffentlichten Aufsatz Hans von Hülsens über ›Die Brüder Mann‹ (die Arbeit ist am Rande datiert: »13. Febr. 12«)[59]

57　Vgl. Anm. 48.
58　Vermutlich Korfiz Holm, ›Marys großes Herz. Komödie in drei Akten‹, München: Langen 1912.
59　Hans von Hülsen, ›Die Brüder Mann‹, Die Kultur der Gegenwart, Berlin, Nr. 46, 1914, S. 1199–1201.

Wäre es nicht gut, wenn Sie das Biographische auf einige Worte über unsere hanseatisch-patrizische *Herkunft* beschränkten, unter Hinweis auf ›Buddenbrooks‹ und die Abbildung des Hauses und im Übrigen den Aufsatz auf einer vergleichenden Analyse unserer Bücher basierten? Dadurch fiele die *Ungerechtigkeit* fort, daß nur meine Feuerversicherungs-Vergangenheit (die eine ganz kurze, kaum erwähnenswerte Episode war) ans Licht gestellt wird, während man von meinem Bruder, der auch seine prähistorischen Zeiten hatte, nichts erfährt. Ich soll doch nicht als wichtiger hingestellt werden. Kommen Sie von der Herkunft direkt aufs Geistig-Künstlerische u. zeigen Sie, inwiefern sie sich darin ausdrückt. Ein formaler, kunststrenger, aristokratischer Zug der beiden und norddeutsche Kühle auch noch in Heinrichs leidenschaftlichen Assy-Phantasien.[60] Die Rassenmischung spricht mit. Der Formsinn lateinisch. Bei Heinrich aber das romanische Element geistig viel stärker ausgeprägt: Siehe seinen Demokratismus (Kleine Stadt) der ganz romanisch ist. Merkwürdig, daß gerade bei dem Exklusiven, schwerer Zugänglichen, dem so breite Wirkungen wie die von ›Buddenbrooks‹ u. ›Kgl. Hoheit‹ noch nicht beschieden waren, der demokratische Zug der Zeit so völlig den Sieg über eingeborenes Aristokratentum davon getragen hat. In ›Kgl. Hoheit‹ dagegen bei aller Ironie u. allen Ansätzen zur Satire ein stark konservativ-aristokratischer Zug. (Stargardt, Kat. 542, S. 19)

Thomas Mann an Paul Amann   Tölz, 10. 9. 1915
Wenn ich mich genau prüfe, so war dies und nichts anderes immer der Zweck meines »Schaffens«: das Bewußtsein der Meister zu gewinnen. Es war ein Spiel, wie ich als Knabe »Prinz« spielte, um das prinzliche Bewußtsein zu gewinnen. Indem ich künstlerisch arbeitete, gewann ich Wissenszugänge zur Existenz des Künstlers, ja des großen Künstlers, und kann davon etwas sagen. Der Weg zur Einsicht in die *fürstliche* Existenz war kein anderer. Im Ganzen: Ich spreche viel weniger von mir, als von dem, was meine eigene Existenz mich *erraten* läßt ... (eBr. / A 32)

---

60 Heinrich Mann, ›Die Göttinnen oder Die drei Romane der Herzogin von Assy‹, München: Langen 1903.

Thomas Mann an Paul Amann   Tölz, 1. 10. 1915

Hätten Sie Ihren Aufsatz[61] deutsch geschrieben, so hätten Sie kaum von meinen Arbeiten ›Königliche Hoheit‹ am ausführlichsten gewürdigt. Es läßt sich über dies Buch freilich auf französisch am besten und vielleicht nur auf französisch reden. Ich merkte das gleich, als es erschien, – rasch kamen mir französische Besprechungen vor Augen, die die Geschichte charmant fanden, während die deutsche Kritik sie mit der tiefsten Mißbilligung aufnahm. Eine Dame aus dem besseren Publikum ließ mich fragen, ob ich mich nicht schämte, nach den ›Buddenbrooks‹ hiermit zu kommen. Mir nachzurechnen, wieviel Kunst ich an diesen Dreck gewandt, wollte jeder Kritiker dem andern überlassen. Der einzige, der geistig irgend etwas *merkte*, war korrekter Weise ein Wiener, Hermann Bahr[62], – wie man denn ja überhaupt die mildere Zone, die mürbere Kultur spürt, sobald man die oesterreichische Grenze überschreitet. Unwirtlich, unwirtlich ist es im Grunde im »Reich«. Sagte ich es nicht, daß mir ein »amüsantes« Europa, ein westlich-literarisiertes, recht sein könnte? Wäre ich selbstbewußt, so würde ich vielleicht den Entente-Sieg erwünschen. Aber ich war immer zu sehr Ironiker, um eigentlich selbstbewußt zu sein...

Vor wenigen Tagen hat das Urbild des Perceval[63], unser Colly, im Leben blotz »Motz« genannt, das Zeitliche gesegnet. Das heißt, es ist ihm gesegnet worden. Da der Gute und einst so Schöne an häßlichen Hautwucherungen erkrankte, deren Behandlung der Veterinär für aussichtslos erklärte, und da er auch sonst sehr nachgelassen hatte, so fanden wir, daß seine Existenz seiner nicht mehr würdig sei und ließen ihm durch den hiesigen Büchsenmacher zwei gute Kugeln verabfolgen, eine ins Rückgrat und eine zur Sicherheit noch in den Kopf. Er war sofort tot. Wir sind froh, daß wir den Genossen eines Jahrzehnts nicht dem »Wasenmeister« überantwortet haben, – einer Gestalt von widerlicher Dämonie in unserer Vorstellung. Denn nun ruht Motz von allen seinen edelmütigen Verrücktheiten in einem gut bürgerlichen Grabe am Waldesrande, hinter unserem Garten, aus. Die Kinder, mit denen er sehr befreundet war, haben Blumen darauf gelegt, und auch an einem Stein fehlt es nicht, einem

---

61 Paul Amann, ›Deux romanciers allemands, Emil Strauss et Thomas Mann‹, L'effort libre, Poitiers, année 1, no 15/18, 1912, p. 513–540.
62 Vgl. Anm. 18.
63 Vgl. ›Königliche Hoheit‹ und, zum folgenden, ›Herr und Hund‹.

ausgedienten Feldgrenzstein mit seinem Namen als schlichter In-
schrift. Sein Portrait ist nicht geschmeichelt, kaum stilisiert, und es
fügte sich leicht und glücklich in die Komposition, wie ich mich wohl
erinnere. Ich fand es angemessen, Ihnen sein Abscheiden zu mel-
den.   (eBr. / A 35)

Thomas Mann an Martin Havenstein   München, 11. 1. 1916
Es war mir eine wirkliche Freude, wieder von Ihnen zu hören; ich
habe Ihre Recension von ›Königliche Hoheit‹ [64] in schönster, dank-
barster Erinnerung. Das Buch ist vielfach mißverstanden und nicht
verstanden worden. Man hielt sich an die »Fabel« und sagte: »Gar-
tenlaube!« Sie sagen bemerkenswert Anderes.   (eBr.)

                                                            Sommer 1916
Thomas Mann in ›Betrachtungen eines Unpolitischen‹, Kap. ›Einkehr‹
Will man mir erlauben, in diesem Zusammenhange auch von jenem
Versuch eines Lustspiels in Romanform zu reden, der ›Königliche
Hoheit‹ heißt, – und der trotz seines höchst individualistischen Ti-
tels zugleich einen Versuch mit dem ›Glück‹, eine – wenn auch nicht
eben vorbehaltlose – Versöhnung mit der ›Menschlichkeit‹ dar-
stellte? Von meinem zweiten Roman, der sich von seinem Vorgän-
ger in künstlerischer Hinsicht so auffallend – und nach jedem deutschen Begriff keinesfalls vorteilhaft – unterscheidet, daß man die
Identität seines Verfassers mit dem von ›Buddenbrooks‹ kaum ver-
muten würde? Hier ist auf einmal ein Buch, – durchaus nicht »geworden« und »gewachsen«, von allem Wuchernden und Strotzen-
den sehr weit entfernt, ein durchaus geformtes Buch, auf Maß und
Verhältnis gestellt, verständig, durchsichtig, gedanklich beherrscht,
– beherrscht von einer Idee, einer intellektuellen Formel, die sich
überall spiegelt, sich überall in Erinnerung bringt, möglichst leben-
dig gemacht wird, durch hundert Details die Illusion des Lebens zu
erzeugen sucht und doch ursprüngliche, warme Lebensfülle nie erreicht. Ein Kunstspiel, nicht Leben. Formal genommen: Renaissance, nicht Gotik. Französisch, nicht deutsch. Aber sehr deutsch
eben freilich doch innerlich, in der Art (wenn auch nicht in der
Form) seiner Geistigkeit und Ethik, seiner Empfindung von Einsam-

64 Vgl. Anm. 56.

34

keit und Pflicht... Auf jeden Fall hat es mich nicht gewundert, daß die französische Kritik, so weit sie nach deutschen Dingen neugierig ist, für ›Königliche Hoheit‹, für die Absichten, die Prosa des Romans viel mehr Geschmack hatte als die deutsche, – welche ihn absolut und relativ als zu leicht befand: zu leicht im Sinne der Ansprüche, die man in Deutschland an den Ernst und das Schwergewicht eines Buches stellt, zu leicht selbst in Hinsicht auf den Verfasser. Den Pakt mit dem ›Menschenglück‹, der hier, wenn auch auf lockere Art, geschlossen wurde, empfand sie, ohne das Neue, das in der Tendenz sich ankündigte, zu beachten, als charakterlos, und sie prüfte die ›Handlung‹ mit zu ernstem und sachlichem Blick, als daß sie sie nicht familienblattmäßig hätte finden müssen. Nun bin ich weit entfernt, für den dichterischen Wert der Geschichte des kleinen Prinzen, der im gravitätischsten Zeitungsstil zum Ehemann und Volksbeglücker gemacht wird, eine Lanze brechen zu wollen, – obgleich ich mir heute noch denken könnte, daß der alte Anatole France diesen ›Familienblattroman‹ nicht ganz ohne Behagen lesen würde. Da man sich auf den artistischen Wert nach deutscher Art nicht einließ, – den dichterischen im deutschen Sinne hat man gewiß nicht unterschätzt, wenn man ihn nicht eben hoch einschätzte. Sein *geistiger* Wert aber, wenn er einen hat, beruht ganz und gar in seiner Eigenschaft, als Zeit-Symptom, als Merkmal deutscher Entwicklung, – und kluge Leser, die es der Mühe wert fanden, ihre Klugheit auf eine so schnurrige Erscheinung anzuwenden, haben das ganz wohl bemerkt. »Werden«, so hieß es in dem kritischen Versuch eines Österreichers (es war Hermann Bahr in eigener Person), »Werden die Deutschen unserer Zeit erkennen, daß dieser Roman ein Zeichen ist?«[65] Und er endigte ungefähr damit, meinen Roman ein Fanal der neuen Demokratie zu nennen. Mit Unrecht? Wurde in ›Königliche Hoheit‹ nicht ein kleiner einsamer Ästhet zum Volkswirt und zu ›tatkräftiger Menschlichkeit‹, wie man heute sagen würde, erzogen? Und wodurch? Durch die Liebe! Aber das ist im höchsten Grade zivilisationsliterarisch. Und ich würde auf einen so hohen Grad von Fortgeschrittenheit noch stolzer sein, als ich es ernstlich bin, wenn unterdessen ›die Liebe‹ nicht zur intellektuellen Moderichtung, zum literarisch-politischen Oppositionsprogramm geworden wäre, – und wenn ich das nicht überaus schamlos fände.

65 Vgl. Anm. 18.

Auch ist nicht zu leugnen, daß das Buch ungeachtet seiner demokratischen Lehrhaftigkeit, eine wahre Orgie des Individualismus darstellt, dessen Noblesse in vielfältigen Erscheinungen unermüdlich abgewandelt wird; daß es ihm in aller Fortschrittlichkeit an ›erhaltendem Gegenwillen‹ nicht fehlt; daß ein tiefes Zögern jene Wendung zum Demokratischen, zur Gemeinsamkeit und Menschlichkeit, begleitet, ja, daß diese Wendung eigentlich nur humoristischerweise, nur ironice vollzogen wird und der Herzensernst des Erzählers – *und* des Zuhörers: das ist die Folge – den aristokratischen Monstren, dem unmöglichen Colly-Dog und dem nicht minder unmöglichen Dr. Überbein, zu gehören nicht aufhört. Zwar wird Klaus Heinrich ›glücklich‹, und Raoul Überbein, der romantische Individualist, geht auf die tendenziöseste Weise elendiglich zugrunde. Aber für so gemein, so *politisch* darf man mich nicht halten, daß ich im ›Glücke‹ ein Argument und im Zugrundegehen eine Widerlegung erblickte. Das wäre etwas anderes als moralisch, – es wäre tugendhaft; und wie ich über Tugendhaftigkeit denke, werde ich auf diesen Blättern noch sagen. Umgekehrt lieben die Erfinder von Geschichten es sehr, gewissen Figuren ihre persönliche Sympathie, anderen dagegen ihre heitere Geringschätzung auszudrücken, indem sie jene zugrunde gehen, diese aber glücklich werden lassen... Wie dem auch sein mochte: die politisch-antiindividualistische Tendenz – eine sehr undeutsche Tendenz oder doch eine Tendenz, die eben erst im Begriffe ist, deutsch zu werden –, sie war vorhanden; und wenn sie auf eine Weise sich kundgab, doppelzüngig und unverbindlich genug, um den Zivilisationsliteraten einiges Mißtrauen in ihre letzte Ernsthaftigkeit setzen zu lassen, – nochmals, sie war vorhanden, sie war aufgenommen, sie war nicht ignoriert, und wäre sie selbst weniger greifbar, wäre sie von Ironie noch stärker angekränkelt gewesen, – es gibt eine Art zu schreiben, gibt eine *westliche* Haltung des Geistes und des Stiles, die deutlicher spricht als alle Didaktik der Fabel; Ironie und Esprit, sie selbst sind zivilisationsliterarische Mächte; auch Europas weisester Greis, Anatole France in Paris, liebt es zuweilen, die Zivilisation zu ironisieren, und ist dennoch der Abgott und Großkönig alles Zivilisationsliteratentums... Kurzum, der Zivilisationsliterat hatte ein Recht – ob er von diesem Recht nun Gebrauch machte oder nicht –, auf mich und meine bescheidenen Kräfte zu *hoffen*; und Stunden kamen, da nichts ihn länger gehindert hätte, bedingungslos auf mich zu *rechnen*.   (XII, 96)

Thomas Mann an Paul Amann   München, 8. 10. 1916
Sie haben ›Königliche Hoheit‹ wieder gelesen? Kann man denn das?
Ich habe natürlich einen Abscheu davor, meine alten Sachen wieder
zur Hand zu nehmen; aber darüber nachgedacht habe ich kürzlich,
in welchem auffallenden Gegensatz mein zweiter Roman zu meinem ersten steht. Sollte man glauben, daß beide von demselben Verfasser sind? ›Buddenbrooks‹ – geworden, gewachsen, wucherndes
Leben; ›K.H.‹ – ein Kunstspiel, gemacht, verständig, durchsichtig, von einer Idee beherrscht, die sich überall spiegelt und zwar
wohl etwas eitel spiegelt. Formal genommen »Renaissance« nicht
»Gothik«, französisch, nicht deutsch, aber sehr deutsch eben doch
innerlich, in seiner Empfindung für Einsamkeit und Pflicht.[66] »Re-
formation, in Renaissance gehüllt«, schrieb mir neulich ein junger
halbfranzösischer homme de lettres aus Mühlhausen[67], »bekam
man – und die Reise eines Protestanten nach Venedig schließlich.« –
Der Fontanische Tonfall der Ditlinde ist mir beim Schreiben selber
aufgefallen.   (eBr. / A 47)

Thomas Mann an Paul Amann   München, 25. 3. 1917
Bei meiner Bemerkung über die beiden Romane[68] war ich aber Ihr
Schüler. »Die französische Phantasie orientiert sich bei der Darstel-
lung eines Charakters, eines Geschehens an einer Idee, einer intellektuellen Formel, die dann erst durch eine mehr oder minder genaue Schilderung, d. h. materielle Bestimmung, eingeschränkt und
schließlich jenem Eindruck des Einmaligen angenähert wird, der die
Illusion des Lebens erzeugt... Diese gedankliche Beherrschung
erlaubt nicht, reine Spontaneität, d. h. höchstes Leben zu gestalten...« Das ist aus Ihrer Rolland-Studie[69], wenn Sie sich recht erinnern, und es ist die genaue Definition von ›Königliche Hoheit‹, während ›Buddenbrooks‹ – das genaue Gegenteil davon sind.
               (eBr. / A 54)

---

66 Ähnliche Formulierung in den ›Betrachtungen eines Unpolitischen‹, Kap.
 ›Einkehr‹ (XII, 96; s. S. 261).
67 Vielleicht Ferdinand Lion.
68 Vgl. Brief Thomas Manns an Paul Amann vom 8. 10. 1916 und ›Betrachtungen eines Unpolitischen‹, Kap. ›Einkehr‹ (XII, 96; Vorabdruck in ›Die neue
 Rundschau‹, Berlin, Jg. 28, H. 3, März 1917, S. 341–354).
69 Unveröffentlichter Aufsatz Paul Amanns über Romain Rolland.

Thomas Mann an Ernst Bertram   München, 29. 3. 1917
Neulich las ich wieder einmal Ihr Bonner Referat[70] über ›Königliche
Hoheit‹, – wie zart und klug ist es doch.   (eBr. / B 46)

Thomas Mann an Paul Amann   Tölz, 29. 7. 1917
Erstens herrscht Papiermangel; mein eigener Verleger klagt beständig darüber und schiebt es auf diese Kalamität, daß die geplante
wohlfeile Neuauflage von ›Königl. Hoheit‹ noch immer nicht zustande gekommen ist.   (eBr. / A 57)

August 1917
Thomas Mann in ›Betrachtungen eines Unpolitischen‹, Kap. ›Einiges über Menschlichkeit‹
Übrigens und überhaupt weiß ich mich außerstande, mein Verhalten gegen Menschen nach ihrer Klassenzugehörigkeit, ihrem sozialen Range auch nur abzustufen, und erinnere mich manch einer
Situation, wie ich soziale Klassengenossen in Verlegenheit brachte,
indem ich sie durch mein Gehaben gegen Untergeordnete nötigte,
entweder dünkelhaft-undemokratisch zu erscheinen oder ihre Reserveleutnantsreserve mühsam zu überwinden. Diese meine Natur
aber hinderte mich nicht an der Einsicht, sie hat sie mir vielmehr
wohl gar verschafft, daß der Mehrzahl der Menschen damit wenig
gedient ist, daß es ihnen wenig gemäß und bequem, vielmehr, wenn
nicht beschämend, so doch entschieden lästig ist, wenn man sie allzu
sehr ›achtet‹. In der Erzählung ›Königliche Hoheit‹ wird einmal bemerkt, Klaus Heinrich habe im Verkehr mit Menschen jedermann
derart für voll, derart ernst, wichtig, *gut* genommen, daß das arme,
überschätzte, überanstrengte Menschenkind nur so geschwitzt
habe.[71] Es ist dies, was ich hier meine.   (XII, 447)

August 1917
Thomas Mann in ›Betrachtungen eines Unpolitischen‹, Kap. ›Einiges über Menschlichkeit‹
Von alldem, was der Däne da über die »deutsche Spannung« sagt[72],

70 Vgl. Anm. 43.
71 Vgl. Kap. ›Doktor Überbein‹ (II, 119).
72 Johannes V. Jensen in seinen Betrachtungen über ›Unser Zeitalter‹ (Berlin:
    S. Fischer 1917), Kap. ›Der nordische Vorsprung. Europa vor und nach dem
    Kriege‹ (S. 296–321).

weiß ich ein ganz persönliches Lied zu singen, – vielleicht *habe* ich
es gesungen. War nicht noch die humoristische Romanfigur des
Doktor Überbein, dieses »auf Leistung gestellten«[73] Malheurs von
Geburt[74] der Versuch eines Ausdrucks für ebendies? Es stand nicht
gut um seine Menschlichkeit (er hatte ein verächtliches Wort dafür, er sprach von der »Bummelei des Glücks«[75], und elendiglich
ging er zugrunde, da er es durch seine unnatürliche Strebsamkeit
mit allen, die sich zur »Leistung« menschlicher, das heißt jovialer
verhielten, mit allen Freunden des Weekend verdorben hatte...
Wer wollte denn leugnen, daß Deutschlands Menschlichkeit gelitten hatte durch die Spannung, unter der es stand? Gegen das Är-
gernis aber, das die Freunde des Weekend daran nahmen, bleibt
einzuwenden, daß es durchaus nicht idealistischer Herkunft
war...   (XII, 470)

August 1917
Thomas Mann in ›Betrachtungen eines Unpolitischen‹, Kap. ›Einiges über Menschlichkeit‹
Ich erzählte einmal von einem sensitiven Fürsten, dem es große
Schwierigkeiten bereitete, an strammstehenden Lakaien vorbeizu-
kommen, obgleich er wußte, daß diese sich in ihrer Haltung durchaus wohl und mit sich selbst zufrieden fühlten und sich mit derselben Selbstzufriedenheit auch auf den Bauch geworfen hätten, wenn
es des Landes so der Brauch gewesen wäre. Die Demokratie, meinte
ich damit, kommt von oben, nicht von unten, oder es sollte doch so
sein. Sie sollte nicht Anspruch sein, Anmaßung, freche Forderung,
sondern Abdankung, Scham, Verzicht, Menschlichkeit. Demokratie
sollte wieder sein, was sie vor Einbruch der Politik in die Gotteswelt
einmal war: Brüderlichkeit *über* allen Unterschieden und unter formaler Wahrung aller Unterschiede. Demokratie – aber ich sage immer dasselbe – sollte Moral sein, nicht Politik; sie sollte Güte sein
von Mensch zu Mensch, Güte von beiden Seiten! Denn der Herr
bedarf der Güte des Dieners ebenso sehr, wie dieser der Güte jenes
bedarf.   (XII, 485)

73 Vgl. Kap. ›Doktor Überbein‹ (II, 82).
74 Vgl. Kap. ›Doktor Überbein‹ (II, 82).
75 Vgl. Kap. ›Doktor Überbein‹ (II, 82).

Thomas Mann an Hans Korte   München, 3. 4. 1918
Ihre gute Meinung über ›Königliche Hoheit‹ kann mich nur erfreuen. Der Roman ist gewiß ein reiferes Kunstwerk als ›Buddenbrooks‹, aber diese bleiben eben doch das lebensvollere Werk.

(eBr.)

Thomas Mann an Ernst Bertram   München, 16. 3. 1920
Mit dem englischen Wesen läßt sich leben; mit dem französischen
niemals – man wäre denn ein Civilisationsliterat. Und selbst dann
käme es noch auf den praktischen Versuch an. Wie nah ist mir das
Englische zuweilen! Neulich bekam ich die englische Ausgabe von
›Königliche Hoheit‹ zu Gesicht, die schon anno 1916 erschienen
[ist].[76] (Ein Exemplar bleibt Ihnen reserviert.) Ich gestehe, daß ich
mit herzlichem Vergnügen, wahrer Erheiterung darin gelesen habe.
Es mutete mich immer affektiert an, wenn Nietzsche erklärte, Schopenhauer »lieber auf französisch zu lesen« seit es eine gute Übersetz-
zung gäbe – und bin nun nicht weit entfernt, ein ähnlich »überdeut-
sches« Bekenntnis abzulegen. Wahrhaftig, dies Sprachkleid sitzt wie
angegossen. »Then Doctor Ueberbein said: ›No, look here, Klaus
Heinrich, that won't do. You are stared at, and little Imma is stared
at, and that's enough. If you add to it by staring at little Imma, that's
too much. You must see that, surely?‹« Wie lustig und natürlich! Es
ist so gedacht. Und nun gar Schuster Hinnerke, – er hat überhaupt
schon immer englisch gesprochen. – Nein, so recht »national« bin
ich doch wohl eigentlich nicht.   (eBr. / B 89)

Thomas Mann an Ernst Bertram   München, 4. 11. 1922
Sagen Sie noch einmal: Haben Sie meine »Werke« in Halb- oder in
Ganzleinen? Es ist wegen K[önigliche] H[oheit].[77]   (eBr. / B 114)

Thomas Mann an Félix Bertaux   München, 20. 6. 1925
Ich danke bestens für Ihren heute empfangenen Brief und habe bei
der Auslandabteilung von S. Fischer Verlag sofort Weisung gegeben, daß zwei Exemplare von ›Königliche Hoheit‹ an Sie gesandt

---

76 ›Royal Highness‹, transl.: A. Cecil Curtis, London: Sidgwick & Jackson
    1916.
77 Thomas Mann schickte Bertram den eben erschienenen Band ›Königliche
    Hoheit‹ der ›Gesammelten Werke‹ mit der Widmung »»Muß ja doch nicht
    immer alles über alle Begriffe sein‹. Goethe über Clavigo«. (Vgl. B 255)

werden. Diese Herren führen auch die geschäftlichen Verhandlungen für mich in Übersetzungsangelegenheiten. (mBr.)

Thomas Mann an Félix Bertaux   Ettal, 7. 2. 1927

Der französische ›Tristan‹[78] soll ja mit der etwas ausgelassenen kleinen Selbstbiographie ›Im Spiegel‹, die ich als junger Mensch einmal geschrieben habe, versehen werden, eine Tatsache, an die ich bei dieser Gelegenheit noch einige Bemerkungen über Madame Valère-Gille in Brüssel knüpfen möchte, die auch ›Im Spiegel‹ übertragen hat und zwar auf eine so ungenaue und tödliche Weise, daß ich dadurch auf ihre übrigen Leistungen genauer aufmerksam wurde und erschreckende Entdeckungen gemacht habe. Was diese Dame sich an Willkürlichkeiten und groben Fehlern und Mißverständnissen, die nur auf sprachlicher Unkenntnis beruhen können, auf Schritt und Tritt leistet, ist derart, daß ich die größte Lust habe, meine Beziehungen zu ihr zu lösen, und ihr die Aufgabe der Übersetzung von ›Königliche Hoheit‹, wozu ich ihr leider die Autorisation gegeben habe, wieder abzunehmen. Ich habe einen Briefwechsel mit ihr gehabt, in dem ich auf äußerst schonende und fast galante Art meinen Bedenken und meinem Wunsche, die Autorisation zurückzunehmen, Ausdruck gab, worauf sie mit der unbelehrbaren Selbstgerechtigkeit, die ich schon an ihr kenne, geantwortet hat. Gutwillig ist sie offenbar nicht bereit zurückzutreten. Nun fragt es sich, ob ich auf Grund nachgewiesener Schwäche und Fehlerhaftigkeit ihrer Übersetzungen nicht doch von ihr loskommen kann, und so möchte ich Sie, lieber Herr Bertaux, bitten, wenn Sie einmal eine freie Stunde haben, die Übersetzung von ›Unordnung und frühes Leid‹[79] mit dem Original, das Sie ja in Händen haben, zu vergleichen und mir zu sagen, ob ich nicht ein Recht habe, gegen eine im Ganzen so willkürliche (kaum ein Absatz ist eingehalten) und im Einzelnen so lächerlich fehlerhafte Vermittlung meiner Arbeiten an das französische Publikum zu protestieren und dadurch meine Freiheit zurückzugewinnen, selbst wenn Madame Gille, wie sie schreibt, schon mit der Übersetzung von ›Königliche Hoheit‹ begonnen hat. Ich schicke Ihnen die Revue de France, in der ich einige der schlimmsten Stellen angestrichen habe. (mBr.)

---

78 ›Tristan‹, trad.: Gabrielle Valère-Gille, Paris: Kra 1926.
79 Thomas Mann, ›Au temps de l'inflation‹, trad.: G. Valère-Gille, La Revue de France, Paris, année 6, t. 5, 15. 10. 1926, p. 684–722.

Thomas Mann an Erich Ebermayer   München, 24. 3. 1927
ich habe gerade in letzter Zeit für den Film mehr Interesse und Sympathie gefaßt, als ich bisher aufbringen konnte. Ich habe wirklich angefangen dieses Schauvergnügen zu lieben, das unter Umständen manches zu bieten hat, was das Theater nicht bietet, und mit dem sich zweifellos allerlei Merkwürdiges und Eindringliches machen ließe [...] Die heutigen Filme sind mir zu dramatisch-theatralisch. Nur die Russen, dank ihrer erzählerischen Überlieferung, sind auf dem rechten Wege [...] Ich kann in dem Gespräch nur meinem Bedauern über das Mißlingen des Buddenbrook-Films (1924) und der Überzeugung Ausdruck gegeben haben, daß K. H. sich ungleich besser für die Verfilmung eignet. Ich werde keinen banausischen Routinier zulassen.   (eBr. / Rosen, Kat. 31, S. 29/30)

Thomas Mann an Félix Bertaux   München, 31. 3. 1927
ich muß Ihnen endlich doch noch vielmals danken für die Mühe, die Sie sich mit dem Gutachten über die Übersetzungskünste der Madame Valère-Gille gemacht haben. Ihre Äußerung kann sehr wichtig für mich werden, wenn die Frau mich dazu herausfordert, schweres Geschütz gegen sie aufzufahren.
[...]
Von Herrn Pierre-Quint hatte ich neulich den Brief, den ich im Stillen von ihm erwartet hatte. Er ist außer sich über den Umfang von ›Buddenbrooks‹, deren Seiten- oder Wörterzahl er nun von Ihnen erfragt hat. Ist es nicht eigentlich ein bißchen komisch, daß ein Verleger es öffentlich und feierlich übernimmt, Bücher herauszubringen, die er nicht nur nicht kennt, sondern von deren äußeren Format er gar keine Vorstellung hat? Nun ist er verzweifelt, erklärt, daß es keine Form gibt, in der dieser Roman in Frankreich erscheinen kann, und will vorderhand zu ›Königliche Hoheit‹ zurückkehren, was mir schon deshalb nicht lieb ist, als dadurch der Konflikt mit Madame Valère-Gille wieder aktuell würde.[80] Da ich ihm nicht helfen kann, wird mir wohl nichts übrig bleiben, als die Hände in den Schoß zu legen und die Entwicklung meiner französischen Übersetzungsangelegenheiten passiv abzuwarten. Was meinen denn Sie zu der Situation? Die Schwierigkeiten werden natürlich beim ›Zauberberg‹ nicht geringer, sondern eher noch größer sein, und doch ist

80 Vgl. 7. 2. 1927 (S. 41).

›Buddenbrooks‹ in fast alle übrigen europäischen Sprachen und sogar der ›Zauberberg‹ schon in mehrere übersetzt. Was die andern können, darunter Verleger ganz kleiner Länder, sollte in Frankreich wirklich unmöglich sein? (mBr.)

Thomas Mann an Hans Ludwig Held   Bad Kreuth, 9. 7. 1927
Von ›Königliche Hoheit‹ und ›Fiorenza‹ ist nicht die Rede, was nur darum allenfalls zu beanstanden wäre, weil auch ihnen wohl im Sinne des Themas etwas abzugewinnen gewesen wäre.[81]
Dies Thema aber, das Verhältnis des »fraglichen« Schriftstellers zur Romantik, ist mit soviel Klugheit und Talent herausgearbeitet, daß meine Freude an dem Ganzen rein und herzlich war: eine Freude objektiver Art, kann ich wohl sagen, die mich »über den Gegenstand erhob«. (eBr.)

Thomas Mann an Geneviève Bianquis   München, 22. 3. 1928
Haben Sie vielen Dank für Ihren liebenswürdigen Brief vom 14. des Monats, und für Ihre Bereitwilligkeit, ›Königliche Hoheit‹ ins Französische zu übersetzen.[82] Sie können sich denken, daß ich Ihren Widerstand gegen den Wunsch des Herrn Pierre-Quint, das Buch möge gekürzt werden, sehr lebhaft teile. Ich habe längst zu meiner Enttäuschung merken müssen, daß der Verlag Kra, indem er der Welt mit großem aplomb mitteilte, daß er meine sämtlichen Werke in französischer Sprache herausbringen werde, eine Aufgabe übernommen hat, deren Schwierigkeiten er nicht einmal im Äußerlichsten übersah. Mit Recht fragen Sie, was denn erst aus ›Buddenbrooks‹ und ›Zauberberg‹[83] werden solle, wenn schon ›Königliche Hoheit‹ für den französischen Markt der Amputation bedürftig scheint. Dieses Buch ist eben darum als nächstes für die Übersetzung in Aussicht genommen worden, um der Verlegenheit, in die sich der Verlag durch den Umfang der beiden anderen Romane versetzt sehen würde, noch eine Weile zu entgehen. Ich selbst halte die Übersetzung von ›Königliche Hoheit‹ ins Französische nicht in dem

81 Thomas Mann äußert sich hier zu einem Manuskript von Marga Bauer, das Hans Ludwig Held ihm geschickt hatte. Es handelt sich wohl um den später erschienenen Aufsatz ›Thomas Mann und die Romantik: Ein Versuch‹ (Der kleine Bund, Bern, Jg. 11, Nr. 12, 23. 3. 1930, S. 93–96).
82 Vgl. Anm. 84.
83 Vgl. Anm. 84 und 85.

Grade für wichtig und dringlich, wie die mancher anderen Arbeit von mir, und habe soeben Herrn Pierre-Quint den Vorschlag gemacht, doch lieber auch diesen kleineren, aber immer noch zu langen Roman zurückzustellen und statt dessen zunächst noch einen Novellenband folgen zu lassen, dessen Bestandteile bereits ins Französische übersetzt sind. Nimmt Herr Pierre-Quint diesen Vorschlag an, so wäre also die Frage der Übersetzung von ›Königliche Hoheit‹ noch nicht unmittelbar aktuell. (mBr.)

Thomas Mann in ›Lebenslauf‹ November [?] 1929
Die erste literarische Frucht meines neuen Lebensstandes war der Roman ›Königliche Hoheit‹, eine Hofgeschichte, die das Kleid bildet für eine Psychologie der formal-repräsentativen Lebensform und für ethische Probleme wie die Vereinigung des aristokratisch-melancholischen Bewußtseins mit den Forderungen der Gemeinsamkeit. (XI, 414)

Thomas Mann in ›Lebensabriß‹ Januar / Februar 1930
Die erste künstlerische Frucht meines jungen Ehestandes aber war der Roman ›Königliche Hoheit‹, und er trägt die Merkmale seiner Entstehungszeit. Dieser Versuch eines Lustspiels in Romanform, der zugleich den Versuch eines Paktes mit dem ›Glücke‹ bedeutete, wurde nach den ›Buddenbrooks‹ von der Kritik allgemein zu leicht befunden. Gewiß mit Recht. Nur daß die ideellen Absichten und Gesinnungen dieses vernünftigen Märchens noch tiefer reichten, als meistens bemerkt wurde, und nicht ohne instinktive und vortastende Fühlung mit Heraufkommendem waren. Ich rede nicht von der Analyse der dynastischen Lebensform, die auf so mitleidig-sympathische Art vielleicht nur an einer zum Untergang reifen Institution geübt werden konnte. Aber das ›Glück‹, von dem ›Königliche Hoheit‹ handelte, war nicht ganz platt und eudämonistisch gemeint. Ein Problem wurde lustspielhaft gelöst, aber es War ein Problem immerhin, ein empfundenes dazu und kein müßiges: Ein junger Ehemann fabulierte hier über die Möglichkeit der Synthese von Einsamkeit und Gemeinschaft, Form und Leben, über die Aussöhnung des aristokratisch-melancholischen Bewußtseins mit *neuen* Forderungen, die man schon damals auf die Formel der ›Demokratie‹ hätte bringen können. Seine humoristischen Phantasien trugen autobiographisch-stimmungsmäßiges Gepräge und ließen jede di-

rekte und tendenziöse Verkündigung aus dem Spiel; daß aber das Spiel seinen Ernst hatte und gewisse, fast schon politische Suggestionen davon in die deutsche Welt von 1905 ausgingen, möchte ich wahrhaben. (XI, 118)

Thomas Mann an Geneviève Bianquis   München, 13. 1. 1930
Mit bestem Dank bestätige ich den Empfang Ihres freundlichen Briefes vom 9. Ich höre mit einiger Beunruhigung, daß bei beiden Romanen[84] die Übersetzung von mehreren Personen ausgeführt werden soll, wobei natürlich die Gefahr der Uneinheitlichkeit des Stiles besteht. Ich hoffe, daß durch Ihre Oberkontrolle und Ihre Überarbeitung des Ganzen diese Gefahr vermieden werden kann.
Was die geschäftliche Seite betrifft, so widersprechen Ihrer Angabe, daß Ihr Vorschlag das in Frankreich Übliche darstelle, meine persönlichen Erfahrungen. Fayard & Co., die jetzt den ›Zauberberg‹[85] übersetzen lassen, zahlen mir, wie ich Ihnen, glaube ich, schon schrieb, für die ersten vier Tausend 5 %, von da an aber 10 %, und natürlich wäre es mir nicht angenehm, bei Kra ungünstiger gestellt zu sein, ganz abgesehen davon, daß es mir überhaupt unsympathisch und lästig ist, die geschäftlichen Abmachungen wegen der Übersetzung selbst treffen zu müssen. In keinem anderen Lande und bei keinem anderen Verleger ist das meine Sache, sondern ich erhalte einfach 10 %. Um Ihnen entgegenzukommen, schlage ich nun folgenden modus vor: Sie erhalten von den ersten vier Tausend 5 %, von weiteren vier 3 %, darüber hinaus 1 %. Ich kann Sie versichern, daß ich diesen Vorschlag nur mache, um Ihnen persönlich entgegenzukommen, und keinem anderen Übersetzer gegenüber so verfahren würde, vielmehr entschlossen bin, wenn ich je bei Kra mit einem anderen Übersetzer zu tun habe, die Regelung der Übersetzung in derselben Weise wie bei Fayard, ihm zu überlassen. (mBr.)

Katja Mann an Geneviève Bianquis   München, 9. 6. 1930
Mein Mann läßt Ihnen vielmals für Ihr freundliches Schreiben vom 9. Juni danken. Der Verlag Delagrave hatte sich schon vor einiger

---

84 Gemeint sind ›Buddenbrooks‹ und ›Königliche Hoheit‹. (›Altesse royale. Roman‹, trad.: Geneviève Bianquis, Jeanne Choplet, Paris: Delagrave 1931; ›Les Buddenbrook. Le déclin d'une famille. Roman‹, trad.: Geneviève Bianquis, introd.: A. Levinson, Paris: Fayard 1932.)
85 ›La montagne magique. Roman‹, trad.: Maurice Betz, Paris: Fayard 1931.

Zeit an ihn gewandt, und er hatte ihn an Kra gewiesen, der sich auch seinerseits mit einer solchen Sonderausgabe für die Jugend einverstanden erklärte, nachdem mein Mann seine prinzipielle Zustimmung gegeben. Auch die zugesicherter Weise unerheblichen Striche sind ja in diesem Fall kein wesentlicher Einwand, da das Buch ja dann bei Kra vollständig herauskommen soll. Mein Mann freut sich also, daß das Buch nun bald in Ihrer Übersetzung in einer hübschen illustrierten Ausgabe erscheinen wird.[86]   (mBr.)

Thomas Mann an René Schickele   Küsnacht, 6. 10. 1936
›Königliche Hoheit‹ nebenbei. B. Diebold[87] hat mir gerade einen wahrhaft entsetzlichen Verfilmungsplan davon vorgelegt.   (eBr.)

Thomas Mann an Joseph Warner Angell[88]   Küsnacht, 4. 3. 1937
Ich verfüge über eine große Menge kleiner und kleinster handschriftlicher Dokumente, die ich einer solchen Sammlung, wie der Ihren, unbedenklich überlassen würde. Dagegen mache ich mir doch einige Skrupel, die Manuskripte meiner großen Romane (Buddenbrooks, Königliche Hoheit, Zauberberg und Joseph in Ägypten) alles in eigener Handschrift vorliegend, einfach wegzugeben und frage mich, ob ich dies den Meinen gegenüber verantworten könnte. Ich muß mir sagen, daß diese viele Tausende von Seiten umfassende Manuskriptmasse doch einen gewissen Wert darstellt, über den ich, nachdem ich meiner politischen Überzeugung fast mein ganzes Vermögen und einen großen Teil meines Einkommens geopfert habe, unter den heutigen Umständen und als Haupt einer zahlreichen Familie nicht so ohne weiteres verfügen darf.   (mBr.)

---

86 ›Altesse royale. Roman‹, trad.: Geneviève Bianquis, Jeanne Choplet, ill.: Zyg Brunner, Paris: Delagrave 1931.
87 Bernhard Diebold; Schweizer Schriftsteller und Theaterkritiker; langjährige Tätigkeit an der ›Frankfurter Zeitung‹; von 1933 bis zu seinem Tode Theaterkritiker an der ›Tat‹ (Zürich).
88 Amerikanischer Anglist und Militärhistoriker an der Yale University, der sich dort für den Aufbau einer Thomas-Mann-Sammlung einsetzte.

Thomas Mann an Agnes E. Meyer   Princeton, 20. 5. 1939
Übrigens wird ein Vorwort auch für eine Neu-Auflage von ›Royal
Highness‹ verlangt[89], das ich lieber Ihnen übertrüge.

(eBr. / Br. II, 93)

Thomas Mann an Agnes E. Meyer   Noordwijk aan Zee, 29. 6. 1939
In ihrer Jugend war sie[90] sehr schön, in spanischem Stil, gewesen,
und das Altern bereitete ihr sichtlich große Leiden, – woran die Figur der Großherzogin in ›Königliche Hoheit‹ eine Erinnerung ist.

(eBr. / Br. II, 101)

Thomas Mann an Agnes E. Meyer   Princeton, 16. 12. 1939
Der Brief, mit dem Sie Ihre K[önigliche] H[oheit]-Kritik[91] ergänz-
ten und das schonend Unterdrückte doch auch zu Worte kommen
ließen, mußte mir ja einige Bangigkeit um mein Seelenheil einflö-
ßen, aber der nachfolgende über das Goethe-Fragment[92] hat mir das
Maß von Sorglosigkeit zurückgegeben, das ich brauche, um weiter
das Meine zu thun. Lassen wir die alte Spieldosen-Musik, zu deren
speziellen Liebhabern ich nicht gehöre, obgleich diesen zuzugeben
ist, daß Grazie und Witz ihr nicht ganz fehlen. Vollere Töne sind ihr
gefolgt, und wenn etwas Neuestes von mir, wie die knappe Probe aus
dem Weimar-Roman einem Menschen wie Ihnen so erregend nahe
gehen konnte, so wird es ja um meine Condition nicht gar so verzweifelt stehen und mit meiner verkrampften Lieblosigkeit nicht so
weit her sein. Für einen produktiven Menschen bleibt die entschei-
dende Frage immer: Was kommt dabei heraus? – sei es dann mit
diesem »dabei« wie immer bestellt. Das Eine kann ich darüber sagen: Ich habe mich immer redlich bemüht, ein Mensch zu sein.

(eBr.)

89 ›Royal Highness‹, New York: Knopf 1939. (›Vorwort zu einer amerikani-
    schen Ausgabe von ‹Königliche Hoheit›‹; XI, 572.)
90 Thomas Manns Mutter.
91 Agnes E. Meyer, ›Thomas Mann and our time: ‹Royal Highness›‹, New York
    Times Book Review, New York, and Washington Post, Washington, Dec. 10,
    1939 (anläßlich des Erscheinens der »new English edition« von ›Royal High-
    ness‹, transl.: A. Cecil Curtis, with a new preface, transl.: Helen Tracy Lowe-
    Porter, New York: Knopf 1939).
92 ›Lotte in Weimar. Siebentes Kapitel: Der Monolog‹, Mass und Wert, Zürich,
    Jg. 3, H. 1. Nov. / Dez. 1939, S. 28–46.

Thomas Mann in ›On Myself‹   März / April 1940

Im nächsten Roman nun, in ›Königliche Hoheit‹, steht wiederum
die Existenz des Künstlers zur Diskussion, stofflich als Hofgeschichte eingekleidet und diesmal, unter dem Einfluß privater
Umstände – ich war ein junger Ehemann, als ich dies Buch schrieb –
ins Optimistische gewendet.

Es ist eine Erlösungsgeschichte: der junge Prinz, in seiner melan-
cholisch-repräsentativen und rein formalen Existenz eine Allegorie
des Künstlers, wird durch die Liebe und durch eine Heirat, die sein
Land rettet, aus der Unwirklichkeit zur Wirklichkeit und zum Leben
erlöst. Die Möglichkeit einer Vereinigung von Hoheit und Lebens-
glück wird optimistisch statuiert: – für den Augenblick hatte sie ihre
Gefühlswahrheit.

Übrigens ist das Buch als Versuch eines *Lustspiels in Romanform*
ein Geschwisterstück zu meinem jüngsten Roman, ›Lotte in Weimar‹. Geistig stellt es eine vielleicht nicht uninteressante Wendung
zum *Demokratischen* dar, indem zwar der »Hoheit«, dem »Sonder-
fall«, den Erscheinungen aristokratischer Absurdität noch immer
die ironisch getönte Liebe des Autors gehört, mit den Mitteln *derselben* Ironie aber die hochindividualistischen Typen bis hinab zum
wahnsinnigen Hunde Perceval als Anachronismen gekennzeichnet
werden und der liebenswürdigste von ihnen den Weg aus der Einsamkeit zur Gemeinschaft und sozialen Sympathie geführt wird, –
eine Fabel, die damals, auf der Sonnenhöhe des Wilhelminischen
Kaisertums, mehr vorwegnahm, als die Leser von 1905 herauslasen.

(On Myself, S. 12)

Thomas Mann an Agnes E. Meyer   Pacific Palisades, 28. 4. 1944

›Königliche Hoheit‹ – man darf das Buch nicht zu persönlich nehmen, obgleich das Persönliche Anteil daran hat und dafür benutzt
wurde. Schon 1910 habe ich davon gesagt: »Es malt sich symbolisch
darin die Krise des Individualismus, in der wir stehen, die geistige
Wendung zum Demokratischen (!), zur Gemeinsamkeit, zum Anschluß, zur Liebe...«[93] Ich glaube, man darf in dem seither über-
troffenen und leicht zu übertreffenden Märchen-Roman einen
Markstein sehen in der Entwicklung, die zur Zeit der ›Betrachtungen‹ durch das Aufbegehren des protestantischen und romantisch-

---

93 Vgl. Anm. 55 und ›Über ‹Königliche Hoheit›‹ (XI, 571).

antipolitischen Elements in mir unterbrochen und dann bewußter
wieder aufgenommen wurde. – (eBr. / Br. II, 364)

Thomas Mann an Eberhard Barthold   Pacific Palisades, 26. 9. 1948
haben Sie Dank für Ihre amüsante kleine Studie![94]
Mir ist, als ob die Namen Wehrzahn[95], Schmettern[96], Trümmer-
hauf[97] und Lichterloh[98] wenigstens zum Teil nicht in ›Kgl. H.‹, sondern in der Garnisonsnovelle ›Ein Glück‹ vorkämen. Aber ich mag
nicht nachsehen. (eBr. / Br. III, 51)

Thomas Mann an Harald Kohtz   Erlenbach, 6. 1. 1953
Mit dem Aufspüren des Homosexuellen sind Sie zu leicht bei der
Hand. Ich gebe alles Mögliche zu, aber das Verhältnis zwischen
Hanno und Kai ist völlig frei davon; in ›Königliche Hoheit‹ ist nir-
gends daran gedacht [. . .].[99] (eBr.)

Thomas Mann an Helmut Castagne[100]   Erlenbach, 5. 7. 1953
Der Vorschlag der Bearbeitung von ›Königliche Hoheit‹ zu einem
über mehrere Abende sich erstreckenden Hörspiel macht mir ent-
schiedenes Vergnügen, und ich autorisiere das Studio Basel der
Schweizerischen Rundspruchgesellschaft sehr gern dazu.[101] Diese
Art von Dramatisierung in täglich halbstündigen Fortsetzungen
scheint mir eine gute Idee. Ich meine aber auch, ich könnte dafür gut
und gern ein Honorar von 2000 Franken beanspruchen, und wenn
Sie nicht ernstlich befürchten, damit Entmutigung zu bewirken,
bitte ich Sie, diesen Vorschlag weiterzugeben. Natürlich will ich
auch wieder nicht meine Forderung überspannen, und wenn Sie es
für klüger halten, möge es in der Hoffnung auf weitere Sende-
gebühren bei 1500 Sfr. sein Bewenden haben. (eBr.)

---

94 ›Die Namen bei Thomas Mann‹ (unveröffentlicht).
95 Vgl. Kap. ›Die Erfüllung‹ (II, 331).
96 Vgl. Kap. ›Die Hemmung‹ (II, 23).
97 Vgl. Kap. ›Doktor Überbein‹ (II, 79).
98 Der Name kommt sowohl in ›Königliche Hoheit‹ als auch in der Novelle ›Ein
    Glück‹ vor. (Vgl. Kap. ›Die Hemmung‹, II, 23 und VIII, 352.)
99 Vgl. Harald Kohtz, ›Das Problem der Dekadenz im Werk Thomas Manns‹,
    Diss. Humboldt Universität, Berlin 1953.
100 Damals Leiter der Theaterabteilung des S. Fischer Verlags.
101 Vgl. Anm. 104.

Thomas Mann an Alexander Moritz Frey   Erlenbach, 2. 10. 1953
Erika kämpft in Göttingen wie eine Löwin darum, daß der Farb-Film
›Königliche Hoheit‹[102] nicht *ganz* blödsinnig ausfällt.

(eBr. / Br. III, 309)

Thomas Mann an Hans Reisiger   Erlenbach-Zürich, 18. 10. 1953
Erika hat jetzt sogar eine kleine Rolle in dem ›Königliche Hoheit‹-
Farbfilm[103] übernommen. Natürlich wird das Buch unerbittlich ent-
stellt, dabei wendet man aber viel an die Produktion, und Erika
meint, daß ich schließlich einigen Spaß daran haben werde. Sonderbar, wie das alte Ding, das mit Recht oder Unrecht doch immer etwas
über die Achsel angesehen wurde (auch von mir) nun plötzlich
durch Film- und Radio-Hörspiele[104], zu denen sich Schweizer und
deutsche Sender zusammentun, eine Art von populärer Renaissance
erlebt. Schon durch die Fischer books[105] tat es das. Habent sua fata
libelli.

(eBr. / R 35)

Thomas Mann an Richard Braungart   Erlenbach, 28. 10. 1953
Um ›Königliche Hoheit‹[106] können Sie sich garnicht genug sorgen,
wenn Sie für das Buch etwas übrig haben. »Ich warne Neugierige.«
Damit sie das Schlimmste verhüte, habe ich meine Tochter Erika
nach Göttingen geschickt. Aber es wird genug Schlimmes übrig
bleiben – sofern überhaupt etwas übrig bleibt.

(eBr.)

Thomas Mann an Albrecht Goes   Erlenbach, 4. 11. 1953
Während des »Drehens« von ›K. H.‹ war Erika Wochen lang in Göttingen, um das Schlimmste zu verhüten. Genug Schlimmes ist na-

---

102 Verfilmung durch Filmaufbau GmbH Göttingen (Leiter: Hans Abich).
   Drehbuch: Hans Hömberg und Georg Hurdalek. Regie: Harald Braun (un-
   ter Mitarbeit von Erika Mann). Hauptdarsteller: Dieter Borsche als Klaus-
   Heinrich, Ruth Leuwerik als Imma Spoelmann, Mathias Wieman als Raoul
   Überbein, Heinz Hilpert als Vater Spoelmann, Lil Dagover als Gräfin
   Löwenjoul. Kamera: Werner Krien.
103 Vgl. Anm. 102. – Erika Mann spielte die Rolle der Oberschwester im
   Kinderspital.
104 Achtteilige Hörfolge ›Königliche Hoheit‹ von Walther Franke-Ruta,
   Landessender Beromünster, Studio Basel, 4. 1.–22. 2. 1954.
105 ›Königliche Hoheit. Roman‹, Frankfurt a. M. u. Hamburg: Fischer Bücherei 1952 (= Fischer Bücherei, 2).
106 Vgl. Anm. 102.

türlich übrig geblieben, wenn da von Übrig bleiben überhaupt die Rede sein kann. Um mich und das arme, hübsche Buch davon abzurücken, habe ich erreicht, daß »Frei nach –« auf die Leinwand projiziert wird. Übrigens haben die Leute sich irrsinnige Mühe gegeben, eine Million investiert und nach allem, was ich höre, ein ganz sehenswertes Schaustück zustande gebracht. (eBr.)

Thomas Mann an Claire Goll   Erlenbach, 12. 12. 1953
Es ist merkwürdig, daß Sie mir gerade über ›Königliche Hoheit‹ schreiben. Das Buch, das eigentlich immer die Rolle des Aschenbrödels unter den meinen spielte, erlebt jetzt eine Art von populärer Auferstehung: durch die Aufnahme in Fischers wohlfeile Bücherserie [107], durch einen pompösen deutschen Farbfilm [108], der nächstens »anlaufen« soll, durch verschiedene Radio-Hörspiele [109], die danach angefertigt worden etc. Habent sua fata libelli.   (eBr. / Br. III, 316)

Thomas Mann an Hans Reisiger   Erlenbach, 1. 1. 1954
Den Film, den man mir hier vorführte, finde ich ganz liebenswürdig und hübsch zu sehen. Dem Publikum gefällt er wegen der Helmbüsche und der guten alten Zeit. Dabei ist Spoelman unmöglich, Imma nicht richtig, und Überbein steht in der Luft. Dagegen Borsche ausgezeichnet. K. H. wie er im Buche steht, – das sonst nur durchschimmert. Erika wurde zu spät gerufen.   (eBr.)

Thomas Mann an Albrecht Goes   Erlenbach, 15. 1. 1954
vielen Dank, eine Träne zerdrückend, für Ihre Condolation. Hätte ich's verbieten sollen? Aber ich bin so garkein Spielverderber. Und das Empfangsfräulein bei Sprüngli versicherte mir, als ich neulich dort meinen Wermut trank, jeden Montag werde sie nun zuhören! Sie kennen das Volk nicht – hätte ich beinahe gesagt.
Den Film hat man mir hier vorgeführt, und ich habe »Sehr nett!« gesagt. Ein ganz freundliches Schaustück ist er ja wirklich, bis auf – aber damit will ich nicht erst anfangen. Übrigens ist Borsche tatsächlich etwas wie eine Verkörperung.   (eBr. / Br. III, 321)

107 Vgl. Anm. 105.
108 Vgl. Anm. 102.
109 Vgl. Anm. 104.

Thomas Mann an Richard Braungart   Erlenbach, 25. 1. 1954
Ich freue mich, daß Sie nicht sehr gelitten haben. Ich tat es auch
nicht, als mir hier der Film[110] privatim vorgeführt wurde, erstens
weil ich immer ein dankbares Publikum bin, dann aber doch auch,
weil es ja wirklich eine ganz liebenswürdige show ist. Die Hersteller
haben sich größte Mühe damit gegeben, und ich bin nur froh, daß
die Menge es ihnen dankt. Erika wurde zu spät berufen und stand
vor einem fertigen Drehbuch, konnte aber noch manches retouchie-
ren. Freilich nichts an gewissen Besetzungen, wie Spoelman, der
schlimm ist. Die Imma ist sehr reizvoll, wenn auch als Typ nicht
richtig. Vollendet fand ich Borsche als Klaus Heinrich – ganz wie er
im Buche steht. Der Mann hat ad hoc Reiten gelernt, – Galopp, ohne
die linke Hand zu gebrauchen, was mir allein schon imponiert. Erika
sagte gesprächsweise in seiner Abwesenheit: »Nein, nein, mit meinem Dieter bin ich restlos glücklich.« Darauf seine Frau: »Ach, wer
das auch von sich sagen könnte!«
Auch sonst tut sich allerlei Talent in dem Film hervor, z. B. der Kam-
merdiener Neumann, über dessen Mimik ich sehr lachen konnte.
Motiv-Brocken des Romans hängen sonderbar in der Luft, und
Überbein kommt leider zu kurz. Aber alles in allem: die Sache ist
glimpflich abgelaufen.   (eBr.)

Thomas Mann an Walther Franke-Ruta   Erlenbach, 2. 2. 1954
unmittelbar vor unserer Abreise nach Italien (wo es vermutlich auch
hundekalt sein wird) danke ich Ihnen noch rasch, aber herzlich, für
die Uebersendung des Gesamttextes Ihres Hörspiels.[111] Ich habe
mehrfach darin gelesen, gestern auch wieder einmal zugehört und
bin erstaunt, was Sie alles geleistet, beigetragen, für die Bereicherung
der Sache getan haben, etwa durch mathematische Exaktheiten oder
durch soziale Einblicke, den Sie den Reinen, den Feinen[112] im Kinderspital tun lassen etc. Ich schätze es besonders, daß Sie die Schicksals-
verwandtschaft der beiden Liebenden so schön herausgearbeitet haben. Nach der ersten Sendung sagte mir das Empfangsfräulein bei
Sprüngli: »Jeden Montag werde ich jetzt zuhören!«   (eBr.)

110 Vgl. Anm. 102.
111 Vgl. Anm. 104.
112 Klaus Heinrich.

Thomas Mann an Anni Gelbhaar   Erlenbach, 19. 3. 1954

wie konnten Sie nur so gespannt sein auf die Bearbeitung von ›Königliche Hoheit‹ als Hörspiel[113] – und dann so enttäuscht? Solche Popularisierungen sind nichts für Leute wie Sie, die nicht nur den »Hofroman« gern hat, sondern sogar den weit avancierteren ›Erwählten‹, dessen Sprach-Scherze bei so manchen Gebildeten Aergernis erregt haben. Goethe meinte: »Man könnte die Leute wohl amüsieren, wenn sie nur amüsabel wären.«[114] Nun, Sie sind offenbar amüsabel, aber nicht in der Art des Empfangsfräuleins vom Café Sprüngli, die, nachdem sie einer Sendung gelauscht, mir sagte, es sei entzückend gewesen, und jedesmal werde sie nun zuhören. Sehen Sie, für solche Gemüter sind solche Unterhaltungen gemacht. Ich habe keinen Anteil gehabt an der Herstellung und nur kurzen, scheuen Anteil genommen an der Darbietung.

Verfilmt worden ist ›Königliche Hoheit‹ ja auch.[115] Die bunte, freundliche Show läuft in vielen deutschen Cinémas und gefällt den Empfangsfräuleins so gut, daß die wohlfeile Ausgabe[116] des Romans reißend abgeht. Nun, da haben Sie's: Auf diese Weise kommt selbst das Buch noch ins Volk. Aber es wird ihm wohl nicht so gut gefallen wie im Radio und Kino.   (eBr.)

Thomas Mann an Franz Christian   Kilchberg, 18. 4. 1954

Sie haben recht: ›Königliche Hoheit‹ ist eine ganz nette, sehenswerte show. Man hat mir den Film hier vorgeführt, aber bei der Zürcher Première[117], die nächstens stattfinden soll, werde ich ihn mir doch noch einmal ansehen. Man hat sich große Mühe damit gegeben, und er war sehr teuer, sodaß trotz starkem Zulauf überall die Gewinngrenze noch nicht erreicht ist. Die Oberschwester im Kinderspital ist meine Tochter Erika, die sehr beim Dialog geholfen hat.   (eBr.)

Thomas Mann an Felix Henseleit   Kilchberg, 8. 5. 1954

Ich kann da ja aus eigener Erfahrung sprechen, denn der prächtige Farbfilm, den man aus meinem Roman ›Königliche Hoheit‹ gemacht

---

113 Vgl. Anm. 104.
114 Vgl. Johann Peter Eckermann, ›Gespräche mit Goethe in den letzten Jahren seines Lebens‹, Teil 1: 24. 9. 1827 (Frankfurt a. M.: Insel-Verlag 1963, S. 242).
115 Vgl. Anm. 102.
116 Vgl. Anm. 105.
117 Am 8. 10. 1954 im Kino Orient.

hat und dessen Sie mit Recht in Ihrer Festschrift[118] ehrend gedenken
wollen, da so viel Liebe und Sorgfalt daran gewendet worden ist,
wirklich eine vergnügliche Darbietung, und ich verstehe vollkommen den Beifall und Zulauf, den er in vielen deutschen und österreichischen Städten gefunden hat. Gewiß wird es hier in der Schweiz,
wohin er nun bald kommen wird, nicht anders sein. Ich will nicht
sagen, der Gedanke gereiche mir nicht zu einer gewissen Beruhigung,
daß neben dem Film ›Königliche Hoheit‹ doch immerhin auch das
Buch gleichen Namens noch fortbesteht. Aber daß dieses Buch einer
führenden Leistung deutscher künstlerischer Industrie Idee und Mo-
tive leihen konnte, macht mir Freude.   (X, 934 u. Br. III, 338)

Thomas Mann an Erich Neumann[119]   Kilchberg, [22. 11. 1954]
Ihre Aufstellungen über den Band ›Königliche Hoheit‹ habe ich
durchgesehen und erkenne die große Mehrzahl Ihrer Verbesserun-
gen als richtig an. Manche sind sogar sehr wichtig. Nur bitte ich, mit
dem angehängten Dativ-e, wie zum Beispiel »dem Alten Schlosse«
statt »dem Alten Schloß«, sparsam zu sein, wie es meine Art ist.
Leicht klingt mir dieses e, von dem zum Beispiel Stifter einen über-
triebenen Gebrauch macht, pedantisch und altmodisch. Wenn mir
recht ist, schenken sogar die Klassiker es sich in vielen Fällen. Auch
ist es eine rhythmische Frage, die von Fall zu Fall entschieden werden sollte. Zum Beispiel würde es mir widerstehen, »auf dem
Albrechtsplatze« zu sagen und nicht »auf dem Albrechtsplatz«. Ver-
besserungen, wie »im Sinne grober Zweckdienlichkeit« und nicht
»großer« sind höchst dankenswert, und solcher haben Sie ja eine
ganze Anzahl zusammengestellt. Bei No 322 »Das Bild... mit allen
seinen Personen und Vorgängen« ziehe ich »Mit *all* seinen Personen
etc.« vor.   (mBr. / N 30)

118 Thomas Manns Brief vom 8. 5. 1954 an Felix Henseleit wurde unter dem
     Titel ›Unterhaltungsmacht Film‹ (X, 932) in der von Fritz Frank, Henseleit
     u. a. herausgegebenen Festschrift der IV. Internationalen Filmfestspiele
     Berlin 1954 abgedruckt (›Film-Festtage in Berlin‹, Berlin: Filmblätter-Ver-
     lag 1954).
119 Leiter des Thomas-Mann-Archivs der Deutschen Akademie der Wissen-
     schaften zu Berlin. Neumann befaßte sich im Hinblick auf die Aufbau-Aus-
     gabe von Thomas Manns ›Gesammelten Werken in zwölf Bänden‹ (Berlin
     1955 u. 1956) mit der Textrevision; er übernahm später auch für die zwölf-
     bändige Fischer-Ausgabe (Frankfurt a. M. 1960) das Vergleichen der Texte
     und das Lesen der Korrekturen.

Thomas Mann an Guido Devescovi   Kilchberg, 1. 5. 1955

Besonders tief berührt hat mich Ihre Anmerkung: »La figura di *Heinrich Mann*, oscurata dalla grande ombra del fratello per tanto tempo, appare oggi sempre più nella sua giusta luce e grandezza.« [120] Möge das wahr sein! Die Stellung des Verewigten ist offiziell sehr groß in dem heute kommunistischen Teil Deutschlands, aber im Westen herrscht mit wenigen Ausnahmen, von denen Sie eine anführen, Schweigen über ihn, und auch sein geliebtes Italien, sein noch geliebteres Frankreich zeigen sich wenig empfänglich für sein so ganz romanisch geschultes und geprägtes Lebenswerk, das absolut geniale Höhepunkte aufweist wie ›Die kleine Stadt‹, ›Professor Unrat‹, ›Henri IV‹ und noch das späte chef d'œuvre ›Eine Epoche wird besichtigt‹. [121] Ich kann Sie versichern: die bange Verlegenheit über jene verdunkelnde »grande ombra« zieht sich schon seit den ›Buddenbrooks‹ durch mein ganzes Leben. Zwar habe auch ich zur Europäisierung des deutschen Romans beigetragen, aber meine Art es zu tun, war deutsch-traditioneller und musiknäher, ironischer ansprechender, als die seine, – ein zweifelhafter Vorzug, aber ein Vorzug eben in den Augen der Deutschen und lateinischer Germanisten. Dabei war mein inneres Verhalten zu dem Älteren und seinem abweisend geistesstolzen Werk immer das des aufblickenden kleinen Bruders, und es malt sich autobiographisch in ›Königliche Hoheit‹, wo Klaus Heinrich zu seinem Bruder, dem Großherzog, sagt: »Ich habe immer zu dir emporgeblickt, weil ich immer gefühlt und gewußt habe, daß du der Vornehmere und Höhere bist von uns beiden und ich nur ein Plebejer bin, im Vergleich mit dir. Aber wenn du mich würdigst, an deiner Seite zu stehen und deinen Titel zu führen *und dich vorm Volk zu vertreten*, obgleich ich mich garnicht so präsentabel finde und diese Hemmung hier habe, mit meiner linken Hand, die ich immer verstecken muß, – dann danke ich dir und stehe dir zu Befehl.« [122]

Ich habe »Albrecht« vorm Volke vertreten per tanto tempo, mit all dem Familiensinn, der uns beiden eigen war. Der Engländer Harold Nicolson schrieb einmal etwas von »that amazing family«, und das hat mich mehr gefreut, als je irgend ein Lob, das nur mich persönlich

---

120 Vgl. Guido Devescovi, ›Il ‹Doktor Faustus› di Thomas Mann. Problemi e considerazioni‹, Trieste: Borsatti 1955, S. 33.

121 Heinrich Mann, ›Ein Zeitalter wird besichtigt‹ (Stockholm: Neuer Verlag 1946).

122 Vgl. Kap. ›Albrecht II.‹ (II, 158).

betraf. Im übrigen bin ich ganz beruhigt darüber, daß die Nachwelt, was die Hierarchie in dieser family betrifft, Gerechtigkeit schaffen wird. Unbeschreiblich aber war meine Erschütterung, und wie ein Traum erschien es mir, als Heinrich mir kurze Zeit vor seinem Tode eines seiner Bücher[123] mit den Worten widmete: »*Meinem großen Bruder, der den ›Doktor Faustus‹ schrieb.*« Wie? Was? Der große Bruder war doch immer er gewesen! Und ich warf mich in die Brust und dachte an Goethe's Wort über den dummen Streit der Deutschen, wer größer sei, er oder Schiller: »Sie sollen froh sein, daß sie zwei solche Kerle haben!«[124]   (eBr. / Br. III, 396)

Thomas Mann in ›Film und Roman‹   12. 7. 1955
Die technische und künstlerische Entwicklung des Films in den letzten Jahrzehnten ist so imposant, daß mein Interesse an ihm beständig wächst und ich mir die Übertragung meiner eigenen Erzählwerke auf die Leinwand lebhaft wünsche – vorausgesetzt, daß sie mit so viel Liebe und Takt bewerkstelligt wird wie die Verfilmung von ›Königliche Hoheit‹, ein wirklich geschmackvolles Schaustück, das das Auge erfreut, die Menge amüsiert und dabei von den geistigen Absichten, auch von den Charakteren des Romans gar nicht wenig in die Sphäre des Films hinübernimmt.
Natürlich ist es mir lieb, daß das Buch neben dem Film fortbesteht. Aber ich glaube nicht daran, daß ein guter Roman durch die Verfilmung notwendig in Grund und Boden verdorben werden muß. Dazu ist das Wesen des Films demjenigen der Erzählung zu verwandt. Er steht der Erzählung viel näher als dem Drama. Er ist geschaute Erzählung, – ein Genre, das man sich nicht nur gefallen lassen, sondern in dessen Zukunft man schöne Hoffnungen setzen kann.   (X, 937)

123 Vielleicht ›Der Atem. Roman‹, Amsterdam: Querido 1949.
124 Eckermann, 12. 5. 1825: »Nun streitet sich das Publikum seit zwanzig Jahren, wer größer sei: Schiller oder ich, und sie sollten sich freuen, daß überhaupt ein paar Kerle da sind, worüber sie streiten können.« (Johann Peter Eckermann, ›Gespräche mit Goethe in den letzten Jahren seines Lebens‹, Frankfurt a. M.: Insel-Verlag 1963, S. 144.)

›Bekenntnisse des Hochstaplers Felix Krull‹

Entstehungszeit: Januar 1910–1913 und Januar 1951
bis April 1954
Erstdrucke: ›Bekenntnisse des Hochstaplers Felix Krull.
Buch der Kindheit‹, Wien, Leipzig, München: Rikola-Verlag
1922. – ›Bekenntnisse des Hochstaplers Felix Krull.
Der Memoiren erster Teil‹, New York / Frankfurt a. M.:
S. Fischer 1954

Thomas Mann an Kurt Martens   Riva, 30. 11. 1901
[...] ich habe ›Das Ehepaar Kuminsky‹[1] mit großem Vergnügen gelesen. Es ist ein echter Martens, mondän und geistvoll. Aber Ihr Roman[2] ist mehr, als das; ich nähere mich seinem Ende.   (eBr.)

Februar / März 1907
Thomas Mann im ›Versuch über das Theater‹
Das Theater... Es sei fern von mir, eine Stätte zu schmähen, an die sich die Erinnerung so vieler seltsam erregender Eindrücke[3] knüpft! – Man war ein Junge, man durfte das ›Tivoli‹ besuchen. Ein schlecht rasierter, fremdartig artikulierender Mann, in einer ungelüfteten Höhle, die auch am Tage von einer offenen Gasflamme erleuchtet war, verkaufte die Billette, diese fettigen Pappkarten, die ein abenteuerliches Vergnügen verbürgten. Im Saal war Halbdunkel und Gasgeruch. Der ›eiserne Vorhang‹, der langsam stieg, die gemalten Draperien des zweiten Vorhangs, das Guckloch darin, der muschelförmige Souffleurkasten, das dreimalige Klingelzeichen, das alles machte Herzklopfen. Und man saß, man sah... Verworrene Bilder kehren zurück: Szene, Symmetrie; eine Mitteltür. Ein Armstuhl rechts, einer links. Ein Bedienter rechts, einer links. Jemand reißt von außen die Mitteltür auf, steckt zuerst den Kopf hindurch, kommt herein und klappt mit beiden Händen die Flügel hinter sich zu, wie man nie im Leben eine Tür hinter sich zuklappt... Erregter Auftritt, Lustspielkatastrophe. Ein eleganter, kurzlockiger Jüngling,

---

1 ›Das Ehepaar Kuminsky‹, Münchner Neueste Nachrichten, München, Jg. 54, Nr. 540 u. 542, 21. u. 22. 11. 1901, je S. 1–2. Vgl. TMS I, 339.
2 Kurt Martens, ›Die Vollendung. Roman‹, Berlin: Fontane 1902.
3 Vgl. die Theater-Episoden in den ›Bekenntnissen‹, z. B. Erstes Buch, Kap. 5 (VII, 286 ff.).

der im Zorn einen Stuhl gegen seinen Widersacher erhebt... Bediente fallen ihm in den Arm... Aschenputtel und die Tauben an Drähten! König Kakadu, ein Komiker mit rotem Gesicht und goldener Krone. Eine verkleidete Dame, namens Syfax, Diener der Fee, in grünen Trikots, klatscht in die Hände und bewirkt so den unglaublichsten Zauber... Ballett, Feenglanz... rosa Beine, ideale Beine, makellos, himmlisch, trippeln, schwirren, federn nach vorn... Die Galoschen des Glücks... Die Versenkung! Jemand sagt im Ärger: »Ich wollt', ich wär', wo der Pfeffer wächst!«, versinkt und steigt wieder auf in tropischer Landschaft, umtanzt von Wilden, wird fast gefressen... Draußen vorm Saal war ein Ladentisch mit Kuchen, Schaumhügeln mit roter Süßigkeit auf dem Grunde. Man vergrub die Lippen im Schaum. Bunte Lampen glühten. Und der Garten war voller Leut'...

Welcher Rausch! Welche Entgleistheit der Seele! War sie ästhetischen Wesens? Ein erstes Schönheitserlebnis? Ich weiß es nicht. Das Ästhetische beginnt ja recht früh, recht tief. Was darf man so nennen, was noch nicht? – Schule und Haus lagen grau dahinten. Man wandelte in der Neuheit, im Abenteuer, in der zügellosen Welt. Man hatte sie aus exotischem Trieb ersehnt und erbeten, diese seltsame Betörung, man liebte sie, sicher, man trank, man betrank und vergaß sich darin; man war bereits Moralist genug, sich ihr hinzugeben. Aber war sie das eigentlich Rechte, Gute und Angemessene? Brach man nicht hernach zu Hause zuweilen in Tränen aus? Was war das? Unfähigkeit zur Alltäglichkeit, nachdem man die Schönheit erkannt, oder Katzenjammer und Reue nach einer zehrenden Zerstreuung, an welcher die Beine, die idealen Beine vielleicht bereits ihren Anteil gehabt?... Hat je das Spektakel die reine, heitere, vertrauenswürdige, kraftweckende, kraftbildende Wirkung geübt, die Grimms und Andersens Märchen, Reuter und Vossens Homerübersetzung übten? Niemals!

Aber später war Gerhäuser am Stadttheater. Er sang, mit seiner impetuosen Inbrunst, den Tannhäuser. Er sang jeden zweiten Abend den Lohengrin. Er kam im Sturm der Instrumente ein wenig ruckweise herangeschwommen und sang mit weichen Bewegungen: »Nun sei bedankt.« Er kam mit leise klirrenden Schritten nach vorn, er sang: »Heil, König Heinrich!«, und seine Stimme klang wie eine silberne Trompete. Es war damals, daß mir zuerst die Kunst Richard Wagners entgegentrat, diese moderne Kunst, die man erlebt, erkannt haben muß, wenn man von unserer Zeit irgend etwas verstehen will. Und dieses ungeheure und fragwürdige Werk, das zu erleben und zu erkennen ich nicht satt werde, dieser kluge und sinnige, sehnsüchtige und abgefeimte Zauber, diese fixierte theatralische Improvisation, die außerhalb des Theaters nicht vorhanden ist, – sie ist es in der Tat, und sie allein, die mich auf Lebenszeit dem Theater verbindet. Daß man die dramatischen Dichter, Schiller, Goethe, Kleist, Grillparzer, daß man Henrik Ibsen und unsere Hauptmann, Wedekind, Hofmannsthal nicht ebensogut lesen als aufgeführt sehen könne, daß man in der Regel nicht besser tue, sie zu lesen, wird niemand mich überzeugen. Aber Wagner ist nur im Theater zu finden, ist ohne Theater nicht denkbar. Das zu beklagen ist eitel. Zu wünschen, Instinkt und Ehrgeiz möchten ihn nicht zur großen Oper getrieben haben, ist müßig, seine Wirkung vom Theater zu lösen unmöglich. Er hat, mit größerer praktischer Kraft als Schiller, das Pathos des Theaters erhöht, hat ihm, zur höheren Glorie seines eigenen Werkes, Würde und Weihe ertrotzt. Aber jeder Radikalismus lag diesem Reformator fern. Er hat das Theater nicht eigentlich erneut und verjüngt. Er hat keinen Versuch unternommen, aus der Bühne irgend etwas Künstlerisches zu machen, keinen, das Dekorationswesen ins Ernsthafte umzugestalten. Er hatte Lust, sich von Makart Kulissen malen zu lassen – ein bedenklicher Zug, der auf eine Verwandtschaft in wichtigen Instinkten deutet. Er hat den ganzen kindischen Apparat gelassen, wie er war, und sein Theater ist Theater wie jedes andere auch. Es ist der Triumph unserer selbst, die Epoche als Kunst, die Sehnsucht als Meisterschaft, und es ist Theater. Wir haben uns damit abzufinden.

Und so macht man sich denn auf zur Tempelbude, diesem musischen Staatsinstitut. Man wirft sich in Schwarz, man hat Gesellschaftsfieber. Es trifft sich möglicherweise schlecht, man ist vielleicht müde, verstimmt, ruhebedürftig; aber man hat sechs Tage vorher unter bedeutenden Opfern an Zeit und Bequemlichkeit sein Billett von einem Beamten erstanden und ist gebunden. Man wallfahrtet per Droschke zur Gnadenstelle. Man kämpft den Kampf der Garderobe, legitimiert mehrmals, das Billett in der Hand, sein Recht auf Kunst und bekommt seinen Sammetsitz in der Menge angewiesen. Parfüms, Geschwätz, Atlastaillen, die in den Nähten krachen, schlechte Menschengesichter, – Gesichter von Menschen, denen man es ansieht, daß sie weder eines guten Satzes noch einer guten Handlung fähig wären. Und dann dort oben das Ideal, zu dem man, rasch trunken von Musik, emporstarrt, die Scham und Frage im Herzen: Ist das gut, ist es hoch, da es all denen auch gefällt? – Das Ideal hat seine komische Seite. Hunding ist bauchig und x-beinig wie eine Kuh. Sieglindens gepuderter Busen wogt in der Dekolletage ihres Fellgewandes, einer Art prähistorischer Balltoilette. Siegmund, knapp und gespannt auf der Kante des Sessels, läßt die Besorgnis erkennen, seinen Trikots möchte etwas Fürchterliches begegnen. Daß dieser rosige und dralle Mann geradeswegs aus Wildnis, Wetter und tiefstem Elend kommt, ist übrigens nicht zu glauben. Das Herdfeuer stäubt Funken gegen die Kulisse: einen Augenblick verstört dich die Erinnerung an Schreckensberichte von Theaterbränden. Später laufen Fricka's Widder, eine Glanznummer der Regie, ein großes Spielzeug mit Uhrwerk, wirklich über die Bühne, und ihre Beine klappern in den Scharnieren. Warum blöken sie nicht? Man kann heute verlangen, daß sie blöken! ... Und zwischen all dem Schauer und kurze Seligkeiten, Wonnen der Nerven und des Intellekts, Einblicke in wundervolle Beziehungen, in rührende und große Bedeutsamkeiten, wie nur diese nicht zu überbietende Kunst sie gewährt ...

(X, 35)

Thomas Mann an Heinrich Mann   München, 25. 3. 1909
Im Uebrigen halte ich mich so ungefähr und bereite Mehreres vor: einen Essay[4], der allerhand Zeitkritisches enthalten soll, und eine Novelle, die sich ideell an ›K[önigliche] H[oheit]‹ anschließen wird, aber doch eine andere Atmosphäre haben und, glaube ich, sozusagen schon etwas »18. Jahrhundert«[5] enthalten wird. Ueberhaupt ist mir immer, als begänne nun eine neue »Periode«, wie Schaukal sagen würde.   (eBr. / M 73)

Thomas Mann in ›Süßer Schlaf‹   30. 5. 1909
Man sagt mir, daß ich ein ruhiges Kind war, kein Schreihals und Störenfried, sondern dem Schlummer und Halbschlummer in einem den Wärterinnen bequemen Grade zugetan. Ich glaube es, denn ich erinnere mich, den Schlaf und das Vergessen geliebt[6] zu

4 ›Geist und Kunst‹.
5 Wie der geplante ›Friedrich‹-Roman.
6 Vgl. Erstes Buch, Kap. 2 (VII, 270).

haben zu einer Zeit, da ich noch kaum etwas zu vergessen hatte, und ich weiß wohl zu sagen, durch welchen geistigen Eindruck die stille Neigung zuerst zur bewußten Zärtlichkeit angefacht wurde [. . .].

(XI, 334)

[Ende Oktober 1909]
Thomas Mann an die Redaktion der ›Saale-Zeitung‹ [7]
Ich arbeite zur Zeit an einem Essay, der den Titel ›Geist und Kunst‹ führen wird. Ferner beschäftige ich mich mit einer größeren Erzählung ›Der Hochstapler‹, die psychologisch eine gewisse Ergänzung zu meinem Fürstenroman bedeuten wird. Auch mache ich die erste Studie zu einem geplanten historischen Roman [›Friedrich‹].

Thomas Mann an Heinrich Mann   München, 10. 1. 1910
Ich sammle, notiere und studiere für die Bekenntnisse des Hochstaplers, die wohl mein Sonderbarstes werden. Ich bin manchmal überrascht, was ich dabei aus mir heraushole. Es ist aber eine ungesunde Arbeit und für die Nerven nicht gut.   (eBr. / M 83)

Thomas Mann an Kurt Martens   München, 11. 1. 1910
Soweit ich meine zukünftige Produktion übersehe, hat sie mit Demokratie allerdings nicht das Mindeste zu schaffen. Ich sammle, notiere, studiere jetzt für etwas Längst Geplantes, ganz Sonderbares: ›Bekenntnisse des Hochstaplers‹. Ich bin selbst überrascht, was ich dabei aus mir heraushole.   (eBr. / Br. I, 80)

Thomas Mann an Joseph-Emile Dresch   München, 7. 2. 1910
Für Ihren liebenswürdigen Brief vom 31. Januar bitte ich Sie erst heute meinen besten Dank entgegenzunehmen, weil eine neue Arbeit mich sehr intensiv beschäftigt.   (eBr.)

Thomas Mann an Heinrich Mann   München, 17. 2. 1910
Ich kann wieder mal nicht anfangen und finde hundert Ausflüchte. Was da ist, ist das psychologische Material, aber es hapert mit der Fabel, dem Hergang. Auch muß ich aufpassen, daß der Kuchen nicht

---

7 Veröffentlicht im Anschluß an Paul Lehmanns Artikel ›Thomas Mann. Zum heutigen Vortrage in der ‹Literarischen Gesellschaft›‹, Saale-Zeitung, Halle / S., 2. 11. 1909.

wieder so auseinandergeht und daß nicht wieder aus einem Novellenstoff ein Roman wird. Ich lese Kleists Prosa, um mich so recht in die Hand zu bekommen, und war nach dem Kohlhaas wütend auf Goethe, der ihn wegen seiner »Hypochondrie« und seines »Widerspruchsgeistes« abgelehnt hat.[8]   (eBr. / M 85 u. Br. I, 82)

Thomas Mann an Heinrich Mann   München, 20. 3. 1910
Daß ich mich mit dem Ersteren [Theodor Lessing] überhaupt einließ[9], war letzten Grundes ratloser Thätigkeitsdrang. Das Geheimnis ist, daß ich mit dem ›Hochstapler‹ nicht anfangen konnte; aus gequälter Unthätigkeit schlug ich los, dessen bin ich mir innerlich wohl bewußt, und habe damit meine Kräfte natürlich nur weiter heruntergebracht.   (eBr. / M 87)

Thomas Mann an Walter Opitz   München, 18. 4. 1910
Ich habe eine größere Sache begonnen, die etwas recht Merkwürdiges werden kann. Es ist eine Hochstaplergeschichte und soll heißen: ›Bekenntnisse des Diebes und Schwindlers Felix Krull‹. Sie sind übrigens der Erste, der es erfährt.   (eBr.)

Thomas Mann an Samuel Lublinski   München, 16. 5. 1910
Ich bin wahrhaftig noch nicht dazu gekommen, Ihr Drama[10] zu lesen; eigene schwierige Arbeit und tausend persönliche Angelegenheiten haben mich abgehalten.   (eBr. / Br. III, 458)

Thomas Mann an Alexander von Bernus   München, 22. 5. 1910
Ich schreibe an den Memoiren eines Hochstaplers, – einer sehr sonderbaren, auch anstößigen und – für mich – aufwühlenden Sache. Ob sie Ihnen gefallen wird, ist freilich die Frage; weiß ich doch noch nicht einmal, ob ›Königliche Hoheit‹ Ihnen gefallen hat.   (Be 95)

Thomas Mann an Samuel Lublinski   München, 13. 6. 1910
Halten Sie die Vereinigung von Frivolität und Moralismus für möglich, daß Einer in der Kunst ein erquickliches Blendwerk sehe, her-

8 Goethe zu J. D. Falk (Artemis XXII, 616).
9 ›Der Doktor Lessing‹, Das literarische Echo, Berlin, Jg. 12, H. 11, 1. 3. 1910, Sp. 821–824 (XI, 719).
10 Samuel Lublinski, ›Kaiser und Kanzler. Tragödie‹, Leipzig: Xenien-Verlag 1910.

vorzubringen mit den feinsten sinnlichen und intellektuellen Zaubermitteln – und zugleich an künstlerischer Strenge und Gewissenhaftigkeit beinahe zu Grunde gehe? Ich fange an, sie für möglich zu halten, – etwa so, wie ich die Vereinigung von Skepsis und Leidenschaft für möglich halte. Ja, was ist die Kunst! Was ist der Künstler! Diese Mischung aus Lucifer und Clown[11] [...].   (eBr./Br. III, 459)

Thomas Mann an Hans von Hülsen   Bad Tölz, 13. 8. 1910
Ich bin noch immer nicht ganz mit meinem Fontane-Artikel[12] fertig, der übrigens nichts Bedeutendes wird. Sobald er erledigt ist, kehre ich zu meinem ›Hochstapler‹ zurück.   (eBr.)

Thomas Mann an Heinrich Mann   Tölz, 18. 9. 1910
Der Hochstapler rückt langsam vorwärts.   (eBr./M 91)

Thomas Mann an Julius Bab   Bad Tölz, 5. 10. 1910
Nehmen Sie vorlieb mit diesen eiligen Zeilen! Mich verlangt nach 8tägiger Bummelei fast quälend nach meinem Manuskript.   (eBr.)

Thomas Mann an Philipp Witkop   Bad Tölz, 23. 10. 1910
Ich harre noch auf dem Lande aus und schreibe mit der nötigen Behutsamkeit an einem kuriosen Roman, werde mich aber demnächst unterbrechen müssen, um die Weihnachtswünsche des ›B. T.‹[13] und der ›N. Fr. Pr.‹[14] zu befriedigen.   (eBr.)

Thomas Mann an Korfiz Holm   München, 23. 3. 1911
Ich schreibe wieder an einem Roman, einem ganz kuriosen und aeußerst heiklen Ding, Ich-Form, Bekenntnisse eines Hochstaplers. Es wird mich gewiß noch ein Jahr in Anspruch nehmen.   (eBr.)

Thomas Mann an Heinrich Mann   München, 24. 3. 1911
Ich habe in den letzten Monaten nichts Erhebliches vor mich gebracht. Mein Unwohlsein, das sich ungewöhnlich lange hinzog und

---

11 Vgl. ›Geist und Kunst‹, Notiz 59 (TMS I, 182).
12 ›Der alte Fontane‹, Die Zukunft, Berlin, Jg. 19, H. 1, 1. 10. 1910, S. 1–21 (IX, 9).
13 ›Peter Schlemihl‹, Berliner Tageblatt, Berlin, 25. 12. 1910.
14 Unbekannt. Vielleicht war ›Wie Jappe und Do Escobar sich prügelten‹ zuerst für die ›Neue Freie Presse‹ vorgesehen.

mich sehr herunterbrachte, war angeblich eine Blinddarm-Reizung, letzten Endes aber doch wohl nur Ausdruck einer momentanen Erschöpfung des Centralnervensystems. Ich habe an den Nachwehen noch immer zu tragen und arbeite kümmerlich langsam am ›Hochstapler‹. (eBr. / M 95)

Thomas Mann an Hans von Hülsen   Bad Tölz, 2. 10. 1911
Ein Fragment aus dem ›Hochstapler‹ erscheint im Fischer'schen Jubiläumskatalog. [15]   (eBr.)

Thomas Mann an Alexander von Bernus   München, 24. 10. 1911
Ich war leidlich tätig, habe einen größeren Aufsatz über Chamisso (als Einleitung zur Pantheon-Ausgabe des ›Peter Schlemihl‹) [16] geschrieben und eine Novelle [17] gewagten, wenn nicht unmöglichen Gegenstandes ziemlich weit gefördert. An den Friedrich-Roman darf ich noch nicht ernstlich denken; nach Bewältigung der Novelle muß ich zunächst den Hochstapler-Roman wiederaufnehmen, aus dem in S. Fischers Jubiläumsbuch ein kleines Bruchstück erschienen ist, – und werde es gern tun, da ich mir allerlei Merkwürdiges von dem Unternehmen verspreche. (Be 96)

Thomas Mann an Heinrich Mann   München, 27. 4. 1912
Das Militärische [18]: Meine Erinnerungen daran sind recht traum- und nebelhaft, es sind eigentlich Unwägbarkeiten, Atmosphärisches, was sich als Material nicht recht überliefern läßt, was ich aber ohne Weiteres in die Zuchthaus-Episode des Hochstaplers werde transponieren können. Die Haupterinnerung ist das Gefühl rettungsloser Abgeschnittenheit von der civilisierten Welt, eines furchtbaren äußeren Machtdruckes und, im Zusammenhang damit, eines außerordentlich erhöhten Genusses der inneren Freiheit, so, wenn ich in

15 ›Bekenntnisse des Hochstaplers Felix Krull. Bruchstück aus einem Roman‹ (Der Theaterbesuch, 1. Buch, Kap. 5), Almanach des S. Fischer Verlags, Das XXVte Jahr, Berlin 1911, S. 273–283.
16 ›Chamisso‹, Die neue Rundschau, Berlin, Jg. 22, H. 10, Okt. 1911, S. 1438–1453, und in Adalbert von Chamisso, ›Peter Schlemihls wundersame Geschichte‹, Berlin: S. Fischer 1911.
17 ›Der Tod in Venedig‹.
18 Vgl. Thomas Manns Briefe an Heinrich Mann vom 25. 11. 1900 und 17. 12. 1900 (M3 und 5). Dazu die ›Bekenntnisse des Hochstaplers Felix Krull‹ (Zweites Buch, Kap. 5; VII, 349).

der Kaserne, beim Gewehrputzen etwa (das ich nie gelernt habe) etwas aus Tristan pfiff. Aber so wird der Unterthan die Sache wohl nicht auffassen. Er muß, auch wenn er bürgerlich-abgeneigt ist, dem Geist dieser abgeschlossenen Welt, wie ich das bei meinen Miteinjährigen beobachtete, sofort auch innerlich vollkommen unterliegen. *Will* er frei kommen? Dann laß es ihn machen, wie ich, und von vornherein eine Verbindung mit der bürgerlichen Welt suchen, mit deren Hilfe er sich befreien kann. Ich steckte mich hinter Mamas damaligen Arzt, Hofrat Mey, den ich im Hochstapler als Sanitätsrat Düsing benutzt habe, einen streberischen Esel, der mit meinem Ober-Stabsarzt befreundet war. Mit dem Ober-Stabsarzt kommt man beim Regiment kaum in Berührung; abhängig ist man von seinem Untergebenen, dem Stabsarzt, der untersucht, ins »Revier« (Kasernen-Krankenzimmer für leichte Fälle) oder Lazarett schickt, »Dienst machen« läßt u.s.w. Dieser Stabsarzt war aeußerst grob gegen mich. »Wer sind Sie, was wollen Sie« war sein Ton. Bei Untersuchungen, zu denen ich ihn gehorsamst nötigte, führte er unverschämte Reden und erklärte z.B. daß er sich eine Cigarre anzünden müsse, da er sonst ohnmächtig würde (vor Ekel). Das Resultat war »Macht Dienst. Schluß. Abtreten«. Nun hatte aber May mit dem Ober-Stabsarzt gesprochen, und dieser ließ mich vom Exerzieren weg auf sein Zimmer zur Untersuchung rufen. Er schien zwar nichts Rechtes zu finden, erklärte aber ich solle nur »vorläufig« weiter Dienst machen, das Weitere werde sich schon finden. »Bei *dem* Fuß...« Nach einigen Tagen wurde von einem Revier-Gehülfen ein Abdruck meines Fußes auf geschwärztem Papier gemacht. Ich war im Lazarett auf »entzündlichen Plattfuß« behandelt worden, aber der Abdruck zeigte, daß von Plattfuß garnicht die Rede sein konnte. Aber nun kam der Oberstabsarzt, das Papier in der Hand, in das Revierzimmer, wo ich wartete, und wo auch der Stabsarzt anwesend war. Die Szene war ausgezeichnet und ist für Deinen Roman[19] sehr geeignet. Der Oberstabsarzt kommt, die Mütze auf dem Kopf, mit einem gewissen Aplomb herein, stellt sich vor dem Stabsarzt auf und blickt mit finsterer, strenge Miene auf dessen Mütze. Der Stabsarzt, der sonst sehr kollegial mit ihm zu verkehren gewohnt ist, nimmt verblüfft die Mütze herunter und steht stramm. Darauf zeigt ihm der Ober-Stabsarzt das Papier, spricht leise zu ihm und

19 Vgl. Heinrich Mann, ›Der Untertan‹, Hamburg: Claassen 1958, S. 47–56.

befiehlt ihm, irgend etwas zu sehen, was nicht da ist. Der Stabsarzt blinzelt abwechselnd den Vorgesetzten, mich und das Papier [an] und stimmt zu, indem er die Hacken zusammenzieht. Von Stund an war er sehr höflich gegen mich und behandelte mich als Herrn. Er wußte nun, daß ich höhere Verbindungen hatte. Nur amtlicher Formalitäten halber vergingen noch einige Wochen, dann war ich »draußen«. Die amüsanteste Korruption. Gemeinhin gilt es für außerordentlich schwer, loszukommen, nachdem man einmal drin ist.

Als Gegenstück ein Fall blödsinniger Strenge, der mir gleich zu Anfang großen Eindruck machte. Bei den anderen Compagnien durften Revier- (also nicht Lazarett-)Kranke Einjährige nach den ersten 14 Tagen (die man ganz in der Kaserne verbringt) zu Hause liegen. Unser Hauptmann verpönte dies. Ein Einjähriger erkrankt abends, und hat am nächsten Morgen 40°, ist also ganz unfähig, sich in die Kaserne zu begeben. Er macht die Krankheit zu Hause durch und bringt, genesen, ein Attest seines Arztes. Zur »Strafe« mußte er sehr lange, ich glaube Monate lang, in der Kaserne wohnen, was sehr hart für Einjährige ist: im Mannschaftszimmer schlafen etc. Verrückt. Aber der Hauptmann machte ein sehr stolzes Gesicht bei solchen Gelegenheiten. »Meine Kompanie«, pflegte er zu sagen, »soll eine Kompanie von *Soldaten* sein.« Und thatsächlich hieß die Kompanie »Die stramme Elfte«. Auch etwas für Dich. – Bei »Mannschaftszimmer« fiel mir noch ein: Jemand ist thatsächlich als untauglich freigesprochen, weil er vor der Ober-Ersatz-Commission laut erklärt hat, er sei homosexuell. Könntest Du das nicht einflechten?
(eBr. / M 97 u. Br. I, 93)

Thomas Mann an Ernst Bertram   München, 30. 1. 1913
Er [S. Fischer] beabsichtigt, wenn mein neuer Roman als Buch erschienen ist, eine Sammlung oder doch Auswahl meiner Arbeiten zu veranstalten.[20]
(eBr. / B 15)

20 Dieser Plan kam erst in den zwanziger Jahren zur Ausführung: ›Gesammelte Werke [in Einzelausgaben]‹, Berlin: S. Fischer 1922 ff. und ›Gesammelte Werke in zehn Bänden‹, Berlin: S. Fischer 1925.

Thomas Mann an Philipp Witkop   München, 12. 3. 1913
Daß Ihnen das Hochstapler-Fragment[21] damals gefallen hat, freut
mich besonders. Da mich der ›T. i. V.‹ ein rundes Jahre gekostet hat,
bin ich mit dem Roman noch sehr im Rückstand, – und Sie können
sich denken, wie schwer es mir wurde, mich nach der Novelle in den
parodistischen, durchaus komischen Ton des Romans zurückzufin-
den.   (eBr.)

Thomas Mann an Paul Nikolaus Cossmann   München, 6. 4. 1913
Größere Sachen wie den ›Tod in Venedig‹ schulde ich prinzipiell der
N[euen] Rundschau, und zu Kurzem komme ich schwer, da ein Ro-
man meine ganze Aufmerksamkeit in Anspruch nimmt.   (eBr.)

Thomas Mann an Ernst Bertram   Bad Tölz, 24. 7. 1913
Ein dreiwöchiger Aufenthalt am südlichen Meer hat mir wieder
recht wohl gethan. Trotzdem lasse ich meinen wunderlichen Roman
noch weiter liegen und bereite zunächst noch eine Novelle[22] vor, die
eine Art von humoristischem Gegenstück zum ›Tod i[n] V[enedig]‹
zu werden scheint.   (eBr. / B 18)

                                                   September 1913
Thomas Mann im ›Vorwort zu dem Roman eines Jungverstorbe-
nen‹
Liebe zu sich selbst, so kann man hinzufügen, ist auch der Anfang
aller Autobiographie. Denn der Trieb eines Menschen, sein Leben
zu fixieren, sein Werden aufzuzeigen, sein Schicksal literarisch zu
feiern und die Teilnahme der Mit- und Nachwelt leidenschaftlich
dafür in Anspruch zu nehmen, hat dieselbe ungewöhnliche Lebhaf-
tigkeit des Ichgefühls zur Voraussetzung, die, nach jenem Autor, ein
Leben nicht nur subjektiv zum Roman zu stempeln, sondern auch
objektiv ins Interessante und Bedeutende zu erheben vermag. Das
ist etwas Stärkeres, Tieferes und Produktiveres als ›Selbstgefällig-
keit‹. Es ist in den schönsten Fällen das dankbar-ehrfürchtige Er-
fülltsein der Götterlieblinge von sich selbst, wie es mit unvergleich-
lich innigem Nachdruck aus den Zeilen spricht:

---

21 Gemeint ist wohl ›Bekenntnisse des Hochstaplers Felix Krull. Bruchstück aus
     einem Roman‹ (1. Buch, Kap. 5: Der Theaterbesuch); vgl. Anm. 15.
22 ›Der Zauberberg‹.

Alles geben die Götter, die unendlichen,
Ihren Lieblingen ganz:
Alle Freuden, die unendlichen,
Alle Schmerzen, die unendlichen, ganz.[23]

Es ist das naiv-aristokratische Interesse an dem Mysterium hoher Bevorteilung, substantieller Vornehmheit, gefährlicher Auszeichnung, angeborener Verdienste, als deren Träger sie sich fühlen, ist die Lust, aus geheimster Erfahrung zu bekunden, wie ein Genie sich bildet, Glück und Verdienst nach irgendwelchem Gnadenschlusse sich unauflöslich verketten: Sie brachte ›Dichtung und Wahrheit‹ hervor; und sie ist recht eigentlich der Geist der großen Autobiographie überhaupt.

Dabei ist merkwürdig, daß der autobiographische Trieb sich kaum jemals als dilettantischer Irrtum erweist, daß er seine Rechtfertigung in sich zu tragen scheint. Was ist Talent? Ein sehr heikler, schwieriger Begriff jedenfalls, bei dem es sich weniger darum handelt, ob einer etwas kann, als darum, ob einer etwas ist, so daß man sagen könnte, Talent bedeute nichts weiter als Schicksalsfähigkeit. Aber sind es zuletzt nicht Geist und Empfindung, die einem Leben Schicksalswürde verleihen? Seltener auftretend als der rein poetische, der so oft auf Selbsttäuschung beruht, hat der autobiographische Impuls, wie es scheint, immer ein Maß von Geist und Empfindung zur Voraussetzung, das ihn von vornherein rechtfertigt, so daß er nur produktiv zu werden braucht, um unserer Teilnahme sicher zu sein; und jene »Liebe zu sich selbst«, die sein Ursprung ist, sie pflegt von der Welt bestätigt, pflegt von ihr geteilt zu werden. Nicht die Meisterwerke spielend-erfindender Kunst unter den Büchern sind es, die am meisten geliebt, am meisten gelesen werden; es sind die persönlichsten, unmittelbarsten und vertraulichsten, sind die Urkunden leidenschaftlichen oder doch innigen sinnlich-sittlichen Ichgefühls, die Bekenntnisse, die Autobiographien. Oder wo wäre die freie Dichtung, auf der so viel Liebe geruht hätte wie auf Augustins, Jean Jacques' und Goethe's Konfessionen, auf Jung Stillings sanfter Lebenserzählung oder selbst auf der einsamen Selbstzergliederung Anton Reisers? Heute zumal, wo eine Hochflut neuedierter Memoiren und Briefsammlungen den Markt über-

23 Goethe an Auguste Gräfin zu Stolberg, 17. 7. 1777 (Artemis XVIII, 363).

schwemmt, wo von Cellini bis Casanova, von Casanova bis zu den Gedanken und Erinnerungen jenes glänzenden Herrn Manolescu, die, wie man hört, ein großer moderner Verlag neu herauszugeben sich anschickt, alle primären, direkten und dokumentarischen Veröffentlichungen eines Massenabsatzes sicher sind: scheint es nicht heute, als hätte alles Vertrauen, alle auf das Menschliche gerichtete Wißbegier sich von den Erzeugnissen dichtender Einbildung abgewandt und sich auf solche Bücher geworfen, in denen Menschenschicksal und Leben ohne Fiktion, Intrige und Flausen sich selber vortragen? Es wird wohl an uns liegen, an uns Schriftstellern, wenn der heutige Leser ein Wort des größten Autobiographen unter den Dichtern gegen uns zu kehren und zu sprechen scheint: »Ich habe die Wirklichkeit immer für genialer gehalten als euer Genie.«[24] (X, 559)

München, 3. 1. 1914

Thomas Mann an Hans Bodmer (Lesezirkel Hottingen)
Ihre beiden freundlichen Schreiben erhielt ich. Verzeihen Sie, wenn ich mich bei ihrer Beantwortung so kurz wie möglich fasse; ich bin im Umzug und schreibe unter sehr unbequemen Umständen.
Vor allem mein *Programm*[25]:

1.) ›Schwere Stunde‹ (Studie)
2.) Bruchstück aus dem Roman
                    ›Königliche Hoheit‹.
                        (Pause)
3.) Bruchstück aus einem ungedruckten Roman.[26]
4.) ›Das Wunderkind‹ (Skizze).

Die autobiogr. Skizze im ›Litt. Echo‹[27] ist ja ein bischen keck, aber wenn sie Ihnen gefällt, so bitte ich nur darüber zu verfügen. – Die Schillerstudie heißt ›Schwere Stunde‹; ich möchte den Abend damit eröffnen und bitte also, zum Abdruck im ›Lesezirkel‹ irgend etwas

---

24 Goethe zu H. Laube: »[. . .] das Erfinden aus der Luft war nie meine Sache; ich habe die Welt stets für genialer gehalten als mein Genie.« (Artemis XXII, 580.)
25 Für die Lesung am 19. 1. 1914 im Lesezirkel Hottingen, Zürich.
26 Wohl aus dem ›Krull‹. – Der ›Zauberberg‹ war damals noch als Novelle gedacht.
27 ›Im Spiegel. Autobiographische Skizze‹, Das literarische Echo, Berlin, Jg. 10, H. 6, 15. 12. 1907, Sp. 395–397. – Nachdruck in: Der Lesezirkel, Zürich, Jg. 1, H. 5, Jan. 1914, S. 94–97.

anderes zu wählen. Gegen den Abdruck der Abschiedsworte an Huch hätte ich nichts einzuwenden.[28] (eBr. / Br. I, 107)

Thomas Mann an Philipp Witkop   München, 3. 7. 1914
Ich denke, ich werde das Programm des hiesigen Forum-Abends[29] wiederholen, nämlich: Das Ihnen bekannte Kapitel aus dem ›Zauberberg‹; ›Kleiderschrank‹ und Bruchstücke aus dem ›Hochstapler‹. Das hat sich ganz gut bewährt.   (eBr.)

Thomas Mann an Paul Amann   München, 3. 8. 1915
Und dabei ist der ›Zauberberg‹ selbst nur eine Einschaltung, – ich unterbrach um seinetwillen einen Roman, der erst zu einem Drittel fertig ist: ›Bekenntnisse des Hochstaplers Felix Krull‹, – ein grundwunderliches Unternehmen, die Karikatur der großen Autobiographie und im Styl selbst eine Parodie auf ›Dichtung und Wahrheit‹, aber positiv endlich doch in seiner verzerrten Lyrik. Sobald ich mit dem ›Zauberberge‹ zu Rande bin – und das wird noch lange dauern – muß ich wieder unter jenes närrische Joch.   (eBr. / A 30)

Thomas Mann an Paul Amann   Tölz, 10. 9. 1915
Nietzsche sagt irgendwo: »Um von Kunst etwas zu verstehen, mache man einige Kunstwerke.« Und er nennt die lebenden Künstler wärmeleitende Medien, deren Thun dazu diene, »das Bewußtsein der großen Meister zu gewinnen«.[30] Wenn ich mich genau prüfe, so war dies und nichts anderes immer der Zweck meines »Schaffens«: das Bewußtsein der Meister zu gewinnen. Es war ein Spiel, wie ich als Knabe »Prinz« spielte, um das prinzliche Bewußtsein zu gewinnen.[31] Indem ich künstlerisch arbeitete, gewann ich Wissenszugänge zur Existenz des Künstlers, ja des großen Künstlers, und kann davon etwas sagen.   (eBr. / A 32)

28 ›Friedrich Huch. Gedächtnisrede, gesprochen bei der Trauerfeier am 15. 5. 1913‹, Der Lesezirkel, Zürich, Jg. 1, H. 5, Jan. 1914, S. 97–100.
29 Am 30. 1. 1914 las Thomas Mann in der ›Galerie Caspari‹ zum erstenmal aus dem ›Zauberberg‹; die Lesung in Freiburg fand am 15. 7. 1914 statt. Um welches Kapitel es sich handelt, ist nicht bekannt.
30 Vgl. ›Menschliches, Allzumenschliches‹ (Nietzsche / GOA XI, 80) und ›Geist und Kunst‹, Notiz 22 (TMS I, 165).
31 Vgl. ›Kinderspiele‹ (XI, 327) und Eingang zu ›On Myself‹, ferner Krulls Traumentschluß, »ein achtzehnjähriger Prinz namens Karl zu sein« (Erstes Buch, Kap. 2; VII, 272).

Thomas Mann an Philipp Witkop   München, 16. 12. 1915
Wissen Sie, daß ich noch immer ein wertvolles Buch Ihres Besitzes
in Händen habe – den Armen Mann im Tockenburg? Natürlich wissen Sie es und haben nur aus Vornehmheit geschwiegen. Wollen Sie
es mir noch weiter anvertrauen? Ich möchte es gern *später* lesen, –
wenn ich wieder zum ›Hochstapler‹ übergehen kann, – wozu freilich
erst der ›Zauberberg‹ und vor Allem der Aufsatz[32] fertig sein muß.
Es ist zum Verzweifeln. Aber man muß ja die Zähne zusammenbeißen.   (eBr.)

                                                            Mai 1916
Thomas Mann in ›Betrachtungen eines Unpolitischen‹, Kap. ›Einkehr‹
Zuletzt, was wäre »intellektueller« als die *Parodie*? Man hat teil an
der intellektualistischen Zersetzung des Deutschtums, wenn man
vor dem Krieg auf dem Punkte stand, den deutschen Bildungs- und
Entwicklungsroman, die große deutsche Autobiographie als Memoiren eines Hochstaplers zu parodieren...   (XII, 101)

                                                         Sommer 1916
Thomas Mann in ›Betrachtungen eines Unpolitischen‹, Kap. ›Von
der Tugend‹
Der Charakter des Taugenichts ist folgender. [...] Er ist von der
Familie der jüngsten Söhne und dummen Hänse des Märchens, von
denen niemand etwas erwartet und die dann doch die Aufgabe lösen
und die Prinzessin zur Frau bekommen. Das heißt, er ist ein Gottes-
kind, dem es der Herr im Schlafe gibt, und er weiß das auch; denn als
er in die Welt zieht, wiederholt er nicht seines Vaters Wort zum
Broterwerb, sondern erklärt leichthin, er gehe, sein Glück zu machen.   (XII, 378)

Thomas Mann an Ernst Bertram   München, 26. 9. 1916
Meine Vorlesung[33] soll jetzt schon am 5. Oktober sein. Das ist,
glaube ich, ein Donnerstag, und so werde ich Sie wohl kaum unter
meinen theetrinkenden Zuhörern haben.   (eBr. / B 42)

32 ›Betrachtungen eines Unpolitischen‹.
33 Lesung aus ›Felix Krull‹ in München.

Vorrede zu einer Lesung aus Felix Krull

M.[eine] D.[amen] u. H.[erren]: Ich möchte Ihnen nun also Einiges aus den Anfängen eines Buches vorlesen, das einen sehr vorkriegerischen u. vorpolitischen Charakter trägt, u. ich würde mich bedenken, Sie heutzutage zum Anhören solcher Späße einzuladen, wenn ich nicht den Eindruck, ja, fast die Gewißheit hätte, daß das Beziehungslose, das Unpolitische, um nicht zu sagen: das Überpolitische nachgerade recht sehr willkommen ist. – Es handelt sich also um einen Roman, der sich illusionsweise als die Autobiographie eines Schwindlers, eines Hochstaplers giebt. Wir haben in deutscher Sprache große Selbstbiographien, nichtwahr, – Dichtung u. Wahrheit z. B. oder autobiographische Bildungs- u. Entwicklungsromane wie Kellers Grünen Heinrich: dieser Romantyp ist ja sogar der eigentlich u. typisch deutsche. Nun, diesen Bekenntnissen u. Entwicklungsgemälden schließen sich jetzt also die Memoiren eines gewissen Herrn Felix Krull an, der ein Hochstapler und Hoteldieb war – oder ist – oder sein wird –: welches tempus man da nun wählen soll. Ich habe schon vor mehreren Jahren eine Reihe von Kapiteln geschrieben, die die Jugend u. Kindheit des Helden umfassen, ich habe die Arbeit dann um anderer Dinge willen zurückgestellt, u. heute, muß ich sagen, ist sie mir so weit entrückt, daß ich in dieser Stunde ebenso sehr neugieriger Zuhörer, wie Vorleser, sein werde, – neugierig, ob Sie und ich den Eindruck haben werden, daß es sich lohnen würde, das wunderliche Unternehmen zu Ende zu führen.[34]   (Notizbuch II, S. 54–57)

Thomas Mann an Paul Amann   München, 8. 10. 1916
Aber hier habe ich neulich wieder einmal oeffentlich vorgelesen[35]: aus den Anfängen der Hochstapler-Memoiren, und neue Lust geschöpft, das wunderliche Unternehmen später fort- und zu Ende zu führen. Wenn nur die Kräfte reichen.   (eBr. / A 48)

---

34 Einführung zur Lesung in München am 5. 10. 1916. – Vgl. dazu die Vorrede
    zur Lesung am 5. 11. 1916 im Ausstellungssaal der Berliner Sezession, in der
    das politisch-soziale Element des Romans herausgestrichen wird (›Der Ent-
    wicklungsroman‹, Vossische Zeitung, Berlin, 4. 11. 1916; u. d. T. ›Der auto-
    biographische Roman‹ in XI, 700).
35 In München am 5. 10. 1916.

Thomas Mann an Peter Pringsheim   München, 10. 10. 1916
Ich bin hier neulich auch mal wieder oeffentlich aufgetreten, indem
ich nämlich aus dem ›Hochstapler‹ vorlas: im Publikum ist nachgerade lebhafteste Nachfrage nach dem »Beziehungslosen« und
größte Dankbarkeit dafür. Ich kann nicht sagen, daß es mir ebenso
geht.   (eBr. / Br. III, 465)

Thomas Mann an Walter Opitz   München, 17. 10. 1916
Die Verhandlungen mit dem Berliner Verein der Kaufleute und Indu-
striellen sind gescheitert. [...] Kann ich [...] im Saal des Herrenhau-
ses etwas derartiges lesen, wie die Anfänge meiner Hochstapler-
Memoiren [...]? Es ist natürlich nichts Unflätiges, aber [...] so recht
seriös ist es auch nicht [...]. Warten wir [...] ob sich unser Berliner
Traum verwirklicht[36] [...].   (eBr. / Rittershofer, Kat. 32, S. 6)

Thomas Mann an Walter Opitz   München, 25. 10. 1916
Am 5. abends trete ich vor das kaltherzige Publikum der Haupt-
stadt.   (eBr.)

Thomas Mann an Karl Hönn   München, 12. 11. 1916
Am 5ten las ich schon in der Berliner Sezession.   (eBr.)

Thomas Mann an Philipp Witkop   München, 26. 11. 1916
Ich hätte Ihnen früher gedankt, wenn ich nicht verreist gewesen
wäre, in Berlin, wo ich vorlas.[37]   (eBr.)

Thomas Mann an Paul Eltzbacher   München, 1. 12. 1916
Ihre freundlichen und feinen Bemerkungen über den ›Krull‹ haben
mich herzlich erfreut. Wollte Gott, ich könnte das wirklich lustig
konzipierte Ding bald wieder aufnehmen. Aber wenn ich mit den
›Betrachtungen‹ zu Rande gekommen bin [...], muß ich erst noch
einen anderen kleinen Roman, ›Der Zauberberg‹, zu Ende führen,
von dem auch erst ein Drittel vorhanden ist. Ich werde nächstens,
nach berühmten Mustern, das Pseudonym Multafero anneh-
men.[38]   (eBr. / Stargardt, Kat. 565, S. 48)

36 u. 37 Vgl. Anm. 34.
38 Edward Douwes Dekker, der Verfasser des Romans ›Die Abenteuer des klei-
    nen Walther‹ (dt. 1901 / 02), nannte sich Multatuli.

Thomas Mann an Carl Maria Weber   München, 18. 1. 1917
Hübsch, daß Sie an das Hochstapler-Fragment dachten, beim Taugenichts![39] Ich dachte auch ein wenig daran. Es wird zuverlässig fertig
gemacht; nur ist zuvor anderes zu thun.[40]   (eBr. / Br. I, 133)

Thomas Mann an Philipp Witkop   München, 21. 4. 1917
Ihren Wunsch als Kriegszeitungsredakteur angehend, so will und
muß ich wenigstens meinen guten Willen zeigen, der groß und le-
bendig ist. Ich schicke Ihnen daher eine *relativ* geeignete Episode
aus der Jugendzeit F. Krulls, damit Sie sich von der Möglichkeit oder
Unmöglichkeit überzeugen, sie in der Kriegszeitung zu bringen. Ich
meinesteils glaube eher an die *Un*möglichkeit und bin sehr besorgt,
daß Sie sich durch die Veröffentlichung Unannehmlichkeiten zuzie-
hen könnten, weshalb ich Sie recht sehr bitte, das Fragment genau
auf unpassende Eigenschaften zu prüfen. Kürzungen, Aenderun-
gen, Milderungen stünden natürlich frei; ich könnte sie bei der Korrektur selbst vornehmen. Das Mt. müßte ich zurückhaben. Als Titel
wäre etwa ›Schulkrankheit‹ zu setzen und über die Herkunft und
Hingehörigkeit eine Bemerkung hinzuzufügen. Aber nochmals, ich
glaube eigentlich nicht, daß es geht, auch wohl schon gleich des Um-
fangs wegen nicht [...].[41]   (eBr.)

August 1917
Thomas Mann in ›Betrachtungen eines Unpolitischen‹, Kap. ›Einiges über Menschlichkeit‹
Daß es keine Diener mehr gibt, liegt daran, daß es keine Herren
mehr gibt, – will sagen, keine solchen, denen zu dienen mit gutem
aristokratischen Gewissen möglich ist. Wo die Rangordnung etwas
durchaus Willkürliches, Momentanes und Unbegründetes ist,
kommt der Instinkt des Dienenwollens nicht mehr auf seine Kosten;
und so steht es ja heute mit der Rangordnung allerdings. Daß der
Aufwärter, der in einer modernen Hotelhalle dem im Ledersessel
sich lümmelnden swell den Tee serviert, nicht seinerseits in dem
Sessel sitzt und von dem swell bedient wird, ist nichts als der reinste

---

39 ›Der Taugenichts‹, Neue Rundschau, Berlin, Jg. 27, H. 11, Nov. 1916,
   S. 1478–1490. Vorabdruck aus den ›Betrachtungen eines Unpolitischen‹
   (XII, 375).
40 ›Betrachtungen eines Unpolitischen‹, ›Der Zauberberg‹.
41 Vorabdruck nicht ermittelt.

Zufall; niemandem würde etwas auffallen, wenn sie binnen einer Viertelstunde die Plätze wechselten.[42] Das Volk aber, ich gab dieser Erfahrung schon einmal Ausdruck, empfindet aristokratisch; es hat sich das natürlichste und feinste Distanzgefühl bewahrt, es weiß zwischen einem Herrn und einem Glückpilz mit vollkommen undemokratischer Sicherheit zu unterscheiden, und seine Empfindung ist nicht zu bestechen. Es dient gern und ohne seine Menschenwürde im mindesten beeinträchtigt zu fühlen, wo noch eine Möglichkeit besteht, mit Überzeugung zu dienen.   (XII, 484)

Thomas Mann an Paul Amann   München, 11. 7. 1918
Ich gestehe, daß ich vor dem Staat der Zukunft doch etwas Gottesfurcht empfinde und fange an, mich zu fragen, ob für meinesgleichen und die immerhin recht lockeren Dinge, die meinesgleichen zu bieten hat, irgend Raum darin sein wird. Ich mustere meine Pläne der Reihe nach durch und habe bei jedem meine Bedenken, besonders beim Hochstapler, dessen beste bisher geschriebene Szene die ist, wo er vor der Ersatz-Kommission epileptoide Symptome simuliert. Seine Anstößigkeit ist freilich nur aeußerlich, und im Grunde ist er ein Militarist[43], wie übrigens alle meine Helden. Aber in den nächsten zehn Jahren werde ich wohl oeffentlich nicht daraus vorlesen können.   (eBr. / A 60)

Thomas Mann an Ernst Bertram   München, 21. 9. 1918
Aber es waren tiefere Empfindungen als Eitelkeit und Genugthuung, die mich beim Lesen[44] bewegten: es war die ernsteste Rührung und Dankbarkeit, die Empfindung wahrhaft tröstlichen, freundschaftlich wissenden Zuspruchs, eine Rückblick-Ergriffenheit beim Betrachten dieser geistigen Landschaft, Übersicht des eigenen Lebens, Einsicht in seine Notwendigkeit, ein Verständnis meiner selbst, so intensiv, wie meine eigene tastende Schreiberei es mir

---

42 Vgl. Drittes Buch, Kap. 3 (VII, 491/492) und Faksimile der Reklame-Ansichtskarte für Fachinger Mineralwasser in Paul Scherrer, ›Vornehmheit, Illusion und Wirklichkeit. Belege zu drei Grundmotiven des ‹Felix Krull› aus den Materialien des Zürcher Thomas-Mann-Archivs‹, Blätter der Thomas-Mann-Gesellschaft, Nr. 1, Zürich 1958. – Zum folgenden vgl. ›Betrachtungen eines Unpolitischen‹, Kap. »Politik« (XII, 371).
43 Vgl. Zweites Buch, Kap. 5 (VII, 372).
44 Von Bertrams ›Nietzsche‹ (Berlin: Bondi 1918).

nicht hatte gewähren können, etwas wie Todeswehmut und doch auch wieder ein starker Antrieb und Auftrieb des Selbstbewußtseins, neue Lust, mich zu Ende zu führen, weiter auszuführen, Einblick in die thematischen Zusammenhänge der zukünftigen Arbeiten mit der Sphäre, die mich beim Lesen umgab: Todesromantik plus Lebensja im Zauberberg, Protestantismus plus »Griechentum« im Hochstapler...   (eBr. / Br. I, 151)

Thomas Mann an Horst Stobbe   München, 20. 9. 1919
Ich habe keine ungedruckte Novelle, und Vorabdruck aus werdenden Büchern läßt Fischer nicht zu. Ich habe gerade auf Wunsch des Herrn von Hatzfeld eigenmächtig der Kestner-Gesellschaft in Hannover für ihr Buch ein Fragment aus dem ›Hochstapler‹[45] überlassen, – werde deswegen wohl mit Fischer an einandergeraten. Aber weitere Streiche darf ich nun so bald nicht begehen.   (eBr.)

Thomas Mann an Ludwig Hardt[46]   München, 29. 6. 1920
Ich sende Ihnen anbei den Fischer-Katalog ›Das 25. Jahr‹, erschienen 1911, worin ein Bruchstück[47] aus meinem unvollendeten – aber zu vollendenden Roman ›Bekenntnisse etc.‹ abgedruckt ist. Vielleicht sehen Sie sich das Fragment, das so gut wie unbekannt ist, einmal an darauf, ob es sich zum Vorlesen eignet. Ich glaube, es könnte in Ihrem Munde ganz lustig wirken.   (eBr.)

Thomas Mann an Ernst Bertram   München, 23. 6. 1921
Die Arbeit[48] beschäftigt mich sehr, und ich denke, wenn nicht in Lübeck, so doch in Wien, Januar nächsten Jahres, damit zu fesseln. Sie fällt durchaus in meinen Kreis, hat Beziehungen sowohl zum ›Hochstapler‹ wie zum ›Zauberberg‹.   (eBr. / B 99)

---

45 ›Schulkrankheit. Bruchstück aus dem unvollendeten Roman ‹Bekenntnisse des Hochstaplers Felix Krull›‹, Das Kestnerbuch, Hg.: Paul Erich Küppers, Hannover: Böhme 1919, S. 7–17.
46 Ursprünglich Schauspieler; in den zwanziger und frühen dreißiger Jahren erfolgreicher Rezitator in Deutschland.
47 Vgl. Anm. 15.
48 ›Goethe und Tolstoi‹.

Thomas Mann an Adele Gerhard   München, 9. 7. 1921
Den ›Zauberberg‹ nehme ich im September wieder in Angriff, um
ihn dann hoffentlich im Winter in einem Zuge fertig zu machen.
Das Beste *kann* dann der ›Hochstapler‹ werden, wenn ich ihn nicht
verderbe.   (eBr. / Br. I, 190)

Thomas Mann an Ernst Bertram   München, 2. 2. 1922
Von unserer Reise gen Osten machen Sie sich viel zu schwarze Vor-
stellungen. Sie verlief prächtig alles in allem, bis auf den ersten An-
lauf, die Fahrt nach Prag, die infolge von Zugausfällen 36 Stunden
dauerte (das Nachtquartier in einem Ort namens Kirchenlaibach
war phantastisch) – und eben bis auf das kriminelle Abenteuer im
Wiener Hotel Imperial, das aber doch auch wieder zur höheren Glo-
ria des Ganzen beitrug, zumal es ja sehr glimpflich ablief. Der
Gentleman hatte sich bei meinen kleinen Schätzen zu lange aufge-
halten: meine Perlknöpfe, Armbanduhr, Ledertaschen, Kravatten,
Taschentücher u. a. sind dahin. Aber er muß gestört worden sein:
Die Hauptsache, die Brillanten meiner Frau und das Bargeld hat er
nicht gefunden.   (eBr. / B 108)

Thomas Mann an Martin Platzer   München, 20. 12. 1922
Das »Erste Buch« des vorläufig liegen gebliebenen ›Krull‹ erscheint
als Fragment in einer illustrierten Luxusausgabe im Ricola-Ver-
lag.   (eBr.)

Thomas Mann in ›Adolf von Hatzfeld‹   27. 1. 1923
»Einen der letzten Frühlinge verbrachte Iwan Wagner in einer kleinen Stadt jenes hügeligen Geländes, das sich in leichten und heiteren Schwingungen zu den Vorbergen hinzieht, welche die Verbindung mit den höheren und gewaltigeren Gebirgszügen des Allgäus
bilden.«[49] – Das ist reine Parodie. Es ist, wie wenn heute einer an-
finge[50]: »Der Rheingau... jener begünstigte Landstrich, welcher
gelinde und ohne Schroffheit sowohl in Hinsicht auf die Witterungs-
verhältnisse wie auf die Bodenbeschaffenheit, reich mit Städten und
Ortschaften besetzt und fröhlich bevölkert, wohl zu den lieblichsten

---

49 Adolf von Hatzfeld, ›Die Lemminge‹, Hannover: Steegemann 1923 (S. 22,
    149).
50 Vgl. Erstes Buch, Kap. 1 (VII, 266).

der bewohnten Erde gehört.« Es ist Spaß, Spiel und Fiktion: Die Stimme des zweiten, eingeschobenen Autors, des »Schreibers dieser Zeilen«, der sich in höchst schriftstellerischen Wendungen ergeht, gewinnend altmodisch und naiv bis zur Drolligkeit. Wenn es aber Ernst wird, wenn die Dinge durch das Medium des epischen Dichters sich selbst aussingen, so klingt es so: »Dann durchraste ein Auto die Nacht. Mond, der plötzlich aufschwebte, versank, Plätze bogen aus. – Wälder sprangen es an, wie geile Hunde, und fielen zurück. Bläulich gläserne Stille. Iwan Wagner floh, floh vor Leoni.« – Das ist was anderes. Es ist die Stimme des wirklichen und unverstellten Autors, neueste Erzählungen mit einem starken Einschlag dessen, was man Expressionismus nennt. Keine Spur mehr von dem angenehmen Beobachter mit den wohlgefügten Relativsätzen und den »heiteren Schwingungen«. Aber wo ist er geblieben? Wo das formale Prinzip? Ich hoffe, der Dichter wird es mir »nicht als Indiskretion auslegen«, wenn ich auf den Stilbruch aufmerksam mache, der, mehr oder weniger deutlich, durch sein ganzes Werk läuft. Es handelt sich mehr um die Feststellung von etwas kaum Vermeidlichem als um wirkliche Beanstandung. (X, 632)

Thomas Mann an Félix Bertaux   München, 1. 3. 1923
Schon vor dem Kriege hatte ich zwei Romane zu schreiben begonnen, von denen der eine, den ich jetzt, nach langen Unterbrechungen, zuerst zu beenden trachte, eine innerlich weitläufige Komposition mit politischen, philosophischen und pädagogischen Einschlägen betitelt ›Der Zauberberg‹, einen Versuch darstellt, den »Bildungsroman« zu erneuern. Der andere, die Rousseau-Goethe'sche Autobiographie persiflierend, stellt die Erinnerungen eines Hochstaplers und Hoteldiebes vor. (eKonzept; mBr. / Br. I, 208)

Thomas Mann an Ernst Bertram   Madrid, 8. 5. 1923
[...] morgen geht es nach Sevilla, wo wir die Himmelfahrts-Corrida mitmachen wollen.[51]   eBr. / B 119)

51 Vgl. Drittes Buch, Kap. 11 (VII, 646).

Thomas Mann an Martin Platzer München, 8. 9. 1923
Das Finish meines Romans[52] nimmt mich in Anspruch, und gleichzeitig strömen die Korrekturen, denn es wird nicht nur dieser Roman schon gedruckt, soweit das Manuskript reicht, sondern daneben auch der zweite, das Hochstapler-Fragment, bei der Deutschen Verlagsanstalt. (eBr.)

Thomas Mann an Martin Platzer München, 16. 9. 1923
Mein Fünfzigster steht mir noch ziemlich fern, innerlich, – Gott, es sind ja immerhin noch fast 2 Jahre bis dahin, und wer weiß, ob und wie man dann lebt. Jetzt schon mit jener Nähr-Ziege eine solemne Publikation zu verabreden scheint mir mindestens verfrüht. Ich überlege auch, daß ich das Hochstapler-Fragment (folgt nächstens) bei der Deutschen Verlagsanstalt habe und ›Goethe und Tolstoi‹ (folgt anbei) im Verlag Die Kuppel in Aachen[53], und daß es wohl damit der Extratouren vorläufig genug ist. Warten wir, was Ihre Pläne betrifft, den Gang der Dinge noch etwas ab. Jetzt ist mit Verlegern nicht zu reden. Der Zustand ist unmöglich und unhaltbar. So oder so muß es sich über ein ganz kleines ändern, und dann können Sie weiter sehen. (eBr.)

Thomas Mann an Fritz Endres München, 6. 10. 1923
Die nächste Neuheit wird das ›Hochstapler‹-Fragment, Buch der Kindheit, bei der Deutschen Verlagsanstalt sein. Ich gebe Anweisung, daß Sie es gleich bekommen. (Abschr.)

Thomas Mann an Gerhart Hauptmann[54] München, 5. 11. 1923
An
    Gerhart Hauptmann, zaghaft, denn es ist loses Zeug, aber in der Hoffnung, es möge ihm ein heiteres Stündchen gewähren;
an
    Frau Margarete Hauptmann, ebenso, ebenso –

---

52 ›Der Zauberberg‹.
53 ›Goethe und Tolstoi‹, Vortrag, Aachen: Die Kuppel 1923.
54 Handschriftliche Widmung in einem Exemplar der ›Bekenntnisse des Hochstaplers Felix Krull. Buch der Kindheit‹ (Stuttgart u. a.: Deutsche Verlagsanstalt 1923).

München, 20. 11. 1923
Widmung an Herrn und Frau Dr. H. [Ernst Hanhart?]

Herrn und Frau Dr. H…, in der Hoffnung, der parodistische Scherz möge ihnen eine vergnügliche Stunde bereiten. München 20. XI. 23.　　　　　　　　　　　　　　(Stargardt, Kat. 588, S. 61)

Thomas Mann an Félix Bertaux　　　　　München, 21. 11. 1923
ich bin wahrhaft gerührt von Ihrem gütigen Brief, der mir über den Felix Krull so viel Schönes und Ermutigendes sagt. Ich weiß nicht, warum ich damals stecken geblieben bin. Vielleicht weil ich den extrem individualistischen, unsozialen Charakter des Buches als unzeitgemäß empfand. Vielleicht auch, weil mir schien, daß ich in diesem Teil schon alles Wesentliche gegeben hätte. Immerhin habe ich den Gedanken an die Fortsetzung niemals ganz aus den Augen verloren, und wenn ich die Last abgewälzt habe, an der ich gegenwärtig schleppe, findet sich vielleicht die Laune, das absonderliche Ding zu beenden. Auch an Gide habe ich das Fragment geschickt und darf freilich von ihm keine Rückaeußerung erwarten, da ich mich in Sachen seines ›Dostojewskij‹[55] aus reiner Energielosigkeit sehr schlecht benommen habe. Aber vielleicht höre ich gelegentlich durch Sie ein Wort von ihm. Es würde mich umso mehr interessieren, als ich höre, daß er an einem Schwindler-Roman[56] arbeitet.　　　　　(eBr.)

Thomas Mann an Ernst Lissauer　　　　　München, 22. 4. 1924
Dank für Ihre Komödie[57], die ich Samstag mit auf die Reise nehme, und für den Krull-Essay[58], den kennen zu lernen wirklich hohe Zeit für mich war! Er hat mir sehr zu denken gegeben und hätte mich ganz ernst gestimmt, wenn nicht Ihr »Genug! Genug!« am Schluß mich doch erheitert hätte. Schnitzler, Hofmannsthal, Wassermann, alle, alle fänden es himmelschreiend, wenn so was Charmantes nicht

---

55 André Gide, ›Dostoïevsky. Articles et causeries‹, Paris: Plon-Nourrit 1923 (= La critique).
56 André Gide, ›Les Faux-monnayeurs‹, 1925.
57 Vielleicht ›Gewalt. Komödie in fünf Akten‹, Stuttgart u. a.: Deutsche Verlags-Anstalt 1924.
58 Ernst Lissauer, ›Zum Bilde Thomas Manns. Anläßlich seines Hochstapler-Romans‹, Neues Wiener Tageblatt, Wien, Jg. 57, Nr. 325 u. 327, 27. u. 29. 11. 1923.

weitergeführt werden sollte. Aber seien Sie ruhig, ich bin auf Ihrer
Seite, und der Schnörkel war herzlich unernst gemeint.

(eBr. / Br. I, 211)

Thomas Mann an Ernst Bertram — München, 4. 2. 1925
Ich habe, unter uns gesagt, an Eintrittsgeldern in mein mystisch-
humoristisches Aquarium [Zauberberg] schon einige siebzigtau-
send Mark verdient, und so habe ich mir denn ein Auto angeschafft,
einen hübschen sechssitzigen Fiat-Wagen. Unser Windbeutel Ludwig[59] ist schon zum Chauffeur ausgebildet, und so werde ich denn
fortan 33 pferdig in die Stadt fahren, nach allen Seiten leutselig grü-
ßend. Kommen Sie nur bald, um sich an den Weg zu stellen und
Vivat rufend Ihren Hut, Ihren Stock und selbst Ihre Brille in die Luft
zu werfen, als Pate Schimmelpreester.[60]   (eBr. / B 136)

Thomas Mann in ›Unterwegs‹ — 12. 4. 1925
Wie Phidias, auch Pheidias genannt[61], ein ganz dünnes Gewand in
feinsten Falten sich an die weichen Formen eines Frauenkörpers
schmiegen zu lassen wußte, darüber bin ich aufrichtig bestürzt.
Schade, daß soviel Talent mit menschlichen Schwächen verbunden
war, über die man vielleicht besser schwiege. Unter uns gesagt, war
er ein Materialdieb und starb im Gefängnis.   (XI, 364)

Thomas Mann an Max Rychner — München, 26. 7. 1925
Besonderen Eindruck hat mir gemacht, zu sehen, welche Wichtigkeit
Sie dem ›Felix Krull‹ unter meinen Versuchen beimessen. Wahrhaftig, ich sollte das Ding fertig zu machen suchen; es verspricht mir
selbst, immer wenn ich innerlich daran rühre, noch mancherlei Sonderbares und Amüsantes. Aber immer wieder schiebt neues, anderes
sich davor, was »erst noch rasch« gemacht sein möchte, – zur Zeit sind
es historisierende, kostümliche Dinge, Joseph in Ägypten, Spanisch-
Niederländisches, Erasmus-Luther... Ich muß hoffen, daß ich es zu
Jahren bringe, obgleich ich zuviel rauche, überhaupt recht mangelhaft Disciplin halte und dem Leben nicht Nein sagen kann. Und doch

---

59 Vgl. ›Unordnung und frühes Leid‹ (VIII, 618).
60 In Krullschem Ton geschrieben, wie Thomas Manns Bericht von der Hoch-
    zeitsreise (Brief vom 18. 2. 1905 an Heinrich Mann; vgl. M 33).
61 Vgl. Erstes Buch, Kap. 4 (VII, 283), wo Schimmelpreester »recht zweifelhafte
    Äußerungen über die Natur des Künstlers« tut.

habe ich längst gelernt, daß es das nicht giebt: regieren[62] und zugleich genießen. (eBr. / Ry 11 u. Br. I, 244)

Thomas Mann an Josef Ponten München, 25. 2. 1926
Die Extratouren sind auch nicht sehr vorteilhaft für mich. Der ›Krull‹ hat es eben aufs 25. Tausend gebracht; bei Fischer hätte er gewiß schon mehr. (eBr.)

Thomas Mann in ‹Lübeck als geistige Lebensform‹ Mai 1926
Da ist das *Meer*, die Ostsee, deren der Knabe zuerst in Travemünde ansichtig wurde, dem Travemünde von vor vierzig Jahren mit dem biedermeierlichen alten Kurhaus, den Schweizerhäusern und dem Musiktempel, in dem der langhaarig-zigeunerhafte kleine Kapellmeister Hess mit seiner Mannschaft konzertierte und auf dessen Stufen, im sommerlichen Duft des Buchsbaums, ich kauerte[63] – Musik, die erste Orchestermusik, wie immer sie nun beschaffen sein mochte, unersättlich in meine Seele ziehend. (XI, 388)

Thomas Mann an den Malik-Verlag (Berlin)[64] [1927]
Es leitete Sie ein ganz richtiger Instinkt, als Sie glaubten, mich besonders auf das Buch hinweisen zu sollen. Ich hatte es längst gekauft und mit außerordentlichem Interesse und Vergnügen gelesen. Die Figur dieses trügerischen Harry überragt an Geist und Witz, an bewußt satirischer Kraft diejenige des Hauptmanns von Köpenick bei weitem. [...] das ungeheure Maß von Albernheit, das ihm zu enthüllen gelang und seine oft überraschende literarische Ausdrucksfähigkeit sichert ihm einige Unsterblichkeit. Die milde und anmutige Rache, die hier ein Vernachlässigter, Ausgestoßener, durch jedes Elend Gegangener an einer grausamen und knechtischen Gesellschaft nimmt, ist ein erfreuliches Schauspiel, und man muß den Richtern Dank wissen, die den Jungen glimpflich behandelten und seine Gefangenschaft kaum über die Frist hinausdehnten, die ihm erlaubte, diese Erinnerungen zu schreiben [...]

---

62 Vgl. Hans Castorps gleichen Ausdruck im ›Zauberberg‹, Kap. ›Vom Gottesstaat und von übler Erlösung‹ (III, 541).
63 Vgl. Erstes Buch, Kap. 3 (VII, 280).
64 Zu Harry Domela, ›Der falsche Prinz‹, Berlin: Malik-Verlag 1927 (Inserat im Börsenblatt für den Deutschen Buchhandel, Leipzig, 4. 10. 1927).

Thomas Mann an Ida Herz   Ettal, 14. 2. 1927
Den perfekten Hochstapler[65] trafen wir in Oberammergau, im Café
des Hotel Wittelsbach, wo er wohl Vorübungen machte.   (eBr.)

Thomas Mann in ›Lebenslauf‹   November [?] 1929
Ein weiteres Roman-Unternehmen, die ›Bekenntnisse des Hoch-
staplers Felix Krull‹, schloß sich an, beruhend auf der parodischen
Idee, ein Element geliebter Überlieferung, das Goethisch-Selbst-
bildnerisch-Autobiographische, Aristokratisch-Bekennerische ins
Humoristisch-Kriminelle zu übertragen. Der Roman ist Fragment
geblieben, doch gibt es Kenner, die das daraus Veröffentlichte für das
Glücklichste und Beste halten, was ich geschrieben. Es ist mög-
licherweise das Persönlichste, denn es gestaltet mein Verhältnis zur
Tradition, welches zugleich liebevoll und auflösend ist und mein
Schriftstellertum bestimmt.   (XI, 414)

Thomas Mann in ›Lebensabriß‹   Januar / Februar 1930
Nach der Zurücklegung von ›Königliche Hoheit‹ hatte ich die ›Bekenntnisse des Hochstaplers Felix Krull‹ zu schreiben begonnen –
ein sonderbarer Entwurf, auf den, wie viele erraten haben, die Lektüre der Memoiren Manolescu's[66] mich gebracht hatte. Es handelte
sich natürlich um eine neue Wendung des Kunst- und Künstlermo-
tivs, um die Psychologie der unwirklich-illusionären Existenzform.
Was mich aber stilistisch bezauberte, war die noch nie geübte auto-

---

65 ›Die Argonauten‹, eine Münchner Gesellschaft, veranstaltete 1927 einen
   Maskenball unter dem Motto ›Eine Nacht Literaturgeschichte‹. Ida Herz und
   Gerhard Jacob maskierten sich als Gestalten aus Thomas Manns Werken. Ida
   Herz schreibt dazu an das Thomas-Mann-Archiv: »Er, ein bildhübscher
   Junge und auch etwas eitel darauf, ging als Hochstapler Felix Krull in einem
   tadellosen Frack mit falschen Brillantknöpfen im seidenen Hemd, während
   ich mich lieber grotesk herrichtete, als Frau Stöhr aus dem ›Zauberberg‹, in
   schottischer Seidenbluse und Spitzenjabot und schwarzen Zwirnhalbhand-
   schuhen, genau wie T. M. sie geschildert hat. Wir waren ein sehr komisches
   Paar und unsere Masken sind sofort allgemein erkannt worden, worauf wir
   sehr stolz waren. – Ich hatte Gerhard Jacob im Hause Thomas Manns ken-
   nengelernt. Er hatte eine [...] Thomas-Mann-Bibliographie als Privatdruck
   herausgegeben. [›Das Werk Thomas Manns. Bibliographie‹, Berlin: S. Fischer 1926], die er für eine Neuauflage ergänzen wollte. [...] Für seine Arbeit
   kam er öfter ins Haus [...].«
66 Georges Manolescu, ›Ein Fürst der Diebe‹ und ›Gescheitert. Aus dem Seelen-
   leben eines Verbrechers‹, Berlin: Langenscheidt 1905.

biographische Direktheit, die mein grobes Muster mir nahelegte. und ein phantastischer geistiger Reiz ging aus von der parodistischen Idee, ein Element geliebter Überlieferung, das Goethisch-Selbstbildnerisch-Autobiographische, Aristokratisch-Bekennerische, ins Kriminelle zu übertragen. Wirklich ist die Idee die Quelle großer Komik, und ich schrieb das ›Buch der Kindheit‹, wie es als Torso des geplanten Ganzen in einer Ausgabe der ›Deutschen Verlagsanstalt‹ vorliegt, mit soviel Lust, daß es mich nicht wunderte, als Kenner das Fragment für das Glücklichste und Beste erklärten, was ich gemacht hätte. Es mag in gewissem Sinn das Persönlichste sein, denn es gestaltet mein Verhältnis zur Tradition, das zugleich liebevoll und auflösend ist und meine schriftstellerische ›Sendung‹ bestimmt. Die inneren Gesetze, nach denen später der ›Bildungsroman‹ des ›Zauberbergs‹ sich herstellte, waren ja verwandter Natur.

Den Krull'schen Memoirenton, ein heikelstes Balancekunststück, lange festzuhalten, war freilich schwer [...].　　　　　　　(XI, 122)

Thomas Mann an Anton Kippenberg　　　　　München, 14. 1. 1932
Es ist mir sehr lieb, daß eine mündliche Unterredung mit Herrn Kilpper von der Deutschen Verlagsanstalt bevorsteht, und ich hoffe, daß sich die Frage des ›Felix Krull‹ bei dieser Gelegenheit ordnen wird.[67]　　　　　　　　　　　　　　　　　　　　　　　　(mBr.)

Thomas Mann an Ottofritz Gaillard　　　　　München, 17. 5. 1932
Das Hochstaplerfragment hat viele Freunde, und ich werde zuweilen ermahnt, das Buch zu Ende zu schreiben. Ich habe den Gegenstand auch niemals ganz aus den Augen verloren, aber bisher fand sich noch immer etwas anderes zu tun.　　　　　　　(Abschr.)

Thomas Mann an Otto Basler　　　　　　Bad Ragaz, 21. 6. 1937
Ich lese die Korrektur der ›Bekenntnisse des Hochstaplers Felix Krull‹, die mit dem fragmentarischen zweiten Buch bei Querido neu erscheinen sollen.　　　　　　　　　　　　　　　　　　(Abschr.)

67 ›Das Buch der Kindheit‹ erschien 1932 im Insel-Verlag (= Insel-Bücherei, 312).

Thomas Mann an Hermann Hesse   Küsnacht, 1. 11. 1937
Es ist nicht mehr als recht und billig, daß Querido Ihnen den Krull
geschickt hat. Haben Sie Spaß an den neu hinzugefügten Scherzen!   (eBr. / H 81)

Thomas Mann an Ferdinand Lion   Küsnacht, 7. 12. 1937
Dagegen muß ich die Frage einer Krull-Besprechung unbedingt ver-
neinen. In einer Zeitschrift[68], in der ich nicht gut gelobt noch auch
getadelt werden kann, darf ich überhaupt nicht kritisiert werden,
das wäre geschmacklos.   (mBr.)

Thomas Mann an Alexander Moritz Frey   Küsnacht, 20. 12. 1937
Was Sie für den ›Krull‹ empfinden rührt mich sehr. Ich schicke Ihnen das kleine Buch. Das Hinzugekommene stammt aus derselben
Zeit wie das andere; ich habe seitdem nicht wieder die Hand daran
gelegt und müßte wohl sehr alt werden, um noch wieder dazu zu
kommen.   (eBr.)

Thomas Mann an Alexander Moritz Frey   Küsnacht, 25. 12. 1937
ich dachte, ich hätte den ›Krull‹ geschickt. Vielleicht habe ich es
vergessen. Wenn er nicht gekommen ist, bitte um eine Karte.
                                                        (eBr.)

Thomas Mann in ›On Myself‹   März / April 1940
Es folgten die ›*Bekenntnisse des Hochstaplers Felix Krull*‹, die nichts
weiter waren als eine neue Abwandlung des künstlerischen Einsam-
keits- und Scheinbarkeitsproblems ins *Kriminelle*. Was mich aber
stilistisch reizte, war die noch nicht geübte autobiographische Direktheit der Form, und ein phantastischer geistiger Reiz ging aus
von der Gelegenheit, die großen Autobiographien des 18. Jahrhunderts einschließlich Goethes ›Dichtung und Wahrheit‹ zu *parodieren*. Ich schrieb das heute vorliegende Fragment mit großer Lust,
und es wundert mich nicht, daß Kenner es für das bis dahin Glücklichste und Beste erklärten, was ich gemacht hätte. Auf jeden Fall
mag es das Persönlichste gewesen sein, denn es gestaltet mein Verhältnis zur *Tradition*, das zugleich liebevoll und auflösend ist; wie

---

68 ›Mass und Wert‹ (Zürich), Hg.: Thomas Mann und Konrad Falke, Red.: Ferdinand Lion (Sept. 1937 bis Okt. 1939).

das sich später beim ›Zauberberg‹ noch deutlicher zeigen sollte, mit dem, wie ich glaube, die Geschichte des deutschen Bildungsromans parodierend abschließt. (On Myself, S. 18)

Thomas Mann an [?] Davis [Pacific Palisades] 26. 3. [1943]
The existence of the actor has always occupied me a good deal, and it cannot be denied that a touch of this problem has entered into the Joseph and his mythical play. The strongest instant of my preoccupation with it can be found in a novel fragment called ›Felix Krull‹ and published by Knopf in ›Stories of Three Decades‹.[69] It is a matter of which I have lost sight completely. (mBr.)

Thomas Mann an Dieter Cunz Pacific Palisades, 7. 10. 1943
Felix Krulls Hochstapelei ist ein wenig »zurückgeblieben«, da sie durch Joseph ins Mythische hinausgewachsen ist. Trotzdem kann ich Ihnen sagen, daß ich nach Abschluß des ›Ernährers‹ an dem Punkte war, den Krull wieder aufzunehmen. Schließlich hat dann doch eine 40 Jahre alte Notiz, die den Kern eines Musiker-Romans[70] bildet, den Sieg davongetragen – für diesmal.
(eBr. / Br. II, 336)

Thomas Mann an Kuno Fiedler Pacific Palisades, 20. 8. 1945
Nun bin ich also siebzig und schon ein Stückchen mehr. Wer hätte gedacht, daß man es so weit bringen würde! Aber da ist ja so manches auch sonst, was man nie gedacht hätte. Sind 70 eigentlich schon ausgesprochenes Greisenalter? Wenn man so weit ist, möchte man es leugnen. J. W. von Goethe verliebte sich ja noch leidenschaftlich in diesem Alter und wollte partout heiraten, ließ sich auch vom Arzt die Berechtigung dazu bescheinigen, eine groteske Idee. Aber eine Andeutung der Ulrike-Geschichte habe auch ich unter der Hand zu verzeichnen – zur lächelnden Befriedigung meines Sinnes fürs Mythische.[71] Es war in Lake Mohonk, in den felsigen und waldigen Vorhügeln der Adirondacks, wo wir uns »zwischen den Schlachten« im Juni 10 Tage ausruhten. Da war ein junges Mädchen, 16jährig,

69 ›Stories of three decades‹, transl.: H. T. Lowe-Porter, New York: Knopf 1936.
70 ›Doktor Faustus‹.
71 Thomas Mann hatte vor und auch nach dem ›Tod in Venedig‹ den Plan gehegt, eine Novelle ›Goethe in Marienbad‹ zu schreiben.

Cynthia mit Namen[72], Tochter einer Industriellen-Familie in Connecticut, ein reizendes Kind, lipstick-Engel mit schiefen Augen, von der unermeßlichen amerikanischen Naivität und Kulturbegierde, glühende »Verehrerin«, traumhaft glücklich, mit mir zusammen zu sein, beim Kurkonzert neben mir zu sitzen (was die Mama eingerichtet hatte). Kurzum, es wurde etwas wie ein früher und später flirt daraus. Ich sagte ihr: »You like my books and I like *you*, that's how it is between us.« Aber sie gab zu verstehen, daß ja unwillkürlich auch für den Verfasser dabei etwas abfiele. Ich sagte beim Abschied: »Goodbye, Cynthia! I never shall forget you. It was always a pleasure to look at you.« – »Oh – really??!« Unendliche Verschämtheit – und ein in den College-Alltag mitzunehmender ungeheurer Stolz. Kurz, es war lieb und schön. Ich werde sie wirklich niemals vergessen, und bei dem großen dinner nachher in New York zu meinen Ehren im Waldorf-Astoria, bei dem Secretary of the Interior Ickes und Felix Frankfurter vom Supreme Court und der spanische Minister Negrin und andere sprachen, saß der Gedanke an Cynthia »smiling to my heart«, wie es im Hamlet heißt.   (eBr. / Fi II, 17)

[Pacific Palisades] 3. 12. 1946
Thomas Mann an Irving Adelman
The little story you write about dates back to a time when the problem of the artist and his relation to the world occupied me very strongly. ›The Hungry‹, however, does not belong to my best works dealing with this problem. It has much better been depicted in the longer story ›Tonio Kroeger‹, and also the novel about Felix Krull, the swindler, where the topic has been transposed into the criminal realm, rates much higher artistically.
My personal life, whose later years are witnessing times of revolution and an aggravation of the problems of all humanity, has forced me to regard the artist a relation to life less romantically and aristocratically, and you will know that – without neglecting my artistic tasks – I have participated as best I could in the political fight against those powers which have led my native country to disaster. By the way, the problem of the artist has never ceased to play a role in my writings, the figure of Joseph in my biblical tetralogy is also

72 Vgl. Eleanor Twentyman; Drittes Buch, Kap. 2 (VII, 475). – Vgl. auch ›Die Entstehung des Doktor Faustus‹, Kap. 10 (XI, 230).

that of an artist, and so is the hero of the novel I am working on
presently. (mBr.)

Thomas Mann an Agnes E. Meyer   Pacific Palisades, 10. 10. 1947
In belebteren Stunden bewege ich allerlei Arbeitspläne: eine mittelalterliche Legenden-Novelle[73], die mit den ›Vertauschten Köpfen‹
und der Moses-Geschichte das dritte Stück meiner »Trois contes«[74]
bilden könnte; den Ausbau des Felix Krull-Fragments zu einem modernen, in der Equipagenzeit spielenden Schelmen-Roman. Das Komische, das Lachen, der Humor erscheinen mir mehr und mehr als
Heil der Seele; ich dürste danach, nach den nur notdürftig aufgehei-
terten Schrecknissen des ›Faustus‹ und mache mich anheischig, bei
düsterer Weltlage das Heiterste zu erfinden.   (eBr. / Br. II, 557)

Thomas Mann an Hermann Hesse   Pacific Palisades, 25. 11. 1947
Ich habe mich gerade wieder, gelegentlich der Zusammenstellung
einer Goethe-Auswahl[75], mit Faust II beschäftigt. Können Sie verstehen, daß man so oft eine langweilige allegorische Geheimniskrä-
merei darin gesehen hat? Ich war wieder einmal vollkommen trans-
porté und *ermutigt* davon, – soviel natürlich gegen das sonderbare
Gewächs mit seinem zweifelhaften Helden, seinem katholischen
Opernschluß und in seiner Mischung aus Revue und Weltgedicht zu
sagen ist. Aber wie *vorzüglich* ist es doch an jeder Stelle, wie geist-
reich und humorvoll in der Behandlung des Mythos, auf den Phar-
salischen Feldern und am Peneios, und des Mysteriums der Helena!
Wie *getroffen* überall durch das scherzende, weise, lyrische Wort!
Es ist auch durchaus übersehbar und durchdringbar, und es könnte
einen wohl die Lust ankommen, einmal einen ganz frischen, zutrau-
lichen Faust-Kommentar zu schreiben, der den Leuten die allzu
fromme Scheu vor dem hohen, heiteren, keineswegs unzugäng-
lichen Werk, exceptionell wie es ist, kühn und menschlich fehlbar, –
nehmen sollte.
[...]
Derzeit tue ich garnichts Rechtes, probiere innerlich dies und das

73 ›Der Erwählte‹.
74 Anspielung auf Flauberts ›Trois contes‹ (1877).
75 ›The Permanent Goethe‹, ed., selected and with an introduction by Thomas
   Mann, New York: Dial Press 1948 (= The permanent library). – Dt. Fassung
   der Einführung: ›Phantasie über Goethe‹ (IX, 713).

(was würden Sie sagen, wenn ich das Felix Krull-Fragment zu einem richtigen Schelmenroman ausbaute, zur Unterhaltung auf meine alten Tage?) und schaue aus nach dem nun in die europäische Welt getretenen ›Doktor Faustus‹ [...].

(eBr. / H 141, 143, u. Br. II, 569, 570)

Thomas Mann an Otto Basler   Pacific Palisades, 10. 1. 1948
Unter uns, es ist mir ziemlich deutlich, daß Hesse nicht sehr angetan ist vom ›Faustus‹. Wo er direkt davon spricht, läßt er sich nichts merken. Aber vorher, als von der Fortsetzung des ›Krull‹ die Rede ist, freut er sich bedeutsam auf den »Spaziergang in artistischer Höhenluft« und auf das »Spiel mit einer von aktuellen und makabren Problemen freien Materie«.[76]   (eBr. / Ba II, 7)

Juli / Oktober 1948
Thomas Mann in ›Die Entstehung des Doktor Faustus‹
Ein Tag brachte trotz allem die Auflösung der Materialpakete zum ›Hochstapler‹, die Wiederlesung der Vorarbeiten – mit wunderlichem Ergebnis. Es war »Einsicht in die innere Verwandtschaft des Faust-Stoffes damit (beruhend auf dem *Einsamkeitsmotiv*, hier tragisch-mystisch, dort humoristisch-kriminell); doch scheint dieser, wenn gestaltungsfähig, der mir heute angemessenere, zeitnähere, dringendere...«   (XI, 159)

Thomas Mann an Erika Mann   Pacific Palisades, 6. 11. 1948
Wenn ich lebe und bei Kräften bleibe, lege ich ihnen noch den Felix Krull hin, der aus nichts als Streichen besteht, damit sie endlich aufhören einen ponderous philosopher in mir zu sehen.

(Br. III, 55)

Thomas Mann an Hans Reisiger   Pacific Palisades, 19. 12. 1948
Hier verlangt man nachgerade einen amerikanischen Roman von mir, aber das ist not in my line. Wenn ich aus Europa zurück bin, schreibe ich den ›Hochstapler‹ weiter.   (eBr. / Br. III, 64)

---

76 Vgl. Hesses Brief an Thomas Mann vom 12. 12. 1947 (H 145).

Thomas Mann an Adolf Havlik   Pacific Palisades, 29. 9. 1949
Aber ich will nicht quängeln. Wer geistvoll ist, hat Recht, und ich
kann mir denken, wie Ihre Rhythmiklehre[77], die etwas von einer
enthusiastischen Neuentdeckung hat, die Köpfe Ihrer Schüler er-
frischt. Ich selbst bin, mit meiner ganzen Muskulatur, dem Rhyth-
mischen zugänglich wie Einer, – wenn ich auch als Kind von dem
Travemünder Musik-Tempel[78] nicht den Takt schlug, sondern auf
zwei Stöcken die Violine spielte, – mit so wunderbarem rechten
Handgelenk, daß alle riefen, ich müsse »Stunde« haben. Die bekam
ich auch, aber es wurde dann so gut wie nichts daraus.   (eBr.)

                                              Pacific Palisades, 9. 1. 1950
Thomas Mann an Theodor W. Adorno
Dem Hochstapler lächle ich immer noch nur von Weitem zu, denn
der ›Erwählte‹ ist noch nicht fertig, wenn auch weit vorgeschrit-
ten.   (eBr. / Br. III, 128)

                                       [Pacific Palisades] 12. 12. 1950
Thomas Mann an Richard Braungart
Es ist wahr, der ›Felix Krull‹ beschäftigt mich wieder, und ich versu-
che, über 4 Jahrzehnte hinweg die Anknüpfung zu finden!   (eBr.)

Thomas Mann an Ferdinand Lion   Pacific Palisades, 27. 12. 1950
Wie fänden Sie es (das ist eine wirkliche Anfrage), wenn ich nach 40
Jahren das Felix Krull-Fragment wieder aufnähme und versuchte,
den autobiographischen »Schelmenroman« zu Ende zu führen?
Bloß aus Ordnungsliebe. Ich probiere gerade daran herum.   (eBr.)

Thomas Mann an Hermann Kesten   Pacific Palisades, 2. 1. 1951
Ich stecke in den Korrekturen des kuriosen kleinen Gregorius-Ro-
mans und schreibe außerdem, bloß zum Zeitvertreib, ein bißchen an
den Memoiren des Hochstaplers weiter, weil es mir Spaß macht,
über all das inzwischen Getane hinweg an ein vor 40 Jahren Liegengebliebenes anzuknüpfen. Es ist aber eben wohl inzwischen zuviel
geschehen, und der gute Felix durch Joseph längst überhöht. Trotzdem hat die Idee der wechselseitigen Illusionierung von Welt und
Betrüger etwas Reizvolles für mich behalten.   (eBr.)

---

77 Vgl. Adolf Havliks Brief an Thomas Mann vom 30. 8. 1949 (TMA Zürich).
78 Vgl. Erstes Buch, Kap. 3 (VII, 281).

Thomas Mann an Otto Basler   Pacific Palisades, 8. 1. 1951

Während sie nun in Frankfurt aus dem Abgetanen[79] ein Buch fabrizieren, versuche ich an etwas vor 40 Jahren Liegengebliebenes wieder anzuknüpfen und an den Bekenntnissen Felix Krulls weiterzuschreiben. Gewissermaßen macht es mir Spaß, über all die Zeit und all das inzwischen Getane hinweg den Bogen zu schlagen. Aber es ist eben ein bißchen viel getan unterdessen und Felix von Joseph stark überhöht. Ich muß sehen, ob die Sache mir auf die Dauer noch schmeckt.   (eBr. / Ba II, 10)

Thomas Mann an Agnes E. Meyer   Pacific Palisades, 26. 1. 1951

Aber während man den ›Erwählten‹ druckt, arbeite ich schon wieder etwas anderes – und zwar was? Die Fortsetzung des ›Hochstaplers Felix Krull‹! Es macht mir Spaß, über vier Jahrzehnte und all das inzwischen Getane hinweg an jenes kuriose Fragment wieder anzuknüpfen. Immer habe ich das Material dazu mit mir geführt, und es war sehr sonderbar, als ich neulich auf dem alten, fast noch garnicht beschriebenen Münchener Manuskript-Blatt, auf dem ich mich anno 1911 unterbrach, um erst den ›Tod in Venedig‹ vorzunehmen, zu schreiben fortfuhr.   (eBr.)

Thomas Mann an Walter Rilla   Pacific Palisades, 31. 1. 1951

Am meisten »Schopenhauer« steckt sonderbarer Weise in dem ›Buch der Kindheit‹ des Felix Krull. Aber um das zu merken, muß man ein wirklicher Kritiker sein.   (eBr.)

Thomas Mann an Erich von Kahler   Pacific Palisades, 1. 2. 1951

Da aber der ›Erwählte‹ abgetan und in Druck ist, habe ich den uralten ›Felix Krull‹ wieder vorgenommen und setze ihn, ins Unbekannte schlendernd, fort, ohne rechten Glauben, daß ich je noch damit fertig werden werde. Ich unterbrach mich darin im Jahre 1911, um den Tod in Venedig zu schreiben, und etwas Merkwürdiges hat es, über 4 Jahrzehnte und all das inzwischen Getane hinweg an das alte Fragment wieder anzuknüpfen. Ich habe tatsächlich auf demselben Münchener Manuskript-Blatt (von Prantl, Odeonsplatz), auf dem ich damals nicht weiter kam, zu schreiben fortgefahren.   (eBr. / Br. III, 188)

79 ›Der Erwählte‹ (Frankfurt a. M. : S. Fischer 1951).

Thomas Mann an Alfred A. Knopf   [Pacific Palisades] 4. 2. 1951
I have resumed work on the novel ›Die Bekenntnisse des Hochstaplers Felix Krull‹ which I interrupted over forty years ago in order to write ›Death in Venice‹. It is strange indeed for me to continue on this fragment after so many decades and the many things that have happened in the meantime.   (mBr.)

Thomas Mann an Karl Kerényi   [Pacific Palisades] 9. 3. 1951
Hinter diesem umsponnenen Fenster lese ich nun wieder viel Kerényi, freue mich, daß das Labyrinth doch einen Ausgang hat[80] und verkehre gern in der hohen, etwas lockeren Familie.[81]   (eBr. / K 171)

[Pacific Palisades] 11. 3. 1951
Thomas Mann an Walter F. Berendsohn
Jetzt führe ich gemächlich den ›Felix Krull‹ fort.   (eBr.)

Thomas Mann an Alfred Neumann   Pacific Palisades, 11. 3. 1951
Verzeihen Sie, daß ich in den Stil des Krull verfalle! Er ist nun einmal jetzt meine Sprache (was hat man nicht schon alles für Sprachen geführt!), und jeden Morgen suche ich Zerstreuung in diesen Belustigungen (»wo ich mich sammle, wenn ich mich zerstreue«[82] heißt es bei Platen) vor den Sorgen und Bedrückungen des Lebens, auch vor den persönlichen Problemen und Zweifeln, die es uns auf unsere alten Tage noch wieder wegen unserer Zukunft macht.
(eBr. / Br. III, 191)

Pacific Palisades, Ostern-Sonntag [25. 3.] 1951
Thomas Mann an Otto Basler
Ich bin nun ganz anders engagiert – mit dem vor 40 Jahren liegen Gelassenen, dem Weiterführen der Krull-Memoiren. Vielleicht ist

---

80 Karl Kerényi, ›Labyrinth-Studien. Labyrinthos als Linienreflex einer mythologischen Idee‹, 2. erw. Ausg., Zürich: Rhein-Verlag 1950 (= Albae Vigiliae, n. F., H. 10). – 1. Ausg.: Amsterdam u. Leipzig: Pantheon 1941 (= Albae Vigiliae, H. 15).

81 Karl Kerényi, ›Die Entstehung der olympischen Götterfamilie‹, Paideuma, Bd. 4, Bamberg: Meisenbach 1950, S. 127–138. – Vgl. die Familie des Prof. Kuckuck in Thomas Manns Roman.

82 Sonett ›Schön war der Tag und lieblich wie der Morgen [...]‹, Nr. 61 in der Cotta'schen Ausgabe von Platens ›Gesammelten Werken‹, Stuttgart u. Tübingen 1853–1854 (Bd. 2, S. 128).

es nur Unfug, aber noch macht es mir Spaß, und noch weiß ich für eine Weile weiter. (eBr. / Ba II, 11)

Thomas Mann an Paul Amann [Pacific Palisades] 29. 3. 1951
Ich bin lächerlich in der Arbeit an der Fortführung des Felix Krull und habe nebstbei so viel zu schreiben, daß ich – nicht viel schreiben kann. (eBr. / A 71)

Thomas Mann an Grete Nikisch Pacific Palisades, 30. 3. 1951
Jetzt führe ich die Bekenntnisse des Felix Krull fort [...] Es wirkt da eine Art von zähem Ehrgeiz, mein Leben fest zusammenzuhalten, der Welt zum Trotz, die, wenn's nach ihr ginge, alles zerstückelte und auseinander risse. (eBr. / Br. III, 195)

[Pacific Palisades] 31. 3. 1951
Thomas Mann an Walter A. Berendsohn
Jetzt bin ich sehr vertieft in die Fortführung des ›Felix Krull‹, in dem ich mich vor 40 Jahren unterbrach, um den ›Tod i. V.‹ zu schreiben. So hält man sein Leben zusammen. (eBr.)

Thomas Mann an Hans Reisiger Pacific Palisades, 2. 4. 1951
Habe ich Ihnen erzählt, daß ich die Bekenntnisse des Felix Krull fortführe? Womöglich werde ich auch damit noch fertig! Vor 40 Jahren unterbrach ich mich darin, um den ›Tod in Venedig‹ zu schreiben. Aber durch all die Zeit habe ich Handschrift und Material an mich gehalten, und es war doch recht merkwürdig, als ich auf demselben Münchener Manuskriptblatt, ganz oben, wo ich seit 35 Jahren zu schreiben aufgehört, nun weiterschrieb. –
(eBr. / R 26 u. Br. III, 197)

Thomas Mann an Ida Herz Pacific Palisades, 7. 4. 1951
Seit ein paar Monaten schon führe ich die vor 40 Jahren liegengelassenen Bekenntnisse des Felix Krull recht merkwürdig weiter. (eBr.)

Thomas Mann an Kurt Kläber Pacific Palisades, 9. 4. 1951
Ich habe auch letzthin an etwas lange Liegengebliebenes weitergeschrieben: den Bekenntnissen des Felix Krull. Aber die Laune zu bewahren und die erfinderische Heiterkeit, die dazu nötig sind, das ist das Haupt-Kunststück. Die Atmosphäre hier ist über-

aus gespannt, überreizt und gefährlich. Es ist ein bedrückendes Leben.[83]   (eBr.)

Thomas Mann an Albrecht Goes   Pacific Palisades, 21. 4. 1951
[...] es ist drollig-geheimnisvoll, daß Sie mich zur Fortsetzung des ›Krull‹ anregen, denn seit Wochen oder Monaten schon arbeite ich eben daran.   (eBr.)

                                      Pacific Palisades, 21. 4. 1951
Thomas Mann an Peter de Mendelssohn
Längst bin ich bei wieder anderem, einer Fortsetzung der Memoiren des Felix Krull.   (eBr. / Br. III, 202)

Thomas Mann an Käte Hamburger   Pacific Palisades, 28. 4. 1951
Die vergiftete, krankhaft gespannte, mit Unheil geladene Atmosphäre hier drückt schwer auf mich, und meine produktive Laune, ohne die doch kein rechtes Leben, liegt danieder. Da ich aber noch nie »guter Laune« war beim Arbeiten und mein sogenannter Humor eigentlich ein Kind der Verzweiflung ist, so suche ich auch jetzt weiterzuschreiben an den Memoiren des Felix Krull, die ich vor 40 Jahren liegen ließ. Ich habe Manuskript und Material immer mit mir geführt, und es war recht merkwürdig, als ich auf dem alten Münchener Manuskriptblatt, auf dem ich mit 35 Jahren stehen geblieben (es stand nur ein Wort oben links) jetzt und hier zu schreiben fortfuhr.   (eBr.)

Thomas Mann an Erika Mann   [Pacific Palisades] 20. 5. 1951
Ein großes Kapitel von 28 Seiten habe ich seit dem zuletzt vorgelesenen geschrieben, mag aber sein, daß es von Müdigkeit zeugt, die tatsächlich vorhanden; nur habe ich mit Müdigkeit auch schon Gutes geschrieben; Befinden und Umstände spielen eigentlich keine Rolle bei mir. Es stellt sich beim Krull nur öfters die Frage: »Was soll der Unsinn?« Scheint mir keinen rechten background zu haben, kann mich aber irren. Jetzt weiß ich noch ein Kapitel weiter. Sollte ich dann nicht mehr weiter wissen, so will ich eine würdig-meisterhafte historische Novelle über Erasmus, Luther und Ulrich von

---

83 In der McCarthy-Ära mußte Thomas Mann sich wiederholt gegen Unterstellung kommunistischer Tendenzen verteidigen.

Hutten schreiben – mit dem wir allerdings wieder bei der Syphilis wären. »Er muß doch immer ––«   (Br. III, 206)

Thomas Mann an Agnes E. Meyer   Pacific Palisades, 28. 5. 1951
Zu arbeiten habe ich nie ganz aufgehört, obgleich ja die allgemeine Atmosphäre etwas bedrückend und der produktiven Laune nicht sehr zuträglich ist. Aber ich habe mich von jeher von den Umständen, äußeren und inneren, ziemlich unabhängig zu halten gewußt, und seit Beendigung des »Erwählten« ist eine beträchtliche Menge Manuskript zur Fortsetzung der Memoiren Felix Krulls entstanden, zum Teil ganz merkwürdiger Art. Natürlich ist dies wieder une mer à boire[84], und ich zweifle oft, ob ich noch damit fertig werde. Es würde dann eine Art von Schelmen- und Abenteuer-Roman vorstellen, dessen frühes Vorbild der ›Simplicius Simplicissimus‹ von Grimmelshausen (17. Jahrhundert) ist.   (eBr.)

Thomas Mann an Kuno Fiedler   Pacific Palisades, 2. 6. 1951
Uebrigens arbeite ich, nämlich an den Krull-Memoiren, und zu dem alten Fragment sind schon etwa 150 Seiten hinzugekommen, zum Teil sehr gute und groteske; aber ob ich es wirklich fertig mache, bezweifle ich doch manchmal.   (eBr. / Fi II, 26)

                              Strobl am Wolfgangsee, 8. 8. 1951
Thomas Mann an Lion Feuchtwanger
Man glaubt – besonders die Deutschen glauben –, die Prosa sei etwas *unter* dem Verse; sie kann aber etwas *darüber* sein, den Vers in sich schließen und ihn spielend aus sich herausstellen.[85] Das mag dann etwas gauklerisch und übermütig wirken, und souveräner Laune entspringt es auch. Der Roman auf seiner Höhe kann alles.
                              (eBr. / Br. III, 216)

---

84 Ursprünglich aus La Fontaines Fabel ›Les deux chien et l'âne mort‹, wo es heißt: »Tout cela, c'est la mer à boire.« Thomas Mann hat sich in Riemers ›Mitteilungen über Goethe‹ diese Redewendung angestrichen. Riemer berichtet: »Aus dem Französischen war ihm sehr geläufig zu sagen: ›das ist ein Meer auszutrinken‹, *c'est une mer à boire*, für: das ist zu weitläufig, zu umständlich, zu schwierig [. . .].« vgl. Friedrich Wilhelm Riemer, ›Mitteilungen über Goethe‹, Hg.: Arthur Pollmer, Leipzig: Insel-Verlag 1921, S. 361.)
85 Thomas Mann denkt z. B. an die Alexandriner im ›Krull‹, an die Hexameter im ›Tod in Venedig‹.

Strobl am Wolfgangsee, 8. 8. 1951

Thomas Mann an Caroline Newton

[Wir] fahren am 11. für einige Tage nach Salzburg, wo ich am 15. eine Vorlesung im Mozarteum habe.[86]   (eBr. / Nt 55)

Thomas Mann an Jonas Lesser   Bad Gastein, 20. 8. 1951

Dank für Ihren Brief vom 14. Ich schreibe (hier nicht) an dem ›Krull‹ zu meiner Unterhaltung langsam weiter, ohne zu wissen, ob das Ding je fertig wird, was jedenfalls eine Sache von Jahren wäre. Möglicherweise schalte ich auch noch etwas ganz anderes ein, eine Erzählung über Ulrich v. Hutten und Erasmus. Deschs[87] Argumentation in dieser Richtung ist also nicht gültig. Mit dem Papier, das ist etwas anderes. Ich glaube, daß er es gut meint mit Ihnen und mir, Sie und ihn aber kann ich darüber beruhigen, daß Ihr Buch[88], auch wenn es erst 1952 erscheint, nach Einschluß des Kapitels über den ›Erwählten‹ *nicht* lückenhaft, sondern durchaus »auf der Höhe« sein wird, besonders da mir doch ist, als käme das Krull-Fragment darin vor. Wenn nicht, so ließe sich ja noch ein Wort darüber irgendwo einfügen – mit dem Hinweis auf den neuen Ansatz, den ich nach 40 Jahren versuche. Ich habe neulich in Salzburg daraus vorgelesen, und die ›Neue Rundschau‹[89] wird wohl bald einmal einiges neu Geschriebene bringen.   (eBr.)

Thomas Mann an Oskar Seidlin   Pacific Palisades, 10. 10. 1951

ich bin entzückt von Ihrem picaresken Aufsatz[90] – aus einem Wust von Dingen habe ich ihn nach unserer Rückkehr gleich hervorgezogen, wohl ahnend, daß das etwas sein werde, was ich brauchen kann, ja nötig habe; denn es sind genau die Gesichtspunkte dieses – wie

---

86 Lesung aus ›Felix Krull‹, Episoden ›Reise und Ankunft‹ und ›Cirkus‹.

87 Kurt Desch, Verleger in München.

88 Jonas Lesser, ›Thomas Mann in der Epoche seiner Vollendung‹, Zürich: Artemis u. München: Desch 1952.

89 ›Bekenntnisse des Hochstaplers Felix Krull. Zwei neue Roman-Fragmente‹ (›Reise und Ankunft‹ und ›Cirkus‹), Die neue Rundschau, Frankfurt a. M., Jg. 62, H. 3, 1951, S. 1–23.

90 Oskar Seidlin, ›Picaresque elements in Thomas Mann's work‹, Modern language quarterly, Seattle, vol. 12, nr. 2, 1951, p. 183–200 (dt.: ›Pikareske Züge im Werke Thomas Manns‹, Germanisch-romanische Monatsschrift, Heidelberg, n. F., Bd. 5, H. 1, 1955, S. 22–40).

ich wohl sagen darf – von meiner Existenz gefärbten Artikels, die mir nötig sind, wenn ich je doch noch mit dem ›Krull‹ fertig werden will. Ich kann, trotz allem guten Zureden, ja Fordern aus der Nähe und Ferne, nicht versprechen, daß ich es leisten werde, aber hübsch wäre es, wenn ich, unbekümmert darum, daß unterdessen schon Höheres geschehen, die Lücke noch ausfüllen könnte. Ohne ein gewisses ideelles Würdegefühl, worin sich die Elemente des übertragenen autobiographischen Bekenntnisses mit der späten Fortbildung einer Tradition vermischen, wäre es jedenfalls nicht möglich.

Neulich las ich im Zürcher Schauspielhaus zum Gaudium der Zuhörer ein paar Abschnitte[91] aus der Fortsetzung vor (sie sollen in der ›Neuen Rundschau‹[92] erscheinen) und sagte einleitend, wenn das Ding einmal fertig würde, so werde es eine Art von Abenteurer-Roman aus dem späten bürgerlichen Zeitalter vor dem ersten Weltkriege sein; ein naives Memoirenwerk, als dessen fernstes Vorbild man den ›Simplicius Simplicissimus‹ ansehen könnte. Nun, es ist nicht das fernste. Ihre Gelehrsamkeit zeigt mir dahinter weitere »Dünenkulissen« und das Vergnügen, mit dem ich sie erblicke, beweist mir, wie unentbehrlich mir beides ist und immer war: das Neue und das von weither Legitimierte, man könnte sagen: das überraschend Hergebrachte. (eBr. / Br. III, 223)

Thomas Mann an Hermann Hesse   Pacific Palisades, 14. 10. 1951
Chicago hat ein hervorragendes ›Museum of natural history‹[93], das wir nicht nur einmal, sondern auf meinen Wunsch noch ein zweites Mal besuchten. Es sind da die Anfänge des organischen Lebens – im Meere, als die Erde noch wüst und leer war –, die ganze Tierwelt, Aussehen und Leben des Frühmenschen (auf Grund der Skelettfunde plastisch rekonstruiert) höchst anschaulich dargestellt. Die Gruppe der Neandertaler (mit deren Typ eine Entwicklungslinie abbricht) in ihrer Höhle vergesse ich nie und nicht die hingebungsvoll hockenden Ur-Künstler, die die Felswände, wahrscheinlich zu magischen Zwecken, mit Tierbildern in Pflanzenfarben bemalen. Ich

91 Am 24. 9. 1951 las Thomas Mann im Schauspielhaus Zürich die Episoden ›Reise und Ankunft‹ und ›Cirkus‹.
92 Vgl. Anm. 89.
93 Vgl. Drittes Buch, Kap. 7 (VII, 571).

war völlig fasziniert, und eine eigentümliche Sympathie ist es, die einen bei diesen Gesichten erwärmt und bezaubert.

(eBr./H 171 u. Br. III, 225)

Thomas Mann an Julius Bab   Pacific Palisades, 18. 10. 1951
Vorgelesen habe ich nur zweimal: im Salzburger Mozarteum und im Zürcher Schauspielhaus, beide Male aus der Fortsetzung der Krull-Memoiren. Ueber diese ist kürzlich etwas ganz Ausgezeichnetes gearbeitet worden, von Oskar Seidlin in ›Modern Language Quarterly‹, Juni 1951: ›Picaresque Elements in T. M.'s Work‹.[94] Ich war entzückt davon und denke, auch Ihnen als Kritiker und Historiker müßte es Vergnügen machen.   (eBr.)

Thomas Mann an Jonas Lesser   Pacific Palisades, 6. 11. 1951
Sie tun gewiß gut, was Sie vorläufig über den ›Krull‹ zu sagen haben, in Ihr Kapitel[95] über den Joseph einzuflechten. Dieser war praeexistent in jenem, und nun ist jener Joseph redivivus. Noch neulich hat einer namens Oskar Seidlin über beide unter dem Titel ›Picaresque Elements in T. M.'s Work‹[96] einen sehr intelligenten Aufsatz geschrieben. (Modern Language Quarterly.)
Armand-Felix, der nun schon Louis Marquis de Venosta heißt, wird biblisch gefeiert, als er von Andromache spricht, und sagt »stehet«. Aber ein Citat ist es natürlich nicht. – Ist »kosig« nicht längst schon deutsch? »Ein kosiger Winkel?« Ich dachte.   (eBr./Br. III, 228)

Pacific Palisades, 13. 11. 1951
Thomas Mann an Frederick Morgan
It has got around that I am trying to continue and complete the fragment of the novel ›Die Bekenntnisse des Hochstaplers Felix Krull‹ (the English translation is contained in ›Stories of Three Decades‹ under the title ›Felix Krull‹[97]) which I left unfinished forty years ago. Of course, I cannot promise with any certainty that I shall really conclude the novel this time.   (mBr.)

---

94 Vgl. Anm. 90.
95 Vgl. Anm. 88.
96 Vgl. Anm. 90.
97 ›Stories of three decades‹, transl. from the German by Helen Tracy Lowe-Porter, New York: Knopf u. London: Secker & Warburg 1936, p. 340–377.

Thomas Mann an Henry Hatfield   Pacific Palisades, 19. 11. 1951
Vorzüglich ist Ihr »realistischer« Aufsatz.[98] Ich habe ihn gleich gelesen und rechte Freude daran gehabt. Besonders fesselten mich Ihre Ausführungen über den ›Simplicissimus‹ und den Schelmenroman – aus persönlichen Gründen, da »picaresque« Scherze mich gerade wieder beschäftigen.   (eBr. / Br. III, 231)

Pacific Palisades, 21. 11. 1951
Thomas Mann an Henry Walter Brann
Ich arbeite, um auch diese freundliche Anfrage zu beantworten, langsam weiter an den Krull-Memoiren, ohne versprechen zu können, daß ich diesmal fertig werden werde.   (mBr.)

Thomas Mann an Hans Mayer   [Pacific Palisades], 21. 11. 1951
Was die Krull-Memoiren betrifft, aus deren Fortsetzung ich kürzlich im Zürcher Schauspielhaus[99] zum sichtlichen Vergnügen der Zuhörerschaft vorlas, so schreibe ich langsam daran weiter, ohne versprechen zu können, daß ich dieses Mal damit fertig werde. Es ist jedenfalls eine weitschauende Sache. Ich glaube, daß einige Teile des Neuen wohl auf der Höhe des Alten stehen, wenn auch die vierzig Jahre, über die ich den Bogen schlage, stilistisch sich unvermeidlich bemerkbar machen werden. Die Teile, die ich in Zürich las, hat Bermann sich für die Rundschau ausgebeten, das Heft[100] muß, wenn diese Zeilen zu Ihnen gelangen, schon erschienen sein. Ich werde übrigens bei dem Verlag Weisung geben, daß man es Ihnen schickt. Eigentlich sehe ich keinen Grund, weshalb nicht von dem Fragment und dem, was schon öffentlich darüber hinausgeht, in Ihrem Buch die Rede sein sollte, und zwar im Zusammenhang mit dem so ganz andersartigen, mit dem Schelmenroman aber doch verwandten Joseph.   (mBr.)

Pacific Palisades, 25. 11. 1951
Thomas Mann an Harry Slochower
Es ist keine Rede von einem »Werk über Goethe«. Einen Augen-

98 Henry C. Hatfield, ›Realism in the German novel‹, Comparative literature, Eugene / Oreg., vol. 3, nr. 3, Summer 1951, p. 234–252.
99 Vgl. Anm. 91.
100 Vgl. Anm. 89. – Zum folgenden vgl. Anm. 164.

blick, vorigen Sommer, *war* davon die Rede, als Harpers' Magazines eine Serie von Aufsätzen über kritische Wendepunkte im Leben großer Männer plante. Mir wurde der Goethe-Beitrag vorgeschlagen, aber ich war nur sehr vorübergehend versucht, ihn zu liefern. J'ai vidé mon sac über dies Thema und ziehe es vor, gemächlich an den Krull-Memoiren weiterzuschreiben, – ohne recht überzeugt zu sein, daß ich sie diesmal vollenden werde. (eBr.)

Pacific Palisades, 5. 12. 1951

Thomas Mann an Richard Braungart

Nein, ich schreibe zur Zeit nur an der Fortsetzung der Krull-Memoiren, ohne versprechen zu können, daß ich diesmal damit fertig werde und mich nicht etwa wieder unterbreche – oder unterbrochen werde. Ich langweile mich oft mit dem Zeug, das andere dann amüsieren mag. Delacroix langweilte sich auch beständig, und Tolstoi schrieb: »Diese dumme, langweilige Anna Karenina!«[101] Ich sage nicht, daß ich mehr mit ihnen gemeinsam habe, als dies. (eBr.)

Thomas Mann an Hermann Kesten   Pacific Palisades, 13. 12. 1951

Daß die Stücke aus der Fortsetzung der Krull-Memoiren in der ›Rundschau‹[102] Sie unterhalten haben, will etwas besagen. Ich habe sie nur hergegeben, weil Bermann sie haben wollte, nachdem ich sie im Zürcher Schauspielhaus vorgelesen. Die Vollendung steht in weiter Ferne. Es ist mir oft zweifelhaft, ob ich noch die Laune aufbringen werde, das Buch durchzuführen. (eBr. / Br. III, 236)

Thomas Mann an Paul Amann   Pacific Palisades, 23. 12. 1951

Ich habe allerlei Weiteres an den Krull-Memoiren geschrieben, laufe aber immer Gefahr, ins »Faustische« zu geraten und die Form zu verlieren. So bringe ich den Helden, der ein Erotiker ist, in Kontakt mit der Idee des *Seins* selbst, das vielleicht nur eine Episode ist zwischen Nichts und Nichts, wie das Leben auf Erden nur ein Zwischen-

---

101 Vgl. Tolstois Brief vom 26. 8. 1875 an Afanasij A. Fet. – Thomas Mann kannte das Zitat wohl aus Raphael Löwenfelds Einführung zur im Diederichs Verlag erschienenen Ausgabe der ›Anna Karenina‹ (in der Nachlaßbibliothek steht das 4.–6. Tausend, Jena 1925), die er heranzog, als er 1939 seine Einleitung zu diesem Roman schrieb (›Anna Karenina‹; IX, 622; Zitat vgl. IX, 632).

102 Vgl. Anm. 89.

fall mit Anfang und Ende, da die Bewohnbarkeit eines Sterns limitiert ist.[103] Dabei geht alles ohne genaue Grenze in einander über: Der Mensch ins Tierische, dieses ins Pflanzielle, das Organische ins unorganische Sein, das Materielle ins Immateriale, ins Kaum-noch-Sein und ins Nichtsein, das ohne Raum und Zeit. Urzeugung: Wie und wann trat im Nichts die erste Schwingung (elektro-magnetisch oder wie immer) des Seins auf? Dies ist die eigentliche Urzeugung, das erste Neue. Das zweite ist das Plus zum Anorganischen, das man Leben nennt, ein Hinzukommendes ohne ein Neues an Stoff. Etwas drittes Hinzukommendes im Tierisch-Organischen ist das Menschliche. Das Uebergängliche ist gewahrt, aber ein Unbestimmbares, wie bei der Wendung zum »Leben«, tritt hinzu. – Die Liebe, verstanden als sinnliche Rührung durch das Episodische des *Seins*, nicht nur des Lebens, nicht nur des Menschen. Und das Sein also doch vielleicht ein Hervorruf der Liebe aus dem Nichts? – Unsinn, Sie verstehen kein Wort. Ein kleiner Enkel von mir hat gesagt, als er aus der Kirche kam: »Wenn man anfängt über Gott nachzudenken, kriegt man *Gehirnverschüttung*.« Ein neues Wort und kein schlechtes. (eBr. / A 74 u. Br. III, 237)

Thomas Mann an Grete Nikisch   [Pacific Palisades] 23. 12. 1951
Des Dichters Feder! Du lieber Gott, in der letzten ›Neuen Rundschau‹[104] ist etwas daraus Erflossenes. Erquicken Sie sich daran!
(eBr. / Br. III, 237)

Thomas Mann an Albrecht Goes   [Pacific Palisades] 27. 12. 1951
Auch die Arbeit stockt, nicht nur durch körperliche Mattigkeit, sondern weil ich immer der Neigung verfalle, alles ins »Faustische« ausarten zu lassen, selbst etwas so Närrisches. Wenn etwas mich ermutigen kann, fortzufahren, so ist es das Gefallen, das Sie an dem Gedruckten gefunden haben. (eBr.)

Thomas Mann an Walter Rilla   Pacific Palisades, 29. 12. 1951
Wie gut kenne ich von Jugend auf diese Verzweiflung über das unmögliche Heranwachsen einer Schreiberei und die Frage: »Was in aller Welt soll daraus werden?« Im Falle ›Buddenbrooks‹ war es

---

103 Vgl. Drittes Buch, Kap. 5 (VII, 538).
104 Vgl. Anm. 89.

schlimm, mit dem ›Zauberberg‹ noch schlimmer, am schlimmsten mit den Josephsgeschichten. In jedem Fall wollte das Ding seinen Willen haben, und um meine Nachgiebigkeit gegen diesen Willen zu entschuldigen, habe ich gefragt: »Wann wäre je die Kurz- oder Langweiligkeit einer Geschichte abhängig gewesen von dem Raum und der Zeit, die sie in Anspruch nahm? Ohne Furcht vor dem Odium der Peinlichkeit, neigen wir vielmehr der Ansicht zu, daß nur das Gründliche wahrhaft unterhaltend sei.«[105] Dies Ihnen zum Trost. Ein richtiger Roman will Weile haben. ›Simplicissimus‹, ›Don Quixote‹, ›Der grüne Heinrich‹, ›Krieg und Frieden‹ sind auch nicht kurz.

›Candide‹ allerdings ist es, und einen Franzosen habe ich das einmal als seinen Vorzug vor ›Wilhelm Meister‹ ausspielen hören. Da konnte ich ihm auch wieder nicht ganz unrecht geben, denn ich unterschätze nicht die glückliche Eigenschaft der Kürze und bin froh, daß es mir beim ›Erwählten‹ einmal gelungen ist, die Kurzweil kurz zu fassen. Aber jetzt schon wieder, bei dem, was ich zur Zeit unter den Händen habe (es ist die Fortsetzung der Memoiren des Felix Krull, um Ihre Frage zu beantworten) tritt wieder die Neigung hervor, all und jedes, selbst etwas so Närrisches, ins »Faustische« ausarten zu lassen und eine unabsehbare Wanderung durch Himmel, Welt und Hölle daraus zu machen – alsob ich noch soviel Zeit hätte! [...] Sehr möglicher Weise bin ich selber früher »fertig«, als das Buch. (eBr.)

Thomas Mann an Erich von Kahler   Pacific Palisades, 2. 1. 1952
Uebrigens war ich, als ich die Geschichte [›Der Erwählte‹] schrieb, nicht übermütiger oder auch nur mutiger, als gewöhnlich, – *etwas* mehr vielleicht, als gegenwärtig, wo ich mir mit der Fortsetzung des Krull noch einmal etwas aufgeladen habe, dessen Ansprüche an Laune und Erfindung, fürchte ich, über meine Jahre gehen. Dabei zeigt sich schon wieder die alte Neigung, alles und jedes, selbst etwas so Närrisches, ins »Faustische« ausarten und eine Wanderung im Grenzenlosen daraus werden zu lassen... Wem klag' ich es! (eBr.)

---

105 ›Der Zauberberg‹, Vorsatz (III, 10).

Thomas Mann an Monika Mann   Pacific Palisades, 8. 1. 1952
Ich habe schrecklich viel zu tun: für B. B. C. [106], für Columbia [107], an
dem Roman, mit der Sammlung und Redaktion eines Essay-
bandes. [108] Und bin doch schon so alt!   (eBr. / Br. III, 239)

Thomas Mann an Theodor W. Adorno   Pacific Palisades, 9. 1. 1952
Ich danke Ihnen sehr – besonders natürlich für die guten Worte über
die Krull-Kapitel. Wozu zeigt man solche Proben her, wenn nicht,
um ein wenig Zuspruch zu erfahren und sich wenigstens für den
Augenblick über den argen Verdacht hinweghelfen zu lassen, ob,
was man da treibt, nicht kindisches, eines würdigen alten Mannes
unwürdiges Zeug ist. Uebrigens wäre ich garnicht auf den Gedanken gekommen, die Fragmente zu veröffentlichen [109]; aber sie waren
es, die ich im Sommer im Zürcher Schauspielhaus vorlas [110], und
dann hat Bermann sie eingefordert. Sie können ganz »beruhigt«
sein: soweit ich überhaupt etwas tue, tue ich *dies*. Das Gerücht von
der Wendung zu einem andern Plan ist falsch – entstanden nur,
wahrscheinlich, durch briefliche Aeußerungen dahin und dorthin:
»Kinder, ich kann nicht versprechen, daß ich diesmal damit fertig
werde. Vielleicht unterbreche ich mich wieder – oder werde unterbrochen.« Nach dem ›Faustus‹ hatte ich's abgeschworen, je wieder
noch einen großen Roman zu schreiben. Nun tu ich's doch – und
habe mir damit etwas aufgehalst, dessen Anforderungen an Laune
und Erfindung wahrscheinlich über meine Jahre gehen. Wenn wenigstens nicht die verdammte Neigung wäre, alles und jedes, selbst
etwas so Närrisches, ins »Faustische« ausarten zu lassen und eine
Wanderung durchs Unendliche daraus zu machen! Nun, Gott be-
fohlen. Machen wollte ich es ja immer einmal und hätte mich fast
schon damals darauf geworfen, als ich statt dessen den »deutschen«
Roman zu schreiben begann. Einiges Amüsant-Merkwürdige ist
zustande gekommen, so die *nicht* im Zürcher Schauspielhaus vorzu-
tragende Liebesbegehung mit der Frau, der er die Juwelen gestohlen
hat, einer Fabrikantensgattin Mme Houpflé aus Straßburg.   (eBr.)

---

106 ›The artist and society‹, Vortrag im ›Third Program of BBC‹ (X, 386).
107 ›Lob der Vergänglichkeit‹, geschrieben für eine Sendung des Columbia
     Broadcasting System in der Reihe ›This I believe‹ (X, 383).
108 Vgl. Anm. 125.
109 Vgl. Anm. 89.
110 Vgl. Anm. 91.

Thomas Mann an Claus Unruh   [Pacific Palisades] 13. 1. 1952
Sie sind ein unruhiger Gast. Gleich wollen Sie meine Weltan-
schauung auf einem Briefblatt haben. Das geht aber nicht so einfach, und ich kann nur erwidern, daß das Wesentliche meiner Existenz und meines Verhältnisses zur Welt aus meinen Büchern zu
schöpfen ist – für den, der zu schöpfen Lust hat. Manche, wie Sie
andeuten, halten mich für einen Nihilisten. Ich gelte ungern dafür. Ein Nihilist bin ich insofern, als ich stark zu der Vermutung
neige (sie ist wissenschaftlich gestützt), daß nicht nur das Leben
auf Erden, den Maßstab der Aeonen angelegt, eine rasch vorüber-
gehende Episode ist, sondern daß auch das materielle Sein im
Raum und in der Zeit, der Kosmos selbst, eine solche Episode ist,
ein turbulentes Zwischenspiel zwischen Nichts und Nichts. Es hat
das Sein, sich selbst eine Lust und eine Last, nicht immer gegeben, und es wird es nicht immer geben, sondern raum- und
zeitloses Nichts wird wieder sein. Noch weniger war immer das
Leben, das hier vor bloßen 550 Millionen Jahren (schlecht gerech-
net) aus dem Unorganischen erwachte und seinen Entwicklungs-
weg antrat bis zum Menschen, und noch weniger wird es das
Leben immer geben.[111] Das Episodische aber ist es gerade, was
dem Sein und dessen Blüte, dem Leben, Wert und Gewicht verleiht. Daß sie einen Anfang hatten und also ein Ende haben werden (man kann die Logik auch umkehren), das erweckt Sympathie. Und als mein Grundverhältnis zum Sein und zum Leben mit
seiner Lust und Last möchte ich die Sympathie bezeichnen. Ich
kann nicht zweifeln, daß meine Bücher sie ausdrücken. Ich müßte
mich ganz verschrieben haben, wenn man sie ihnen nicht an-
merkte. Sie, in Ihrem Brief, sprechen vom Bösen und Guten. In
meinem spätesten Buch habe ich sagen lassen: Gott ist voller Wun-
der. Sehr wohl kann aus dem Schlimmen das Liebe kommen und aus
der Unordnung etwas sehr Ordentliches.[112] Ich habe auch gesagt:
»Gebt acht auf den Sünder! Vielleicht ist er der Erwählte.«[113] Und
zu dem Sünder: »Mach' dir die Sündhaftigkeit fruchtbar, so daß sie
dich zu hohen Flügen trägt!«[114] Kurzum, ich, ich habe die Menschen
zu trösten gesucht – und zu erheitern. Erheiterung tut ihnen gut, sie

111 Ähnliche Formulierungen im Kuckuck-Kapitel (VII, 537–538).
112 Vgl. ›Der Erwählte‹, Kap. ›Der Disput‹ (VII, 113).
113 u. 114 Vgl. Schluß des ›Erwählten‹ (VII, 260).

löst den Haß und die Dummheit, so bringe ich sie gern zum Lachen. Das ist kein nihilistisches Lachen, das ich bringe, kein Hohngelächter. Man braucht nicht sehr hoch von mir zu denken. Aber man darf von mir denken, daß ich es gut meinte mit dem Leben und den Menschen. (eBr.)

Pacific Palisades, 19. 1. 1952

Thomas Mann an Alexander Moritz Frey

Die »Geburt der Venus«[115] einmal aus dem Mythologischen ins Kosmologische übersetzt zu sehen, müßte reizvoll sein. Ich lese sehr gern solche Bücher. Jeans[116] hat mich früher stark gefesselt. Neuerdings gibt es hier ein paar höchst anziehende Bücher dieser Art: ›The Universe and Dr. Einstein‹ von Lincoln Barnett[117] und ›Is another world watching?‹ von Gerald Heard.[118] Das erste ist streng wissenschaftlich, das zweite eine gelehrte Windbeutelei, aber auch sehr unterhaltend. Es betrifft das Rätsel der ›Flying Saucers‹ und scheint es mit großer Akribie durch die Sorge zu lösen, die unser unverantwortliches Herumfummeln mit den Atomkräften den Mars-Bewohnern (insektenartig gebaut und sehr avanciert) einflößt, sodaß sie von jenen immer wieder gesehenen Fahrzeugen aus beobachten wollen, wie weit wir im Begriffe sind, kosmisches Unheil anzurichten.

[...]

Aus dem ›Krull‹ muß ich Ihnen einmal allerlei Seltsames vorlesen, wenn wir in Zürich sind. (eBr. / Br. III, 241)

---

115 Immanuel Velikovsky, ›Welten im Zusammenstoß. Als die Sonne still stand‹, Übers.: Fritz W. Gutbrod, Zürich: Europa-Verlag 1952.

116 Sir James Hopwood Jeans; engl. Mathematiker, Physiker und Astronom. Unter seinen Werken: ›The universe around us‹ (1929), dt.: ›Sterne, Welten und Atome‹ (1931); ›The mysterious universe‹ (1930), dt.: ›Der Weltraum und seine Rätsel‹ (1931); ›The stars in their courses‹ (1931), dt.: ›Die Wunderwelt der Sterne‹ (1934); ›Through space and time‹ (1934), dt.: ›Durch Raum und Zeit‹ (1936).

117 Lincoln Barnett, ›The universe and Dr. Einstein‹, foreword by Albert Einstein, New York: Sloane 1948.

118 Gerald Heard, ›The riddle of the flying saucers. Is another world watching‹, London: Carroll & Nicholson 1950.

Thomas Mann an Peter Huchel   Pacific Palisades, 24. 1. 1952

[. . .] entgegen dem Schwur, den ich nach dem ›Faustus‹ leistete, nun ganz gewiß nie wieder einen großen Roman zu schreiben, habe ich mir doch noch einmal dergleichen aufgehalst: nämlich die Weiterführung jener vor 40 Jahren unterbrochenen Memoiren des Felix Krull. Das ist eine weite Wanderung, die ich gern noch vollenden möchte, und da sie ohnehin Anforderungen an Laune und Erfindung stellt, die eigentlich über meine Jahre gehen, so darf ich mich auf »Nebendinge«, wie Professor Unrat[119] sagen würde, nicht einlassen [. . .].   (eBr.)

Thomas Mann an Richard Schweizer   Pacific Palisades, 29. 1. 1952

Aber was wollen Sie von einem armen Laokoon, der, von den Schlangen seiner eigenen Probleme umstrickt, zwar »nicht schreiet«[120], aber doch manchmal stöhnt, da die Anforderungen, die die Fort- und Zuendeführung des ›Krull‹ an Laune und Erfindung stellt, doch eigentlich über meine Jahre gehen. Weiß der Teufel, ich hatte es nach dem Faustus doch *abgeschworen,* je noch einmal einen großen Roman zu schreiben, – und nun habe ich mir doch wieder dergleichen aufgehalst – bei meiner verfluchten Neigung, alles, auch etwas so Närrisches, ins »Faustische« ausarten zu lassen und eine Wanderung vom Himmel durch die Welt zur Hölle daraus zu machen. Es ist ein Elend!   (eBr.)

                                        Pacific Palisades, 31. 1. 1952
Thomas Mann an Hans H. Biermann-Ratjen

An der Naivetät und Selbstverständlichkeit, mit der das liebe Ding in ihrer Zeit und Welt und Gesellschaft lebt und leidet, kann man unmöglich Anstoß nehmen, aber allerdings an dieser Welt, diesen Eltern, dieser Geld- Diner- und Lustreise-Gesellschaft, an deren blinder Grausamkeit die Briefschreiberin keine Kritik zu üben vermag, während doch, objektiv, eine Menge Gesellschaftskritik in ihren Aufzeichnungen steckt.[121] Ist es nicht charakteristisch, daß es eine Frau aus dem Volke sein muß, und nicht etwa die Frau Mama,

---

119 Hauptfigur in Heinrich Manns gleichnamigem Roman.
120 Anspielung auf Lessings ›Laokoon‹-Untersuchung.
121 Vgl. Marga Berck, ›Sommer in Lesmona. Mädchenbriefe‹, mit einem Nachwort von Hans Harder Biermann-Ratjen, Hamburg: Wegner 1951.

die von ihren Leiden um den jungen Geliebten überhaupt etwas merkt und versteht? Hätte der arme Percy seine Erbschaft ein bißchen früher gemacht, so wäre Herr Konsul, trotz den 23 Jahren des Jungen, wohl gleich mit seinem Segen bereit gewesen. Es ist ganz gut, daß er, vom Gelde sprechend, einmal sagt: »Es kann auch mal anders kommen« – ganz gut, daß es nicht immer so weiter gegangen ist.   (eBr. / Br. III, 243)

Thomas Mann an Jonas Lesser   Pacific Palisades, 10. 2. 1952
Erstens dränge und dringe ich nach Kräften vorwärts in den Krull-Memoiren (von deren pan-erotischer Unmoralität die in der Rundschau veröffentlichten Bruchstücke[122] noch gar keine Vorstellung geben) [. . .].   (eBr.)

Thomas Mann an Theodor W. Adorno   Pacific Palisades, 12. 2. 1952
Ich dringe und dränge nach Kräften vorwärts in den ›Bekennnissen‹, von denen panerotischer Unmoralität die veroeffentlichten Bruchstücke noch garkeine Vorstellung geben [. . .].   (eBr.)

Thomas Mann an Richard Braungart   Pacific Palisades, 29. 2. 1952
das schöne große Buch[123] ist gekommen, und ich danke Ihnen sehr für das generöse Geschenk. War es auch recht, daß Sie sich meinetwegen davon trennten? Jedenfalls interessiert es mich sehr, schon wegen der Zeitstimmung – spätes 19tes Jahrhundert, das mir jetzt produktiv gerade nahe liegt.   (eBr.)

Thomas Mann an Emil Preetorius   Pacific Palisades, 11. 3. 1952
Der Roman gerät oder mißrät wieder einmal ins »Faustische«; etwas Halbstündiges für B. B. C. über ›Der Künstler und die Gesellschaft‹[124] (!) ist aufzusetzen, eine Essay-Sammlung[125], Material aus fünf Jahrzehnten, zu redigieren und zu bevorworten,

---

122 Vgl. Anm. 89.
123 Richard Braungart, ›August Benziger. His life and work‹, Munich: Bruckmann 1922.
124 ›The artist and society‹ wurde am 28. und 30. Mai 1952 im ›Third Program of BBC‹ gesendet. – Thomas Mann hielt denselben Vortrag in deutscher Sprache im September 1952 auf dem Kongreß der Unesco in Venedig.
125 ›Altes und Neues. Kleine Prosa aus fünf Jahrzehnten‹, Frankfurt a. M.: S. Fischer 1953.

und vor Lese-Zumutungen und Briefschulden weiß ich oft nicht mehr ein noch aus. (eBr. / Br. III, 246)

Thomas Mann an Karl Kerényi   Pacific Palisades, 20. 3. 1952
Aber da sind ja nun freilich die Krull-Memoiren, die zuende zu führen ich mir in den Kopf gesetzt habe, und die auch trotz der Lächerlichkeit ihres Gegenstandes eine Neigung haben, ins »Faustische« auszuarten. Ich muß froh sein, wenn ich *das* Meer noch austrinken kann. Zu allem kommt man eben nicht. Aber an Ideen würde es mir nicht fehlen, und wenn ich 120 würde. (eBr. / K 178 u. Br. III, 250)

Pacific Palisades, 22. 3. 1952
Thomas Mann an Anton W. Heinitz
[...] aber 77 werde ich eben, neige etwas zu Müdigkeit und möchte doch, wohl unvernünftiger Weise, noch einmal einen großen Roman, die Bekenntnisse des Felix Krull, zuende führen, woran mich zu hindern von außen alles Erdenkliche geschieht. (eBr.)

Thomas Mann an Jonas Lesser   Pacific Palisades, 22. 3. 1952
Aber wozu werde ich noch kommen? Da ist der Krull – ich muß froh sein, wenn ich *das* Meer noch austrinken kann.
[...]
Ich schicke Ihnen, da Sie neugierig sind, was ich für das Symposium des Columbia Broadcasting System[126] geschrieben habe. Es ist natürlich völlig fehl am Ort, aber die Manager stellen sich doch sehr erfreut. Das Gesagte hängt teilweise mit einem gewissen, jüngst geschriebenen Kapitel der Krull-Memoiren[127] zusammen – sonderbar zu sagen. (eBr.)

Thomas Mann an Agnes E. Meyer   Pacific Palisades, 22. 3. 1952
um den Kontakt ein wenig zu beleben, schicke ich Ihnen einmal, zu Ihrer gelegentlichen Unterhaltung, ein Kapitel[128] aus den neu geschriebenen Teilen der Krull-Memoiren. Charakteristisch für das Ganze ist es nur insofern, als es eine gewisse Neigung zur Ausdeh-

---

126 ›Lob der Vergänglichkeit‹, Rundfunksendung innerhalb der Reihe ›This I believe‹ (X, 383).
127 u. 128 Kuckuck-Kapitel (Drittes Buch, Kap. 5; VII, 522).

nung ins »Faustische« zeigt, die der groteske Stoff mit der Zeit angenommen hat.

Die Voraussetzungen sind: Als Commis de salle in einem großen Pariser Hotel hat Felix, oder Armand, wie er als Kellner heißt, die Bekanntschaft eines jungen Aristokraten, Louis Marquis de Venosta, gemacht, der, reicher Eltern Sohn, sich in Paris ein bißchen mit Malerei abgibt und ein Verhältnis hat mit einem attraktiven Persönchen namens Zaza, an der er sehr hängt. Er möchte sie heiraten, aber die Eltern bekommen Wind von der Sache, und um ihn von dem Mädchen loszumachen und ihn auf andere Gedanken zu bringen, schreiben sie ihm eine einjährige Weltreise vor, die ihn kurieren soll. Er muß sich fügen, ist aber verzweifelt, weil er es muß und möchte sich durchaus nicht von Zaza trennen. Über das Dilemma kommt er mit dem eigenartig begabten und offenbar zum »Höheren« geschaffenen Kellner, der ihn und seine Geliebte so oft bedient hat, ins Gespräch, und Krull suggeriert ihm die Idee, ihn statt seiner, unter seinem Namen, als Marquis de Venosta, die Reise machen zu lassen, während er selbst bei seiner Zaza bleiben kann und sich mit ihr irgendwo in der Nähe von Paris versteckt hält. Alles Technische wird genau verabredet. Es ist etwas wie ein Ausleihen der Persönlichkeit. Louis hat volles Vertrauen, daß sein Vertrauter ihn ausgezeichnet vertreten wird, und Felix ist nun also Marquis und tritt in seiner neuen Rolle die Reise an: zunächst nach Lissabon, von wo es nach Buenos Aires und vielen anderen Orten weiter gehen soll. Seine Abenteuer, wie Sie sehen werden, beginnen schon im Zuge nach Lissabon, – bedeutungsvoll für sein eigentümlich expansives Gefühlsleben.

[...]

28. April Hier ist der Brief vom vorigen Monat und das Roman-Kapitel zu Ihrer gelegentlichen Unterhaltung.   (eBr.)

Pacific Palisades, 28. 3. 1952

Thomas Mann an Henry Walter Brann
Ich bin fleißig, suche die Krull-Memoiren vorwärts zu bringen
[...].   (eBr.)

Thomas Mann an Max Brod   Pacific Palisades, 30. 3. 1952
Ich bin fleißig, suche die Fortsetzung der Krull-Memoiren vor-

wärtszubringen, habe nebenbei allerlei für englische und hiesige broadcasts [129] zu schreiben und redigiere und bevorworte einen deutschen Essayband [130] [...]. (mBr.)

Pacific Palisades, 8. 4. 1952

Thomas Mann an Helen Lowe-Porter

Wir haben uns entschlossen, jedenfalls auch dieses Jahr nach Europa zu gehen, sollte es auch eben nur eine Reise sein wie in anderen Jahren. Da werden mir die Sorgen leichter sein um meinen eigenen Roman, der mir in mehr als einer Beziehung *Zweifel* macht. (eBr.)

Thomas Mann an Albrecht Goes   Pacific Palisades, 9. 4. 1952

wie sonderbar, daß plötzlich der Kŕull in seinem alt-neuen Tonfall zu Ihnen gesprochen hat! Erst wußte ich garnicht, wie es geschehen konnte, aber dann fiel mir ein, daß ich vorigen Sommer in Gastein für eine Salzburger Sendestation einige Seiten ins Mikrophon gesprochen habe. [131] Gut, aber damals war doch keine erheiterte Zuhörerschaft dabei? Hat doch vielleicht jemand anders aus der ›Neuen Rundschau‹ [132] vorgelesen? Aber gleichviel, ich lobe das Vorkommnis, weil es mir einen sehr lieben, freundschaftlichen Brief von Ihnen eingetragen hat.

Gewiß, einige recht muntere und sogar merkwürdige Fortschritte haben die Memoiren seither gemacht. Aber ich gestehe Ihnen: meine Zweifel wachsen. Pan-Erotik und Juwelen-Diebstahl – ist das eigentlich ›de mon âge‹? Und dem Ernst der Weltlage entspricht es auch nicht so recht. Sollte man wirklich die Kräfte seiner hohen Jahre an solche Scherze wenden? Und es sind so schwer zu ermöglichende, so viel Zeit beanspruchende Scherze! Ich mache mir Vorwürfe, daß ich mir das Wort nicht gehalten habe, das ich mir nach dem »Faustus« gab: keinen großen Roman mehr zu schreiben. Nun habe ich mir doch wieder so etwas aufgehalst und frage mich jeden Tag, ob ich's nicht besser abwerfe und es bei einem er-

---

129 ›Der Künstler und die Gesellschaft‹ (›The artist and society‹) – ›Lob der Vergänglichkeit‹ (vgl. Anm. 124 u. 126).
130 Vgl. Anm. 125.
131 Thomas Manns Lesung wurde vom Österreichischen Rundfunk (Studio Salzburg) in zwei Sendungen am 8. und 15. 12. 1951 ausgestrahlt.
132 Vgl. Anm. 89.

weiterten Fragment dieses »picaresken« Versuchs sein Bewenden haben lasse. Von Weitem denke ich daran, Ihnen einmal alles neu Geschriebene davon zu schicken und um Ihre Meinung zu bitten. (eBr.)

Thomas Mann an Jonas Lesser Pacific Palisades, 10. 4. 1952

Das ›Lob der Vergänglichkeit‹ hängt mit einem Krull-Kapitel [133] zusammen, worin der Held, der anstelle und in der Rolle eines jungen Aristokraten, der es vorzieht, in Paris bei seiner Geliebten zu bleiben, eine Weltreise macht, im Zuge nach Lissabon einen wunderlichen Gelehrten trifft, einen Paläontologen und Paläozoologen, der ihm über Leben und Weltall vieles, sein expansives Gemüt eigentümlich Aufregende erzählt. Vielleicht gebe ich Ihnen das Kapitel einmal zu lesen. Es ist recht merkwürdig, aber eine Gefahr für den Roman; denn der Held wird mir unter den Händen nachgerade zu gut für seine spätere Laufbahn. Pan-Erotik und Juwelendiebstahl – es läßt sich am Ende verbinden. Aber der Zweifel wächst, ob diese Dinge eigentlich »de mon âge« sind, und ob man recht tut, die Kräfte seiner hohen Jahre an solche Scherze zu wenden. Denn es sind schwierige und langwierige Scherze. Manchmal denke ich, ich werde abbrechen und es bei einem erweiterten Fragment sein Bewenden haben lassen. Aber vorläufig geht es noch weiter. (eBr.)

Thomas Mann an Agnes E. Meyer Pacific Palisades, 13. 4. 1952

Mit der Vollendung der Krull-Memoiren habe ich mir etwas aufgehalst, was in keiner Beziehung, weder dem Gegenstande noch den Dimensionen und Ansprüchen nach, recht »de mon âge« ist, und manchmal frage ich mich, ob ich nicht besser täte, abzubrechen und es bei einem erweiterten Fragment sein Bewenden haben zu lassen. Aber vorläufig geht es noch weiter. Ich hatte einmal schon ein recht merkwürdiges Kapitel [134] für Sie verpackt, damit Sie es läsen. Der Begleitbrief dazu war geschrieben. Aber dann fand ich noch etwas an dem Abschnitt zu verbessern, und die Sendung blieb vorläufig hier. Sie folgt nächstens. (eBr.)

133 Kuckuck-Kapitel (Drittes Buch, Kap. 5; VII, 522).
134 Vgl. Brief an Agnes E. Meyer vom 22. 3. 1952 (S. 108–109).

Thomas Mann an Hans Reisiger   Pacific Palisades, 18. 4. 1952
Ich – und die letzte Hand an den ›Krull‹ gelegt?! Ach, Sie wissen
doch, was für eine mer à boire so ein großer Roman ist. Nie und
nimmer hätte ich mir so etwas noch einmal aufhalsen sollen. Das
Buch macht mir große Sorgen – in mehr als einer Beziehung. Einiges recht Merkwürdige ist hinzugekommen seit ich es wieder aufnahm, aber die knappe, frische Komik der Teile von vor 40 Jahren
hat das Neue nicht mehr, und eine nur zu wohl vertraute Neigung
zur Ausartung ins »Faustische« macht sich bemerkbar. So wird
einerseits der Held mir nachgerade zu »gut« für die ihm zugedachte
Laufbahn, und andererseits: – Pan-Erotik und Juwelendiebstahl, ist
das eigentlich so recht de mon âge? Sollte man die Kräfte seiner
späten Jahre an solche Scherze wenden? Und sie sind schwierig und
unabsehbar zeitraubend, diese Scherze! Manchmal bin ich nahe
daran, zu glauben, daß ich besser tue, abzubrechen und es bei einem
erweiterten Fragment sein Bewenden haben zu lassen. Aber vorläufig mache ich noch weiter. –   (eBr. / R 29)

Thomas Mann an Theodor W. Adorno   Pacific Palisades, 19. 4. 1952
Sie haben herausgespürt, was in meine Zeilen gelegt zu haben mir
garnicht bewußt war. Wirklich ist mein Leben in eine Art von Krise
geraten, und vornehmlich ist es eine Arbeitskrise. Diese Krull-Memoiren machen mir ein Maß von Sorge, das mit dem ihrer Würde
nicht übereinstimmt. So ein Stil-Roman ist eine mer à boire, und ich
hätte mir dergleichen nicht noch einmal aufhalsen sollen. In keiner
Beziehung, weder dem Gegenstande noch den Ansprüchen nach, die
er stellt, ist die Aufgabe recht de mon âge. Pan-Erotik und Juwelendiebstahl – sollte man an solche Scherze die Kräfte seiner hohen
Jahre wenden? Und es sind schwierige und langwierige Scherze! Es
sind, seit ich – ohne Verbindlichkeit übrigens – das Ding wieder
aufnahm, allerlei recht merkwürdige Stücke hinzugekommen
[. . .].   (eBr.)

Thomas Mann an Ferdinand Lion   Pacific Palisades, 28. 4. 1952
Nie hätte ich mir so etwas wie die Felix-Krull-Memoiren noch einmal aufhalsen sollen; in keiner Beziehung, weder dem Gegenstande
nach, noch den Ansprüchen nach, die er stellt, ist die Aufgabe de
mon âge. Pan-Erotik und Juwelendiebstahl, sind das Scherze, an die
man die hohen Jahre seines Lebens wenden soll? Und sie sind

schwierig und langwierig, diese Scherze! Einige der neu hinzuge-
kommenen sind recht merkwürdig; aber ich denke doch oft daran,
abzubrechen, es bei einem erweiterten Fragment sein Bewenden haben zu lassen und mir die Hände frei zu machen für Neues, das mich
noch etwas erfrischen könnte, wie etwa die Erasmus-Novelle, zu der
Sie mich ermutigen. Andererseits bin ich garnicht gewohnt, es »sein
Bewenden haben zu lassen«. Nicht umsonst habe ich meinem Gri-
gorß die »festhaltende Hand«[135] zugeschrieben und bin eigentlich,
in meinen Grenzen, ein Vollbringer. Nur war ich im Grunde wohl
nach dem »Faustus« fertig. Schon der ›Erwählte‹ war ein scherzhaf-
tes Nachspiel, und was ich jetzt treibe, ist nur noch Zeitvertreib.

(eBr. / Br. III, 251)

Thomas Mann an Agnes E. Meyer   Pacific Palisades, 16. 5. 1952
Sie haben mir meine Manuskript-Sendung[136] schon mit sehr lieben
Worten entgolten. Bitte, sinnen Sie nicht auf Weiteres! Ich habe
Ihnen die Blätter zu Ihrer Unterhaltung geschickt, nicht um Ihnen
Mühe zu machen.   (eBr.)

Thomas Mann an Jonas Lesser   Pacific Palisades, 25. 5. 1952
Ich will das Roman-Unternehmen, das freilich von einer gewissen
Ausartung ins »Faustische« bedroht ist, gewiß nicht fallen lassen,
sondern halte noch immer fest daran, wenn ich mich auch im
Augenblick darin zugunsten einer Novelle[137], die nichts damit zu
tun hat, unterbrochen habe. Ich möchte wieder einmal mit etwas
fertig werden. Das betreffende Kapitel[138], das übrigens keinen eigenen Titel trägt, lasse ich Ihnen zugehen zu Ihrer Unterhaltung und
aus Interesse auch an Ihrer Meinungsäußerung.   (mBr.)

Thomas Mann an Hans Tressel   Pacific Palisades, 31. 5. 1952
Zum Krull-Fragment ist viel hinzugekommen. Aber daß es je ganz
fertig werden wird, kann ich nicht versprechen.   (eBr.)

---

135 Vgl. ›Der Erwählte‹, Kap. ›Der sehr große Papst‹ (VII, 238, 240).
136 Kuckuck-Kapitel (Drittes Buch, Kap. 5; VII, 522).
137 ›Die Betrogene‹.
138 Vgl. Anm. 136.

Thomas Mann in ›Lob der Vergänglichkeit‹ Juli 1952

Sie werden überrascht sein, mich auf Ihre Frage, woran ich glaube, oder was ich am höchsten stelle, antworten zu hören: Es ist die *Vergänglichkeit*.

Aber Vergänglichkeit ist etwas sehr Trauriges, werden Sie sagen. – Nein, erwidere ich, sie ist die Seele des Seins, ist das, was allem Leben Wert, Würde und Interesse verleiht, denn sie schafft *Zeit*, – und Zeit ist, wenigstens potentiell, die höchste, nutzbarste Gabe, in ihrem Wesen verwandt, ja identisch mit allem Schöpferischen und Tätigen, aller Regsamkeit, allem Wollen und Streben, aller Vervollkommnung, allem Fortschritt zum Höheren und Besseren. Wo nicht Vergänglichkeit ist, nicht Anfang und Ende, Geburt und Tod, da ist keine Zeit, – und Zeitlosigkeit ist das stehende Nichts, so gut und so schlecht wie dieses, das absolut Uninteressante.

Die Biologen schätzen das Alter des organischen Lebens auf Erden ungefähr auf fünfhundertfünfzig Millionen Jahre. In dieser Zeit entwickelte es in unzähligen Mutationen seine Formen bis hinauf zum Menschen, seinem jüngsten und gewecktesten Kinde. Ob dem Leben noch eine ebenso lange Zeit gewährt sein wird, wie seit seiner Entstehung vergangen ist, weiß niemand. Es ist sehr zäh, aber es ist an bestimmte Bedingungen gebunden, und wie es einen Anfang hatte, so wird es enden. Die Bewohnbarkeit eines Himmelskörpers ist eine *Episode* in seinem kosmischen Sein. Und würde das Leben noch einmal fünfhundertfünfzig Millionen Jahre alt – am Maßstabe der Äonen gemessen ist es ein flüchtiges Zwischenspiel. Wird es dadurch entwertet? Im Gegenteil, meine ich, gewinnt es dadurch ungeheuer an Wert und Seele und Reiz; *gewinnend* gerade und Sympathie erweckend wird es als Episode – und obendrein durch die *indefinibel* geheimnisvolle Bewandtnis, die es mit ihm hat. Nach seiner Stofflichkeit unterscheidet es sich durch nichts von allem übrigen materiellen Sein. Als es sich dem Anorganischen entband, mußte *etwas hinzukommen*, was noch kein Laboratorium recht zu fassen und auszumachen vermocht hat. Und nicht bei diesem Hinzukommen blieb es. Aus dem Bereich des Tierischen trat der Mensch hervor, – durch Abstammung, wie man sagt; in Wahrheit wiederum durch ein Hinzukommendes, das man mit Worten wie ›Vernunft‹ und ›Kulturfähigkeit‹ nur mangelhaft bestimmt. Die Erhebung des Menschen aus dem Tierischen, von dem ihm viel geblieben ist, hat den Rang und die Bedeutung einer *Urzeugung*, – es war die dritte nach der Hervorrufung des kosmischen Seins aus dem Nichts und nach der Erweckung des Lebens aus dem anorganischen Sein.

Zu den wesentlichsten Eigenschaften, welche den Menschen von der übrigen Natur unterscheiden, gehört das Wissen von der Vergänglichkeit, von Anfang und Ende und also von der Gabe der Zeit, – diesem so subjektiven, so eigentümlich variablen, nach seiner Nutzbarkeit so ganz dem Sittlichen unterworfenen Element, daß sehr wenig davon sehr viel sein kann. Es gibt ferne Himmelskörper, deren Materie von so unglaublicher Dichtigkeit ist, daß ein Kubikzoll davon bei uns zwanzig Zentner wiegen würde. So ist es mit der Zeit schöpferischer Menschen; sie ist von anderer Struktur, anderer Dichtigkeit, anderer Ergiebigkeit als die locker gewobene und leicht verrinnende der Mehrzahl, und verwundert darüber, welches Maß an Leistung in der Zeit unterzubringen ist, fragt wohl der Mann der Mehrzahl: »Wann machst du das alles nur?«

Die Beseeltheit des Seins von Vergänglichkeit gelangt im Menschen zu ihrer Vollendung. Nicht, daß er allein Seele hätte. Alles hat Seele. Aber die seine ist die wachste in ihrem Wissen um die Auswechselbarkeit der Begriffe ›Sein‹ und ›Vergänglichkeit‹ und um die große Gabe der Zeit. Ihm ist gegeben, die Zeit zu heiligen, einen Acker, zu treulichster Bestellung auffordernd, in ihr zu sehen, sie als Raum der Tätigkeit, des rastlosen Strebens, der Selbstvervollkommnung, des Fortschreitens zu seinen höchsten Möglichkeiten zu begreifen und mit ihrer Hilfe dem Vergänglichen das Unvergängliche abzuringen.

Die Astronomie, eine große Wissenschaft, hat uns gelehrt, die Erde als ein im Riesengetümmel des Kosmos höchst unbedeutendes, selbst noch in ihrer eigenen Milchstraße ganz peripher sich umtreibendes Winkelsternchen zu betrachten. Das ist wissenschaftlich unzweifelhaft richtig, und doch bezweifle ich, daß sich in dieser Richtigkeit die Wahrheit erschöpft. In tiefster Seele glaube ich – und halte diesen Glauben für jede Menschenseele natürlich –, daß der Erde im Allsein eine zentrale Bedeutung zukommt. In tiefster Seele hege ich die Vermutung, daß es bei jenem »Es werde«, das aus dem Nichts den Kosmos hervorrief, und bei der Zeugung des Lebens aus dem anorganischen Sein auf den Menschen abgesehen war und daß mit ihm ein großer Versuch angestellt ist, dessen Mißlingen durch Menschenschuld dem Mißlingen der Schöpfung selbst, ihrer Widerlegung gleichkäme.

Möge es so sein oder nicht so sein – es wäre gut, wenn der Mensch sich benähme, als wäre es so. (X, 383)

Thomas Mann an Kurt Kersten   St. Wolfgang, 12. 8. 1952
Im Uebrigen beschäftigt mich die Fortsetzung des ›Felix Krull‹ (es ist zu dem alten Fragment viel neues Manuskript hinzugekommen) [...]. (eBr.)

Thomas Mann an Alexander Moritz Frey   Gastein, 31. 8. 1952
Die Vorlesung am 17. September wird nur ein Krull-Kapitel in kleinem Saal für die Büchergilde Gutenberg sein. [139] (eBr.)

Thomas Mann an unbekannte Dame   Bad Gastein, 31. 8. 1952
Krulls Memoiren werden fortgesetzt [...]. Ob das Buch je fertig wird, weiss ich nicht. (eBr. / Stargardt, Kat. 537, S. 43)

Thomas Mann an Otto Basler   Gastein, 7. 9. 1952
Gestern hatte ich plötzlich einen Brief aus Menton von Dostojewskijs Schwiegertochter, Mme Catherine de Dostojewskij. Sie schreibt ein Buch [140] über ihre Schwiger*mutter*, Anna Grigorjewna, die eine kluge, reizende Frau gewesen sein soll. Wunderlich war diese Anrede mir doch, besonders da ich gerade »wieder einmal zum erstenmal«, den ›Jüngling‹ (›Ein Werdender‹) wieder lese.

(Abschr.)

Thomas Mann an Hans Reisiger   Zürich, 21. 9. 1952
[...] es zu feierlicher Gelegenheit, als Festredner zu tun, ist sehr schwer und quält mich umsomehr, als ich viel lieber meine Novelle zu Ende schriebe und zu Krulls Memoiren zurückkehrte. [141]

(eBr. / R 30 u. Br. III, 268)

---

139 Lesung aus ›Felix Krull‹ im kleinen Tonhallesaal in Zürich, veranstaltet von der Büchergilde Gutenberg.
140 Vermutlich nicht erschienen.
141 Anspielung auf den Festvortrag zu Gerhart Hauptmanns 90. Geburtstag, den Thomas Mann am 9. 11. 1950 im Frankfurter Schauspielhaus zu halten hatte (›Gerhart Hauptmann‹; IX, 804).

Thomas Mann an Werner Weber   Zürich, 26. 10. 1952
München[142] nun gar war eine wahre »festivitas«. Unglaublich, wie
das Publikum der Kammerspiele auf das Krull-Kapitel einging.
Noch das Türchen des eisernen Vorhangs mußte mir geöffnet werden, und auf der Straße setzte sich das fort mit »Wiederkommen!«
und »Dableiben!« Nun, dies doch lieber nicht.   (eBr. / Br. III, 274)

Thomas Mann an Armin Eichholz   Zürich, 29. 10. 1952
Aber hören Sie: Der »Marquis« trinkt doch kein Vichy-Wasser,
sondern Kuckuck tut das, und der »Marquis« trinkt erst Ale und
dann zuviel Kaffee.   (Abschr.)

Thomas Mann an William Matheson   Zürich, 5. 11. 1952
Heute schicke ich nun das Roman-Kapitel[143], von dem ich den größeren Teil in Zürich und München vorgelesen habe. Für die mündliche Mitteilung habe ich einige Kürzungen vorgenommen, die sich
mir zum Teil auch für den Druck zu empfehlen scheinen. Sie sind
mit eckigen Klammern [ ] markiert.
Gelesen habe ich das Kapitel erst von Blatt 198 (unten) an: von »Zwei
Wochen und wenige Tage noch . . .« Es fragt sich nun, ob Ihre Raum-
verhältnisse und -Bedürfnisse Sie bestimmen, sich auch mit diesen
Abschnitten zu begnügen oder ob Sie es vorziehen, das ganze Kapitel
(es ist das Fünfte des III. Buches der ›Bekenntnisse des Hochstaplers
Felix Krull‹), also auch die ersten, einleitenden 6 Seiten, zu bringen.
Das überlasse ich Ihnen zur Entscheidung.
Für den Druck wird eine kurz informierende Einleitung über Charakter und Geschichte des Buches und das Vorleben des »Helden«
nötig sein. Diese schicke ich Ihnen, sobald ich weiß, ob Sie sich für
den Teil oder das Ganze entschlossen haben.   (eBr.)

Thomas Mann an Alfred A. Knopf   Erlenbach, 2. 1. 1953
I did quite some travelling during these last months and lectured in
Swiss, German and Austrian cities, in Munich, Frankfurt and
Vienna, partly also reading newly written chapters from the Felix

---

142 Lesung aus ›Felix Krull‹ in den Münchner Kammerspielen, 19. 10. 1952.
143 ›Die Begegnung‹, Olten 1953 (= 58. Publikation auf Veranlassung von
     William Matheson für die Vereinigung Oltner Bücherfreunde). – Kuckuck-
     Kapitel (Drittes Buch, Kap. 5).

Krull memoirs.[144] The interest of the audiences was everywhere remarkable, the hall being overcrowded, and it was obvious that many people are really pleased to see me, at least temporarily, back in Europe. (Abschr.)

Thomas Mann an Albrecht Goes   Erlenbach, 31. 3. 1953
Krull hat, seit ich diese Geschichte[145] zu schreiben begann, keine Fortschritte mehr gemacht. (eBr.)

Thomas Mann an Max Rychner   Erlenbach, 11. 4. 1953
Vom »Geist der Erzählung«[146] habe ich doch mehr los und bin froh, daß ich wieder erzähle. Jene Frauengeschichte[147] ist fertig, und nun sitze ich wahrhaftig wieder über dem alten Material zum ›Krull‹, lese nach, was ich zuletzt geschrieben und suche den spezifischen »Sangeston« wiederzufinden. (eBr. / Ry 22 u. Br. III, 292)

Thomas Mann an Wolfgang Schneditz   Erlenbach, 14. 4. 1953
Es hat mir Freude gemacht, zu hören, daß Ihnen das in der ›Rundschau‹ erschienene Krull-Kapitel[148] gefallen hat. Es war ja nicht viel damit, aber ich hatte nicht[s] anderes, einigermaßen Geschlossenes anzubieten. Unterdessen habe ich die Frauennovelle[149], nach der Sie sich freundlich erkundigen, abgeschlossen [. . .]. Die Unterbrechung im Roman war wieder lang, jetzt sitze ich aber wahrhaftig wieder über dem alten Material zum ›Krull‹ und suche weiter zu kommen. (mBr.)

Thomas Mann an Hilde Kahn   Erlenbach, 15. 4. 1953
Ich frage mich vergebens, jetzt, wo ich nach Einlage einer längeren Erzählung[150] an dem Roman wieder arbeite, – und bin recht beunruhigt von der Frage – *wo* sich die Handschrift der neu geschriebenen

---

144 Vortragsreise mit ›Lob der Vergänglichkeit‹ und ›Felix Krull‹. Lesungen aus dem Roman am 17. 9. 52 in Zürich, 19. 10. 52 in den Münchner Kammerspielen, 10. 11. 52 an der Frankfurter Universität.
145 ›Die Betrogene‹.
146 Vgl. ›Sechzehn Jahre‹ (XI, 680) und ›Der Erwählte‹ (VII, 10).
147 ›Die Betrogene‹, Frankfurt a. M.: S. Fischer 1953.
148 ›Neues aus den Bekenntnissen Felix Krulls‹ (›Verabredung‹), Die neue Rundschau, Frankfurt a. M., Jg. 63, H. 4, 1952, S. 473–492.
149 u. 150 ›Die Betrogene‹.

Teile des ›Krull‹ und die von Ihnen hergestellten Abschriften befinden mögen. Von diesen habe ich nur einen einzigen Durchschlag zur Hand und ein unabgeschriebenes Kapitel, das zuletzt in Amerika verfaßte: das VII. vom Dritten Buch. Gewiß ist mir, daß Sie noch ein Kapitel in Handschrift und die Abschrift davon in Verwahrung haben müssen, von der Sie mir, wie verabredet, nur einen Durchschlag im Sommer auf die Reise nachschickten. Aber garnicht denken kann ich mir und komme absolut nicht darauf, wo das Gesamtmanuskript mit Ihren Abschriften zu finden sein mag! Habe ich es bei der Abreise in der rechtsoberen Schreibtischschublade zurückgelassen und kann Bibi[151] sich erinnern, es verpackt und nachgesandt zu haben? Fragen Sie ihn doch gleich einmal! Oder vielleicht wissen Sie selber Rat.

Das *Material* zu dem ganzen Plan: Notizen, Zeitungsausschnitte, Bilder etc. habe ich auf der Reise immer in meiner Aktenmappe mit mir geführt und habe es zur Hand. Aber wo, kann ich nur wieder fragen, mag das Manuskript und mögen die Abschriften – außer der einen, die ich besitze, hingeraten sein? Im vollgepackten Schreibtisch befanden diese Konvolute bei der Ankunft hier sich jedenfalls nicht. Hat Bibi sie irgendwo anders verstaut? Hoffentlich können Sie oder er mir Auskunft geben, denn ich bin ganz ratlos in dieser Frage. Auf die Reise mitgenommen habe ich das Manuskript ja gewiß nicht!

Das Wenige, das Sie noch zurückbehalten haben, schicken Sie mir, bitte, gleich, eingeschrieben. (eBr.)

Thomas Mann an Hans Rochocz   Erlenbach, 3. 5. 1953
Wie können Sie glauben, daß es mich verdrießt, wenn meine Hervorbringungen kritisch an Schöpfungen der deutschen Romantik herangeführt werden![152] Es liegt ja auf der Hand, wie sehr ich dieser Sphäre verpflichtet bin, wenn auch der Versuch über Kleists Amphitryon[153] wohl die einzige äußere Huldigung geblieben ist, die ich ihr dargebracht habe. – Übrigens wird das Doppelgänger-Motiv im ›Krull‹ nur eben gestreift. (eBr.)

151 Michael Mann.
152 Vgl. Hans Rochocz, ›Thomas Manns ‹Dr. Faustus› aus dem Geiste des Humors‹, Deutsche Beiträge, München, Jg. 3, H. 3, 1949, S. 215–220.
153 ›Kleists ‹Amphitryon›. Eine Wiedereroberung‹, 1927 (IX, 187).

Thomas Mann an Henry Walter Brann   Erlenbach, 12. 5. 1953
Was reden Sie von der Vollendung des ›Krull‹! Das ist ja une mer à
boire [154] und eine Perspektive von Jahren – ich mache mich nicht im
Geringsten anheischig, je damit fertig zu werden.   (eBr.)

Thomas Mann an Louis Leibrich   Erlenbach, 16. 5. 1953
Ich kehre zum ›Krull‹ zurück, muß aber sehr bald wieder reisen:
Nach England (Cambridge) und Hamburg. [155]   (eBr.)

Thomas Mann an Lion Feuchtwanger   Erlenbach, 31. 5. 1953
Der ›Krull‹ hat in letzter Zeit keine Fortschritte gemacht.   (eBr.)

Thomas Mann an Klaus Mampell   Erlenbach, 28. 6. 1953
Ihr guter Rat, mit meiner Arbeit nie fertig zu werden, wird mir
wahrscheinlich nur zu gut anschlagen, denn daß die Krull-Memoiren
je noch fertig werden, bezweifle ich sehr, – würde mir übrigens auch
garnicht viel daraus machen, wenn sie als Fragment zurückblieben.
In meinen Jahren sollte man auf einem so weitläufigen Vornehmen
nicht eigensinnig beharren oder jedenfalls es seelenruhig darauf ankommen lassen, ob es noch fertig wird oder nicht.   (eBr.)

Thomas Mann an Alexander Moritz Frey   Erlenbach, 10. 7. 1953
Aber ich experimentiere langsam an den Krull-Memoiren weiter, da
man es von mir verlangt.   (eBr.)

Thomas Mann an Pierre Cotet   Erlenbach, 16. 7. 1953
Gerade lese ich wieder Balzac. Wie war ich bewegt von der Schilderung des Kreises von Edel-Bohême im Quartier latin, zu dem der
junge Rubempré sich vorübergehend gesellt! (›Illusions perdues‹)
                                                                    (eBr.)

Thomas Mann an Otto Basler   Erlenbach, 2. 8. 1953
Ich lese abwechselnd Dostojewski und Balzac. Was für eine wilde
Größe! Man senkt das Haupt – bei den ›Karamasoffs‹ wie bei ›Glanz
und Elend der Kurtisanen‹. Es ist da bei aller Verschiedenheit eine

---

154 Vgl. Anm. 84.
155 In Hamburg zwei Lesungen aus ›Felix Krull‹; am 8. 6. an der Universität
     und am 9. 6. in der Musikhalle auf Einladung der Hamburger Goethe-
     Gesellschaft.

Verwandtschaft, die diese beiden Ungeheuerlichen absondert von allen Uebrigen. (eBr. / Br. III, 300)

Thomas Mann an Erika Mann Erlenbach, 15. 8. 1953
Der Cirkus[156] gestern war ein großer Genuß. Toni sank mir vor Lachen wiederholt auf den Schoß. Frido sah mehr mit Interesse zu, wie ich so sehr lachen mußte.[157] Die Leistungen waren zum Teil unerhört. Diese Schweizer haben jetzt Artisten von Barnum, vom Olympia-Cirkus in London und von überall her das Beste, ich weiß nicht wieso. Und dann die reizenden Pferde, die liebevoll erzogenen Raubtiere, die gutmütigen Elefanten. Es ist doch noch schöner als meine Beschreibung im Krull, von der neulich die Närr[158] bei einer Abschiedsvorlesung ganz begeistert war. (Br. III, 303)

Thomas Mann an Henry Walter Brann Erlenbach, 25. 8. 1953
[...] ich lebe wie immer, mit den Krull-Memoiren langsam vorwärtsrückend. (eBr.)

Thomas Mann an Ida Herz Erlenbach, 6. 9. 1953
Das Sicherste ist freilich immer, sich ans große Alte zu halten, wie ich denn zur Zeit, in der handlichen kleinen Rowohlt'schen Ausgabe[159], die der Verlag mir schenkte, einen Band Balzac nach dem anderen lese, um nicht zu sagen: verschlinge. Denn zum Verschlingen ist das ja eigentlich alles gemacht: spannend, sensationell, mächtig fabuliert, oft unerträglich romantisch, obgleich es sich fast immer um Geld handelt, sentimental, sogar frömmlerisch, aber mit enormem Sinn für das Gesellschaftliche, zugleich mit abenteuerlicher Sympathie für verbrecherische Revolte *gegen* die Gesellschaft und im Ganzen von einer wilden Größe, die mir immer geradezu das französische Format zu sprengen scheint. Auch paßt mir der Stil jetzt ganz gut in den eigenen Kram, den ›Krull‹, mit dem ich allerdings wegen öfterer Müdigkeit nur langsam vorwärts komme. Augenblicklich hat er gerade eine Audienz beim König von Portugal und zerstreut Seine Majestät Dom Carlos so angenehm, daß er den

---

156 Vgl. Drittes Buch, Kap. 1 (VII, 455).
157 Antonio und Frido Mann, Thomas Manns Enkel.
158 Familiärer Spitzname für Klaus Pringsheim.
159 Honoré de Balzac, ›Gesammelte Werke‹, Hamburg: Rowohlt 1952 ff.

portugiesischen Orden vom Roten Löwen zweiter Klasse, um den Hals zu tragen, bekommt, – den es natürlich nie gegeben hat.[160]

(eBr. / Br. III, 304)

Thomas Mann an Hans Reisiger   Erlenbach, 8. 9. 1953
Was dann kommt, sind Nachspiele, lassen wir's gut sein, – so gut, wie es gewohnheitsmäßig immer noch sein kann, wie im Fall der ›Betrogenen‹, die ich nicht sehr hochhalte, etwas mißmutig und durch Früheres verwöhnt wie ich bin, – oder im Fall der Fortsetzung des ›Krull‹, mit der es unter hundert Störungen und Müdigkeiten, einem Eigentlich-nicht-mehr-recht-Mögen, nur schleppend vorwärts geht. Trotzdem kommt immer einmal wieder Amüsantes zustande.

(mBr. / R 33 u. Br. III, 305)

Thomas Mann in ›Humor und Ironie‹   15. 9. 1953
Da ist in einem der neueren Kapitel der Memoiren des Hochstaplers Felix Krull eine Szene, wo ein Professor der Naturwissenschaften den jungen Pseudo-Marquis darüber belehrt, daß der schöne, vollschlanke Frauenarm, von dem man, wenn man Glück hat, gelegentlich umschlungen wird, nichts anderes ist als der Krallenflügel des Urvogels und die Brustflosse des Fisches, worauf der sogenannte Marquis antwortet[161]: »Ja, Herr Professor, ich danke, ich werde in Zukunft daran denken.« Sehen Sie, bei dieser Stelle ist immer im Auditorium herzlich gelacht worden, es war eine der Stellen, deren Wirkung mir die Genugtuung bereitete, die ein Humorist empfindet, wenn sein Publikum in Heiterkeit versetzt wird.   (XI, 803)

Thomas Mann an Eberhard Hilscher   Erlenbach, 8. 10. 1953
Ich weiß vom Joseph und wie er zustande kam fast nichts mehr. Seither habe ich den ›Faustus‹, den ›Erwählten‹ und ›Die Betrogene‹ geschrieben. Jetzt schreibe ich täglich 20 Zeilen an den Memoiren Felix Krulls, der gerade als Marquis de Venosta in Lissabon ein Liebesverhältnis mit Mutter und Tochter zugleich hat. Demnächst wird er auf einer argentinischen Estancia ein solches mit Bruder und Schwester zugleich haben. Was wollen Sie von einem solchen Va-

---

160 Vgl. Drittes Buch, Kap. 9 (VII, 601).
161 Drittes Buch, Kap. 5 (VII, 541).

ganten! Womit ich nicht Krull, sondern mich meine, der unbrauchbar ist als Literaturhistoriker seiner selbst. (eBr./Hi 198)

Thomas Mann an Hans Reisiger Erlenbach, 18. 10. 1953
Unterdessen schreibe ich weiter an den Krull-Memoiren und bin leidlich amüsiert. Gerade hat Felix als Marquis de Venosta in Lissabon eine Audienz beim König von Portugal gehabt und den Orden vom Roten Löwen zweiter Klasse bekommen[162] – zum Lohn für höchst aristokratisch-konservative Reden, für die unser Golo beim Vorlesen außerordentlich empfänglich war. (eBr./R 35)

Thomas Mann an Richard Braungart Erlenbach, 28. 10. 1953
Krull ist gerührt von Ihrer Erkundigung und erwidert Ihre Grüße. Ich kann nur sagen, daß es langsam und ziemlich unabsehbar so weiter mit ihm geht. Er befindet sich augenblicklich als Marquis de Venosta in Lissabon und hat gerade eine Audienz beim König von Portugal gehabt, die ihm den Orden vom Roten Löwen zweiter Klasse eingetragen hat.[163] (eBr.)

Thomas Mann an Albrecht Goes Erlenbach, 4. 11. 1953
[...] belastet mit diesem Ungetüm von Krull-Memoiren, das fortwährend die schwierigsten Probleme aufwirft, überfordert auch sonst auf mancherlei Weise [...]. (eBr.)

Thomas Mann an Hans Reisiger [?] Erlenbach, 7. 12. 1953
Neulich hat sie [Erika] ein neues Krull-Kapitel mit angehört, ein Gespräch über die Liebe, das sehr originell ist, und das ich Ihnen auch gegönnt hätte. (eBr.)

Thomas Mann an Louis Leibrich Erlenbach, 16. 12. 1953
Ich arbeite wie ein Pferd an den Krull-Memoiren, von denen ich im Frühjahr einen Band herausgeben will. Schließlich habe ich es mit dem ›Joseph‹ auch nicht anders gemacht. (eBr.)

Thomas Mann an Wolfgang Schneditz Erlenbach, 17. 12. 1953
Ich arbeite wie ein Pferd an den Krull-Memoiren, von denen ich bald einmal, wohl nächsten Frühherbst, einen Band herausgeben

162 u. 163 Vgl. Drittes Buch, Kap. 9 (VII, 601).

möchte. Schließlich habe ich es mit dem ›Joseph‹ nicht anders gemacht. (mBr.)

Thomas Mann an Helen Lowe-Porter   Erlenbach, 18. 12. 1953
Ich bin sehr eifrig vertieft in die Arbeit an den Krull-Memoiren, von denen sich schon so vieles neues Material angesammelt hat, daß ich mit dem Gedanken umgehe, vielleicht nächsten Herbst einen vorläufigen Band davon herauszugeben. Schließlich habe ich es damals mit den Josephgeschichten nicht anders gemacht. (mBr.)

Thomas Mann an Hans Tressel   Erlenbach, 25. 12. 1953
Die Krull-Memoiren gehen weiter. Von Vollendung kann längst nicht die Rede sein. Aber es ist soviel neues Manuskript da, daß wohl nächsten Herbst ein Erster Band erscheinen wird. Schließlich habe ich es im Fall des ›Joseph‹ nicht anders gemacht. (eBr.)

Thomas Mann an Lion Feuchtwanger   Erlenbach, 28. 12. 1953
Ich hätte längst einmal, spontan und von mir aus, geschrieben, wenn ich nicht gerade in letzter Zeit wie ein Pferd gearbeitet hätte an den Krull-Memoiren, von denen ich nächstens einmal (aber es wird wohl Spätsommer über der Herstellung werden) einen »Ersten Teil« herausbringen will. Es ist genug Manuskript für einen Band vorhanden, und im Falle des ›Joseph‹, der durchaus nicht als »Tetralogie« gedacht war, habe ich es ja auch so gemacht. (eBr.)

Thomas Mann an Hans Mayer   Erlenbach, 29. 12. 1953
Ich habe letzthin wie ein Pferd gearbeitet, um die Krull-Memoiren bis zu einem gewissen Punkt zu bringen. Ich will nämlich, wie ich es damals mit dem ›Joseph‹ machte, als genug Manuskript beisammen war, erst einmal einen Band, einen »Ersten Teil« herausbringen. Das wird mir gut tun, und wenn es garzu albern befunden wird, so schreibe ich garnicht weiter. (Die Herstellung wird gewiß bis zum Spätsommer dauern; ein Fragment wird es ja doch wieder nur sein, und zur Ergänzung Ihres Buches [164] genügen die bisher erschienenen Abschnitte.) (Abschr.)

---

164 Hans Mayer plante eine zweite erweiterte und überarbeitete Auflage seines
    Buches ›Thomas Mann. Werk und Entwicklung‹, Berlin: Verlag Volk und
    Welt 1950.

Thomas Mann an Ernst Steinbach   Erlenbach, 31. 12. 1953

es ist schwer, für eine solche Gabe [165] zu danken. Nur meiner tiefen Rührung und Ergriffenheit kann ich Sie versichern durch Ihre wissende Art über das Werk meines Lebens zu sprechen, durch Ihre große Güte. Denn Güte, die offene, bejahende Empfänglichkeit der Güte ist es vor allem, was aus Ihren Worten zu mir spricht. Die Verneiner werden Ihnen antworten: »Sie sind einem Gaukler auf den Leim gegangen.« Nun, was vom Gaukler in mir ist – und im Künstlermenschen überhaupt –, habe ich früh denunziert, bin humoristisch darüber zu Gericht gesessen und habe gerade deswegen wieder strengen Tadel wegen cynischer Verunglimpfung der Kunst einstecken müssen. Ehrlichkeit ist nicht willkommen und Humor eigentlich auch nicht.

Es war recht leichtsinnig von mir, daß ich meinen Kritikern immer so viel fertig Formuliertes zu ihrer Bequemlichkeit an die Hand gab. So sagte ich: »Ich habe viel Glauben, – glaube aber auch nicht sehr an den Glauben, sondern weit mehr an die Güte, die ohne Glauben bestehen und geradezu das Produkt des Zweifels sein kann.« [166] Dabei war gar nicht von religiösem Glauben die Rede, sondern vom Glauben an die Menschheit, ihre Vernunft, ihr Glück usw. Dennoch ist es weidlich ausgenützt worden. Es kann aber nicht so schlimm um die Glaubensfähigkeit eines Menschen stehen, der zur Bewunderung von jeher die stärkste Anlage hatte und froh ist, daß ihm diese Gabe bis in seine hohen Jahre erhalten blieb. Tatsächlich habe ich mein Leben in Bewunderung des Großen und Meisterhaften hingebracht, in stetem Aufblick zur Größe, der oft auch Einblick war und gelegentlich zu einer gewissen waghalsigen Vertraulichkeit mit ihr führte. (Siehe ›Lotte in Weimar‹.) Dabei empfinde ich die Bewunderung so sehr als zu meinem Subjekt gehörig und ihm vorbehalten, daß ich ganz verwirrt bin, wenn ich mich, wie es ja vorkommt, mit dem Meinen als ihr Objekt finde. Schreibe ich doch meinem Werk keineswegs Größe zu, sondern sehe in ihm nur einen Abglanz von ihr.

165 Ernst Steinbach, ›Gottes armer Mensch. Die religiöse Frage im dichterischen Werk von Thomas Mann‹, Zeitschrift für Theologie und Kirche, Tübingen, Jg. 50, H. 2, 1953, S. 207–242. – In dieser Zeitschrift erschien auch Thomas Manns Brief: ›Antwort an Ernst Steinbach‹, a. a. O., Jg. 54, H. 2, 1957, S. 255–256.
166 ›Der Künstler und die Gesellschaft‹ (X, 398).

Ihre Abhandlung ist mir teuer durch freundlich-tiefe Einsichten in meine Existenz, wie gemeine Kritik sie niemals zu bieten hat. Sie sind nur möglich, wo ästhetische Bildung, moralische Feinheit und eine Religiosität, die, fern von Frömmelei, das Religiöse auch da herausfühlt, wo es sich verbirgt (»Jedes bedeutende Werk der Dichtung enthält die religiöse Frage in sich«[167]) – sich zu reinster Menschlichkeit zusammenfinden. Ich bin auf erstaunliche Stellen gestoßen – noch in den Anmerkungen. Da findet sich plötzlich die Feststellung, daß »Humanismus immer egozentrisch« ist, – verblüffend für mich, da ich noch kürzlich in einer kleinen Betrachtung, ›Lob der Vergänglichkeit‹, es für die natürlichste Empfindung von der Welt erklärt habe, daß der Erde im Allsein eine centrale Bedeutung zukomme, unbeschadet aller Wahrheiten der Astronomie. »In tiefster Seele hege ich die Vermutung, daß es bei jenem ›Es werde‹, das aus dem Nichts den Kosmos hervorrief, und bei der Zeugung des Lebens aus dem anorganischen Sein auf den Menschen abgesehen war ...«[168] Nun ja, das ist Humanismus. Und mit Religiosität hat es auch was zu tun.

Es geschieht beinahe unpersönlicher – unegoistischer Weise, wenn ich wünsche, daß Ihre Güte recht behalten möge gegen Verneinung und Gehässigkeit. Leicht, fürchte ich, werde ich ihr das Rechtbehalten nicht machen – nun gar wieder mit der Fortsetzung jener verfänglichen Hochstapler-Memoiren. Wird sie ausreichen, ihre Verfänglichkeit zu decken? Aber, wie Mutter Schweigestill sagt: »A recht's menschlichs Verständnis, dös langt für all's.«[169]   (Abschr.)

Thomas Mann in ›Rückkehr‹   1954
– ›Die Bekenntnisse Felix Krulls‹? Ja, schon längere Zeit schreibe ich wieder an dem Roman, den ich als ein noch nicht Vierzigjähriger begann, und habe dem ›Buch der Kindheit‹ von damals zwei neue Bücher hinzugefügt. Das ist nun ein Band von vierhundertvierzig und einigen Seiten, ›Der Memoiren Erster Teil‹, der im September erscheinen soll – Fragment immer noch, aber Fragment wird das wunderliche Buch wohl bleiben, auch wenn mir Zeit und Laune gegeben sein sollten, es noch um vierhundertvierzig Seiten weiterzu-

---

167 Vgl. E. Steinbach, ›Gottes armer Mensch‹ (S. 207).
168 X, 385.
169 ›Doktor Faustus‹, Kap. 47 (VI, 667).

führen. Es ist gar nicht auf ein Je-damit-Fertigwerden angelegt, man kann daran immer weiterschreiben, weiterfabulieren, es ist ein Gerüst, woran man alles mögliche aufhängen kann, ein epischer Raum zur Unterbringung von allem, was einem einfällt und was das Leben einem zuträgt. Das ist wohl das Charakteristischste, was ich darüber sagen kann: Daß es wohl einmal abbrechen und aufhören, aber nie fertig werden wird. Im übrigen gehört es zum Typ und zur Tradition des pikaresken, des Abenteurer-Romans, dessen deutsches Urbild der ›Simplicius Simplicissimus‹ ist. Ein junger Autor hat es begonnen, ein alter setzt es fort, und ich bin neugierig, ob man die Naht spüren, den Stilbruch bemerken wird. Ich habe mich bemüht, ihn möglichst wenig merken zu lassen und den alten Ton festzuhalten gesucht. Aber ein gewisses persönliches Wachstum, das unterdessen natürlich seinen Gang genommen hat, wirkt sich ebenso natürlich auch aus auf das lange liegengebliebene Werk. Es führt wohl seine Grundidee von einst, die travestierende Übertragung des Künstlertums ins Betrügerisch-Kriminelle getreulich durch, hat aber unwillkürlich an innerer Weite und Erfahrung gewonnen und sich zu einem vieles aufnehmenden humoristisch-parodistischen Bildungsroman ausgewachsen. *Humoristisch* ist es seinem Wesen nach und mag zuweilen *frivol* wirken. Ich wollte freilich, es täte das nicht – wenigstens nicht im Sinne zeitflüchtigen Leichtsinns, eines sträflichen escapism. Zeitflüchtig und abseitig konnte auch der in ebenso schwerer, ebenso fordernder Zeit entstandene mythische ›Joseph‹ sich ausnehmen. Und doch war er es nicht, denn er nahm teil am Kampf gegen das Unmenschliche durch eine Haltung, die diesem Unmenschlichen humanen Widerstand leistete. Ich möchte glauben, daß es beim ›Felix Krull‹ nicht anders ist, daß das Buch bei all seiner Lockerheit, allem Unfug, den es treibt, eine gewisse symbolische Aktualität besitzt, die den Helleren und Feineren nicht entgehen und es in ihren Augen über den Vorwurf der Müßigkeit erheben wird. (XI, 530)

Thomas Mann an Ernst Benedikt   Erlenbach, 1. 1. 1954
Ich wollte nämlich jene wunderlichen Krull-Memoiren bis zu einem gewissen Punkte bringen, um erst einmal, sagen wir im Spätsommer, einen Band, einen Ersten Teil davon »an Tag zu geben«. Das wird mir gut tun, und im Falle des ›Joseph‹ damals habe ich es ja auch nicht anders gemacht – nur weil eben genug Manuskript vorhanden

war, gab ich ›Die Geschichten Jaakobs‹ heraus. Findet man nun diese Scherze garzu sehr unter meinen Jahren, so höre ich überhaupt damit auf. (eBr.)

Erlenbach, 2. 1. 1954

Thomas Mann an Ranuccio Bianchi Bandinelli
Ich habe recht angestrengt gearbeitet in letzter Zeit, um jene Memoiren eines Hochstaplers bis zu einem bestimmten Punkt vorzutreiben. Das Ganze – c'est une mer à boire[170], und so möchte ich gern erst einmal einen Band, einen »Ersten Teil« abstoßen und »an Tag geben«, wie man früher sagte. Findet man dann, daß diese Scherze garzu sehr unter meinen Jahren sind, so schreibe ich überhaupt nicht weiter daran und denke mir etwas Würdevolleres aus.
(eBr. / Ma 102)

Thomas Mann an Erich von Kahler   Erlenbach, 2. 1. 1954
Aber ich habe in letzter Zeit lächerlich angestrengt gearbeitet, um diese Krull-Memoiren bis zu einem gewissen Punkt voranzutreiben. Ich möchte nämlich erst einmal einen Band, einen »Ersten Teil« davon abstoßen und »an Tag geben«, wie ich es damals mit dem ›Joseph‹ machte, als genug Manuskript vorhanden war. Das wird mir gut tun, und ich werde sehen, ob man diese Scherze nicht garzu sehr unter meinen Jahren findet. In diesem Fall schreibe ich überhaupt nicht weiter und denke mir etwas Würdigeres aus.
(eBr. / Br. III, 318)

Thomas Mann an Albrecht Goes   Erlenbach, 15. 1. 1954
Ich glaube wirklich, es wird mir ganz gut tun, einmal einen Band des ›Krull‹ abzustoßen. Findet man dann diese Scherze garzu sehr unter meinen Jahren, so höre ich überhaupt auf und denke mir etwas Würdevolleres aus. (eBr. / Br. III, 321)

Thomas Mann an Otto Basler   Erlenbach, 18. 1. 1954
Der I. Teil der Krull-Memoiren ist abgeschlossen und geht in Druck. Die Herstellung des Bandes wird aber gewiß bis zum Spätsommer dauern. (Abschr.)

170 Vgl. Anm. 84.

Thomas Mann an Karl Kerényi   Erlenbach, 19. 1. 1954
An den Bekenntnissen des Felix Krull habe ich mich längst wieder müde geschrieben. Es ist genug Manuskript da, daß ich erst einmal einen »I. Teil« abstoßen kann. Findet man dann diese Scherze allzu sehr unter meinen Jahren, so fange ich noch etwas ganz anderes an, – wobei mir immer wieder etwas vorschwebt wie die Ausführung der Achilleis als Prosa-Roman, nach Goethes psychologischen Absichten. Der dazu nötige Ratgeber wäre vorhanden . . .

                                        (eBr. / K 189)

Thomas Mann an Werner Weber   Erlenbach, 20. 1. 1954
Viel krauses Zeug habe ich letzthin geschrieben zum Abschluß von Krulls Memoiren I. Teil, einem Band von immerhin schon einigen 400 Seiten, den ich erst einmal abstoßen will. (Bis September wird gewiß die Herstellung dauern.) Findet man dann, daß diese Späße allzu sehr unter meinen Jahren sind, so höre ich überhaupt auf und denke mir etwas Würdevolleres aus.   (Abschr.)

Thomas Mann an Erika Mann   Erlenbach, 27. 1. 1954
ich schicke Dir die Abschriften von Kapitel 10 und 11 des III. Buches. Habe an Zouzous Kruditäten zu Anfang eine Dämpfung vorgenommen, das Weitere aber stehen lassen. Ich meine, es ist auf ihre sonderbare Direktheit im Voraus genug hingewiesen und darauf vorbereitet worden. Im Übrigen sehe ich das Ganze mit trüben Augen an, freudlos und mehr als gleichgültig. Es quält mich, daß die Leute sich so darauf spitzen. Ist ja doch dummes Zeug, und gefallen daran tut mir eigentlich nur Felixens Rede im Kreuzgang.[171] Das hat eine gewisse eindringliche Komik.
[. . .]
Nimm es aber nur nicht zu genau mit dem Manuskript und mach Dir nicht zuviel Mühe. Wer kümmert sich schon drum, wenn wirklich die 40 Jahre eine oder die andere kleine Vergeßlichkeit gezeitigt haben? Kommen nicht übrigens die Patenhemden doch bei der Einkleidung zum Kellner noch einmal vor? Ich bin zu träge, um nachzusehen.
[. . .]

171 Vgl. Drittes Buch, Kap. 10 (VII, 636).

Dr. Hirsch habe ich gefragt, ob er bis September mit der Herstellung fertig wird, wenn er das Manuskript Mitte März bekommt.

(Br. III, 323/326)

Thomas Mann an Erika Mann   Taormina, 15. 2. 1954
eben kam alles an, 3 Briefe und 3 Pakete. Bin ergriffen von der treuen Riesenarbeit, die Du getan, auch verwirrt, weil schwach von Kopf und Beinen. Habe alles nur erst überflogen und will mich dahintersetzen. Bei 20man's[172] war mir nie recht wohl, und ungern habe ich ihnen damals den schottischen Aristokraten geopfert. Er *kann* in Erlenbach sein, aber die Gefahr besteht, daß ich ihn vernichtet habe[173], und dann weiß ich garnicht, was tun. Muß mit dieser Hauptänderung jedenfalls bis nach unserer Rückkehr warten und werde dem Verlag von hier oder von Florenz aus vielleicht nur erst einmal die Anfänge schicken, damit mit dem Satz begonnen werden kann.   (Br. III, 327)

Zürich (Waldhaus Dolder), 3. 3. 1954
Thomas Mann an Helen Lowe-Porter
Ich verspreche Ihnen auch, Ihnen so bald wie möglich die Druckbogen des ersten Bandes der Krull-Memoiren zu schicken. Der Satz ist aber erst eben begonnen.   (mBr.)

Thomas Mann an Henry Walter Brann   Erlenbach, 10. 3. 1954
Was meine Arbeit betrifft, so habe ich ja den Krull zeitweise zugunsten einer Erzählung namens ›Die Betrogene‹ unterbrochen, ein kleines Buch, das in absehbarer Zeit auch bei Knopf erscheinen wird.[174] Von den Krull-Memoiren hat sich immerhin so viel neues Manuskript angesammelt, daß ich mich entschlossen habe, einen »Ersten Teil« des Romans, ein Buch von etwa 450 Seiten, diesen Herbst herauszugeben.   (mBr.)

---

172 Erstfassung der Twentyman-Episode u. d. T. ›Ein nachgelassenes Kapitel aus ‹Felix Krull›‹ in: Die neue Rundschau, Frankfurt a. M., Jg. 68, H. 2, 1957, S. 181–186.
173 Thomas Mann hatte die den schottischen Aristokraten betreffenden Seiten tatsächlich vernichtet. Das neue 2. Kapitel (Drittes Buch) umfaßt Felix' Erlebnisse sowohl mit der kleinen Eleanor Twentyman, wie mit Lord Kilmarnock (vgl. VII, 465 ff.).
174 ›The black swan‹, transl.: Willard R. Trask, New York: Knopf 1954.

Thomas Mann an Louis Leibrich   Zürich, [4. 4. 1954]
Dabei habe ich es mir in den Kopf gesetzt, ein Kapitel des
›Krull‹[175] gänzlich umzuarbeiten, in Eile, da der Band schon im Satz
ist.   (eBr.)

Thomas Mann an Lion Feuchtwanger   Zürich, 6. 4. 1954
Der erste Teil der Krull-Memoiren, aus denen in der nächsten
›Neuen Rundschau‹ ein Kapitel erscheint[176], ist nun in Druck gegan-
gen. Aber ich habe es mir in den Kopf gesetzt, eines der neu ge-
schriebenen Kapitel[177] gründlich umzuarbeiten und so muß ich die
Druckerei auf Weiteres noch warten lassen.   (mBr.)

Thomas Mann an Louise Servicen   Zürich, 6. 4. 1954
Der erste Teil der Krull-Memoiren ist nun in Druck gegangen, und
möglichst bald will ich Ihnen Korrekturfahnen zukommen lassen.
Der Druck verzögert sich aber etwas, weil ich mir in den Kopf gesetzt habe, ein neugeschriebenes Kapitel[178] gründlich umzuarbeiten. Man wird mit den Jahren nicht genügsamer.   (mBr.)

Thomas Mann an Fritz Strich   Kilchberg, 14. 4. 1954
Ich habe hier ein Kapitel der Krull-Memoiren[179], die schon im Druck
sind, umgearbeitet, außerdem für Einaudi in Turin ein Vorwort
geschrieben zu einer Sammlung letzter Briefe von europäischen
Résistance-Kämpfern.[180] In Kilchberg heißt es nun zunächst für
Criterion Books Inc., New York, eine Einleitung schreiben zu
Kleists Erzählungen.[181] So hat der Alte zu tun.   (eBr.)

175 Vgl. 15. 2. 1954 (S. 130).
176 ›Krull verteidigt die Liebe‹, Die neue Rundschau, Frankfurt a. M., Jg. 65,
     H. 1, 1954, S. 1–16.
177 Vgl. 15. 2. 1954 (S. 130).
180 ›Lettere di condannati a morte della resistenza europea‹, ed.: Piero Mal-
     vezzi, Giovanni Pirelli, Torino: Einaudi 1954 (dt.: ›Und die Flamme soll
     euch nicht versengen. Letzte Briefe zum Tode Verurteilter aus dem europäi-
     schen Widerstand‹, Zürich: Steinberg 1955 und unter dem Titel ›Und die
     Flamme soll euch nicht verbrennen‹, Berlin: Verlag Volk und Welt 1956). –
     Unter dem Titel ›Vorwort zu dem Buche ‹Briefe Todgeweihter›‹ in der
     ›Neuen Rundschau‹, Frankfurt a. M., Jg. 66, H. 1, 1955, S. 17–22 (X, 818).
181 ›Kleist and his stories‹, pref. in Heinrich von Kleist, ›The Marquise of O –

Thomas Mann an Kuno Fiedler   Kilchberg, 18. 4. 1954
Wir sind froh, wieder in einem eigenen Haus zu leben. Es liegt sehr
hübsch überm See, ist geräumig und bequem. Im Arbeitszimmer
habe ich wieder mein kalifornisches Sofa, das in dem vorigen keinen
Platz hatte, und in dessen Ecke ich große Teile des ›Faustus‹ und den
›Erwählten‹ schrieb. Jetzt lese ich darin die Korrekturen des ›Krull‹,
»Der Memoiren erster Teil. In drei Büchern«.   (eBr.)

Thomas Mann an Ernst Benedikt   Kilchberg, 22. 4. 1954
Nach unserer Rückkehr[182] kamen unruhige Wochen, denn es galt
den Umzug von Erlenbach in das unterdessen erworbene eigene
Haus dahier. Ich verbrachte, einige Bequemlichkeit abwartend,
mehrere Wochen im Hotel, hatte dort aber dringend zu tun mit der
Umarbeitung eines Kapitels[183] des schon im Druck befindlichen Romans vom Hochstapler Krull und mit einer ebenfalls eiligen Préface
zu einem italienischen Buch, einer Sammlung letzter Briefe hinge-
richteter europäischer Résistance-Kämpfer, die bei Einaudi in Turin
erscheint.[184]   (eBr.)

Thomas Mann an Anna Jacobson   Kilchberg, 3. 5. 1954
[. . .] dagegen trifft zu, daß der Felix Krull, das heißt »Der Memoiren
erster Teil«, ein ziemlich umfangreicher Band, im Herbst erscheinen
wird. Ich lese schon Korrekturen.   (mBr.)

Thomas Mann an Emil Preetorius   Kilchberg, 4. 5. 1954
Es hängt übrigens auch viel davon ab, wie ich dastehen werde, wenn
im September die Bekenntnisse Felix Krulls, »der Memoiren erster
Teil«, erschienen sind. Gibt es einen skandalösen Durchfall, so ver-
lasse ich Haus und Garten nicht mehr.   (eBr. / Br. III, 337)

     and other stories‹, New York: Criterion Books 1960; dt.: ›Heinrich von
     Kleist und seine Erzählungen‹ in Heinrich von Kleist, ›Die Erzählungen‹,
     Frankfurt a. M.: Fischer Bücherei 1956 (IX, 823).
182 Von Taormina.
183 Vgl. 15. 2. 1954 (S. 130).
184 Vgl. Anm. 180.

Thomas Mann an Richard Braungart   Kilchberg, 15. 5. 1954
Und Dank auch für Ihre guten Worte über Krulls Geschwätz. [185] Der
Druck des Bandes geht sehr langsam vonstatten; ich sehe garnicht,
wie er bis September fertig werden soll.   (eBr.)

Thomas Mann an Hans Reisiger   Kilchberg, 15. 5. 1954
Ich habe Freude genug an den guten Worten, die Sie für Krulls »Pa-
ragraphen« [186] fanden und bin Ihnen dankbar für ihre lebendige
Empfänglichkeit, die garnichts Siebzigjähriges hat. Darin bin ich
Ihnen übrigens gleich, kann immer noch staunen, bewundern, auf-
blicken, mich amüsieren lassen, wie mit 20. »Man könnte die Leute
schon amüsieren, wenn sie nur amüsabel wären«, sagt Goethe. [187]
Sie sind es und bestätigen mir das Amüsement, das ich selbst hatte
bei diesem Kapitel. Es ist wohl wirklich eine gute Nummer in dem
Roman. Nicht alles ist auf der Höhe dieser Laune, aber so ist es ja
immer, und das Ganze, mit seinen Schwächen und Längen, wird
immerhin als Kuriosum gelten können. By the way, Felix bekommt
Zouzou nicht, es ist die Mutter, die die Sache in *ihre* Hand nimmt am
Ende dieses Bandes, dessen Druck furchtbar langsam vorangeht.
      (mBr.)

Thomas Mann an Hans Mayer   Kilchberg, 20. 5. 1954
Mit der Bereitmachung des Roman-Manuskripts bin ich beschäftigt.   (Abschr.)

Thomas Mann an Siegfried Marck   Kilchberg, 23. 5. 1954
Übrigens habe ich mit den Krull-Memoiren, wie ich jetzt bei den
Korrekturen des »Ersten Teiles« sehe, zum Teil solchen Unfug getrieben, daß mir wirklich Betrachtungen wie die obigen [188] nicht zukommen.   (eBr. / Br. III, 342)

185 Gemeint ist der Vorabdruck ›Krull verteidigt die Liebe‹ (Die neue Rund-
     schau, Frankfurt a. M., Jg. 65, H. 1, 1954, S. 1–16 und Frankfurter All-
     gemeine Zeitung, 27. 3. 1954, Nr. 73).
186 Vgl. Anm. 185.
187 Vgl. ›Goethes Gespräche‹, Hg.: Woldemar von Biedermann, Bd. 6, Leipzig:
     Biedermann 1890, S. 213 (mit Eckermann am 24. 9. 1827).
188 Siegfried Marck, ›Die deutsche und europäische Krise im Spiegel des Le-
     benswerkes von Thomas Mann‹, in: S. Marck, ›Große Menschen unserer
     Zeit. Portraits aus drei Kulturkreisen‹, Meisenheim am Glan: Westkultur-
     verlag Hain 1954, S. 87–118.

Thomas Mann an Erika Mann   Kilchberg, 7. 6. 1954

Ich sehe da eine väterlich-töchterliche Verwandtschaft der Naturen, denn ich war ja auch ganz kürzlich noch imstande, dem ›Krull‹ ein paar amüsante Lichter aufzusetzen, die aussehen, alsob sie guter Laune entstammten, was doch nicht der Fall ist – oder jedenfalls, die Laune ist der Übellaune abgewonnen. Freilich ist mir nur zu deutlich, daß nach der »originellen« Rede über die Liebe [189] nichts Rechtes mehr kommt und der Ausgang des Bandes eher flau und flüchtig ist. Mein Blick auf das Ganze ist denn auch recht mißmutig, und ich sehe dem Erscheinen des Bandes mit einiger Geniertheit entgegen. Sehr würdig steht es doch nicht darum. Begeht man mit solchen kompromittierenden Scherzen sein 80stes Wiegenfest? Müder Übermut – tut nicht gut, sprichwörtlich geredet. Oft muß ich denken, daß es besser gewesen wäre, wenn ich nach dem Faustus das Zeitliche gesegnet hätte. Das war doch ein Buch von Ernst und einer gewissen Gewalt und hätte als Abschluß ein rundes, in sich geschlossenes Lebenswerk ergeben, während nun mit dem ›Erwählten‹, den ich übrigens liebe, ein überhängendes Nach-Werk beginnt, das wohl besser fehlte. An dem ›Krull‹ weiterzuspinnen fehlt mir, wenigstens vorderhand, jeder Antrieb, obgleich das Weiterspinnen relativ leichter wäre, als ein neues Unternehmen in Gang zu setzen, wie ich es jetzt versuche – eigentlich kann man nur sagen: ich versuche, es zu versuchen.   (Br. III, 345)

Katja Mann an Pavel Eisner   Kilchberg, 8. 6. 1954

Von den Krull-Memoiren wird jetzt ein erster Teil als selbständiger Band gedruckt, der wohl im Herbst erscheint. Sie sollen ein Exemplar der umbrochenen Bögen baldmöglichst erhalten, obgleich man mit der Übersetzung am Ende bis zur Fertigstellung des Ganzen warten sollte.   (mBr.)

---

189 Vgl. Drittes Buch, Kap. 10 (VII, 638).

Thomas Mann an Erich Neumann[190]   Kilchberg, 16.6.1954

Mit den Krull-Korrekturen nun steht es so: ich habe die gesamten Fahnen durchgearbeitet und lese jetzt auch, wenngleich unter Widerständen, noch einmal die umbrochenen Bogen. Ich habe bereits dem Verlag geschrieben, daß ich von dem Gegenstand übersättigt und außerstande bin, dem Umbruch noch einmal, wie den Fahnen, meine genaue Aufmerksamkeit zu widmen. Ich habe gebeten, Rückfragen zu stellen, wenn irgendwelche Zweifel sich ergeben, und das ist auch schon mehrfach geschehen, besonders auf portugiesische Ausdrücke und Namen, die bei mir eher spanisch als portugiesisch ausgefallen sind, hat man mich hingewiesen, und ich habe es akzeptiert, ohne zu ahnen, daß wahrscheinlich diese Berichtigungen auf Grund Ihrer Informationen erfolgt sind.

Die Bogen, die Sie mir schicken, noch einmal durchzuarbeiten, bin ich, wie gesagt, nicht imstande, weiß auch nicht, welche Einzelheiten Sie meiner letzten Entscheidung überlassen wollen. Sie haben, wie mir schon vor Jahren Ihre Listen zeigten, ein Über-Luchsauge und sehen manchmal zu scharf. Als rasch erblicktes Beispiel führe ich an, daß Sie »hiemit« durch »hiermit« ersetzt haben wollen. Ich bin aber sicher, daß Felix Krull »hiemit« geschrieben hat.   (mBr. / N 27)

Thomas Mann an Brigitte Bermann Fischer   Kilchberg, 19.6.1954

Der Plan mit der Krull-Platte, die dem Buch beigegeben werden soll, macht mir ganz besonderes Vergnügen, und gern gehe ich Ihnen dabei mit dem kleinen Vorspruch[191] zur Hand, mit dem ich in Hamburg die Lesung des Kuckuck-Kapitels einleitete. Ich lege den Text hier bei.   (mBr.)

---

190 Leiter des Thomas-Mann-Archivs der Deutschen Akademie der Wissenschaften zu Berlin. Neumann befaßte sich im Hinblick auf die Aufbau-Ausgabe von Thomas Manns ›Gesammelten Werken in zwölf Bänden‹ (Berlin 1955 u. 1956) mit der Textrevision; er übernahm später auch für die zwölfbändige S. Fischer-Ausgabe (Frankfurt a. M. 1960) das Vergleichen der Texte und das Lesen der Korrekturen.

191 Einführung zu der Langspielplatte ›Thomas Mann liest aus seinem Roman ‹Bekenntnisse des Hochstaplers Felix Krull›‹, Schutzumschlag der Langspielplatte, Frankfurt a. M.: S. Fischer 1954 (auch in: Thomas Mann, ›Die Begegnung‹, Olten: Vereinigung Oltner Bücherfreunde 1953; u. d. T. ›Einführung in ein Kapitel der ‹Bekenntnisse des Hochstaplers Felix Krull›‹ in XI, 704). – Die Platte wurde gesondert verkauft und nicht, wie geplant, dem Buch beigegeben.

Thomas Mann an Agnes E. Meyer   Kilchberg, 21. 6. 1954
Was den ›Krull‹ betrifft, so weiß ich nicht einmal, ob ich Ihnen das
Buch schicken soll. Ich fürchte, Sie werden diese zum Teil recht lok-
keren Späße mißbilligen und sie mit dem Ernst der Zeit nicht ver-
einbar finden. »Ernst« ist ja garkein zureichendes Wort für die heutige Situation der Menschheit, und aller Humor ist heutzutage nur
als Galgenhumor zu verstehen.
Ich bin nun in mein 80. Jahr getreten, und da tut man wohl gut, sich
auf sehr weitschauende Unternehmungen nicht mehr einzulassen.
Ich muß froh sein, daß ich mit 25, mit 50, 60 und 70 Jahren doch
etwas wie einen kleinen Vollbringer (›Buddenbrooks‹, ›Zauberberg‹,
›Joseph‹ und ›Faustus‹) nach bewunderten Mustern abgeben
konnte. Weiß Gott, ich war nicht groß. Aber eine gewisse kindliche
Intimität in meinem Verhältnis zur Größe brachte ein Lächeln der
Anspielung auf sie in mein Werk, das Wissende, Gütige, Amüsable
jetzt und später erfreuen mag.   (eBr. / Br. III, 347)

Thomas Mann an Helen Lowe-Porter   Kilchberg, 27. 6. 1954
Die Krullkorrekturen haben mir auch viel Arbeit gemacht, sind aber
nun glücklich beendet; die Bogen gehen Ihnen morgen zu.   (mBr.)

                                          Kilchberg, 11. 7. 1954
Thomas Mann an Walter Janka (Aufbau-Verlag, Berlin)[192]
Die umbrochenen Bögen des ›Krull‹ sende ich Ihnen mit gleicher
Post. Die letzten Korrekturen fehlen aber noch darin.   (Abschr.)

Thomas Mann an Helen Lowe-Porter   Sils-Maria, 14. 7. 1954
Es rührt mich, daß Sie unter diesen Umständen erneut an die Übersetzung der Krull-Memoiren denken. Tatsächlich könnte ich mir
nichts Besseres wünschen, als daß Sie diese Arbeit leisten. Es ist mir
ganz klar, daß nur Sie gewisse Passagen des Buches, etwa die vers-
mäßigen, die Reimereien in dem Madame Houpflé-Kapitel[193], übersetzen könnten, und daß es Ihnen wohl, wie keinem anderen, gegeben wäre, den richtigen Ton zu treffen.   (mBr.)

192 Faksimile dieses Briefes in: ›Zehn Jahre. Ein Almanach‹, Berlin: Aufbau-
     Verlag 1955, S. 643.
193 Zweites Buch, Kap. 9 (VII, 434).

Thomas Mann an Eva Schiffer   Sils-Maria, 6. 8. 1954

Wo die Memoiren von Manolescu[194] erschienen sind, kann ich Ihnen leider nicht sagen. Das Buch, aus dem mir tatsächlich vor mehr als vierzig Jahren die erste Anregung zum ›Felix Krull‹ kam, ist schon in München liegen geblieben, und ich habe es nie wieder gesehen. Ich sollte denken, daß die New Yorker Central Library oder wenigstens die ›Library of Congress‹ in Washington, die *alles* hat, Ihnen Auskunft geben könnte.   (mBr.)

Thomas Mann an Erich von Kahler   Sils-Maria, 12. 8. 1954

Gearbeitet habe ich, seit ich die Krull-Memoiren, soweit wie sie für diesmal gehen (440 Seiten), abgeschlossen, nur recht wenig.

                                    (eBr. / Br. III, 352)

Thomas Mann an Agnes E. Meyer   Kilchberg, 22. 8. 1954

Ich urteile ungern und verurteile überhaupt nichts, denn wer im Glashause sitzt, soll lieber nicht mit Steinen werfen, und wenn ich denke, wie »ambivalent« nächstens im Herbst das Urteil über den ersten Band der Krull-Memoiren ausfallen wird, so verhalte ich mich kritisch am besten mäuschenstill.[195]   (eBr. / Br. III, 354)

Thomas Mann an Emil Preetorius   Kilchberg, 6. 9. 1954

Scherz beiseite: Meine Verfassung ist nicht die beste, ein quälender Mangel an Energie beherrscht mich, meine produktiven Kräfte scheinen erschöpft. Am Ende ist das physiologisch, und ich sollte mich drein ergeben, es wie Hesse machen, der sich entschlossen zur Ruhe gesetzt hat, hie und da ein Feuilleton, einen Rundbrief an seine Freunde schreibt und sich im Übrigen einen guten Abend macht. Aber ich verstehe mich nicht darauf, weiß nicht, wie ohne Arbeit die Tage verbringen und ringe nach Leistung, ohne die Spannkraft zu finden, die sie ermöglicht. Ein quälender Zustand. Für das früher Getane mich feiern zu lassen, wie jetzt in Düsseldorf, ist eher beschämend als ermutigend und hat etwas von Betrug. So gebe ich jetzt das zum Roman-Band erweiterte Fragment des ›Felix Krull‹ heraus, als »Ersten Teil« des Ganzen, und tue, alsob die Fort-

---

194 Vgl. Anm. 66.
195 Agnes E. Meyer hatte Thomas Mann Faulkners Roman ›A fable‹ (New York: Random House 1954) zugeschickt, um seine Meinung darüber zu hören.

setzung dieser Scherze unterwegs wäre, während doch von Weiterem noch kein Wort auf dem Papiere steht und ich im Grunde weiß, daß ich das Unding nie zu Ende führen werde. Ich möchte auch eigentlich ganz anderes machen, Würdigeres, meinen Jahren Angemesseneres, aber die Kraft es anzugreifen, versagt sich, und mit unbeschreiblicher Selbstbeneidung denke ich an die Zeit des ›Faustus‹ zurück, als ich 70 war und obendrein krank, aber eben 10 Jahre jünger.   (eBr. / Br. III, 356)

Thomas Mann an Peter Baltzer   Kilchberg, 10. 9. 1954
Ich habe mich auch gefreut zu hören, daß der erste Teil der Krull-Memoiren Sie unterhalten hat. Hoffentlich ist das bei mehr Lesern und auch bei Ihren Kunden der Fall. Es ist ein etwas leichtsinniges Buch, dessen Scherze man mir zugute halten mag.   (mBr.)

Thomas Mann an Max Rychner   Kilchberg, 10. 9. 1954
Ihr Brief war mir eine sehr freundliche Ueberraschung. Sie haben sich also mit diesen Scherzen schon bekannt gemacht – und haben sie sich gefallen lassen? Das freut mich. Ich sehe dem Erscheinen des Bandes etwas gêniert entgegen, denn mag auch für Kenner einige Kunst darin sein, so kommt doch das deutsche Bedürfnis nach Ernst und würdigem Gehalt nicht auf seine Rechnung, und ich fürchte, man wird mich einer Art von Greisenleichtsinn zeihen. Ob ich fortfahren soll? Publikum und Kritik müßten sich unerwartet amüsabel zeigen, um mir Mut dazu zu machen.   (eBr. / Ry 3)

Thomas Mann an Wolfgang Schneditz   Kilchberg, 25. 9. 1954
Die Auslieferung des Krull-Bandes war auf den 20. d. Ms. angesetzt. Sie scheint sich aus irgendwelchen technischen Gründen etwas zu verzögern. Ist das Buch da, so habe ich vorläufig keinen Stoff mehr zum Vorlesen.   (eBr.)

Thomas Mann an Hermann Stresau   Kilchberg, 3. 10. 1954
Mit dem Krull ging es folgendermaßen:
Im Jahr 1911 hatte ich das Fragment bis zu dem Militär-Untersuchung-Kapitel (einschließlich) gebracht, das, wenn ich nicht irre, zunächst in der ›Neuen Freien Presse‹ [196] erschien und später in den

---

196 Nicht ermittelt.

Neudruck des Fragmentes bei Querido aufgenommen wurde. Ich unterbrach die Arbeit an dem von vorneherein als Roman geplanten Werk aus dem Grund, weil mir der parodistisch-überspitzte Ton des Stils, wie die ersten Kapitel ihn aufweisen, für ein umfangreiches Buch undurchführbar schien; jedenfalls war ich davon ermüdet und beschloß, zu der Idee des ›Tod in Venedig‹ überzugehen, die sich mir damals darbot. Es schloß sich dann das Davoser Erlebnis [an], ›Der Zauberberg‹, den ich nach Kriegsausbruch unterbrach durch die ›Betrachtungen eines Unpolitischen‹ und erst ein paar Jahre nach 1918 fortsetzte. Dann kam der ›Joseph‹, und dieser erschwerte mir den Gedanken, jemals den Felix Krull fortzuführen, weil mir die Figur des Krull durch den Joseph überholt und übertroffen schien. Ich hatte aber all die Zeit über den modernen Schelmenroman nie ganz aus den Augen verloren und das Material dazu, Notizen, Drucksachen und Bilder, immer durch alle Stationen meines Lebens mit mir geführt. Als nach der langen Unterbrechung des Joseph durch ›Lotte in Weimar‹ die Tetralogie fertig war, war ich stark versucht, die Arbeit an den Krull-Memoiren wieder aufzunehmen. Das war aber zur Zeit einer historischen Krise, dem herannahenden Untergange der Naziherrschaft, und erfüllt von den moralischen, künstlerischen und politischen Ideen des ›Faustus‹, fühlte ich mich verpflichtet, mich vorerst an diesen mir selbst und der Welt auf den Nägeln brennenden Gegenstand zu halten und stellte den Krull wiederum zurück. Und erst, nachdem ich auch noch den ›Erwählten‹ und die ›Betrogene‹ zurückgelegt hatte, schien es mir möglich und anziehend, über einen Zeitraum von mehr als vierzig Jahren hinweg an das von dem humoristischen Ich-Roman Geschriebene wiederanzuknüpfen, und ich fuhr in dem Manuskript tatsächlich auf demselben Papier zu schreiben fort, das noch aus München stammte und nur ein Wort auf seiner obersten Linie trug.

Sie werden gefunden haben, daß ich es mir angelegen sein ließ, genau in dem Tonfall des alten Fragmentes wiederanzusetzen; doch habe ich dann mit Vorsicht den zu ausgesprochen parodistischen Stil von damals allmählich verlassen und meinem Helden eine zwar immer humoristisch gewählte, aber doch kurrentere Schreibweise zugestanden.

Sie sehen also, daß Ihre Vermutung einer »unbestimmten Vorläufigkeit«, mit der ich 1911 die Arbeit fallen ließ, ganz zutreffend ist. Das Fallenlassen geschah unter dem Vorbehalt einstiger Wiederaufnahme, und diesen Vorbehalt habe ich durch die Jahrzehnte hin immer im Herzen bewahrt. (mBr.)

Thomas Mann an Konrad Kellen Kilchberg, 6. 10. 1954
Die Memoiren Felix Krulls, ein Fragment immer noch, aber ein zu einem Roman ausgewachsenes, sind Ihnen längst zugedacht, aber denken Sie, ich bin ohne Exemplare. Die Auflage von 20000 Stück ist schon vergriffen, und obgleich man eifrig weiterdruckt, wird wohl eine ärgerliche Pause von einigen Wochen in der Auslieferung eintreten. Das ist ungeschickt, aber sobald das Buch wieder greifbar ist, bekommen Sie es mit einer schönen Widmung zum Gedenken an unsere Zusammenarbeit. Ich kann meinen alten Sekretarius[197] mit der Kurzschrift persönlichen Systems nicht zu kurz kommen lassen. (mBr.)

Thomas Mann an Erich Neumann Kilchberg, 7. 10. 1954
Die Exemplare des ›Krull‹ erwarten wir in den nächsten Tagen; sobald sie eintreffen, soll ein signierter Band an Sie abgehen. (mBr.)

Thomas Mann an Werner Weber Kilchberg, 9. 10. 1954
ich eile, Ihnen zu sagen, wie dankbar ergriffen ich bin von der tiefen Betrachtung[198], die Sie im heutigen Morgenblatt dem Krull-Roman gewidmet haben. Ihre Sympathie erhebt das Buch sehr hoch, fast beunruhigend hoch, aber wenn gute und kluge Menschen so darüber zu sprechen vermögen, so beruhigt mich das auch wieder und befestigt in meinen Augen die Existenz dieser komischen Träumerei, die sich jeder Kritik, auch der herabsetzendsten, so mutwillig bloßstellt.
Ihre kritische Kunst berührt die innersten Fibern des Buches, möchte ich sagen. Für das Feuilleton einer Tageszeitung ist das wohl eigentlich zu fein und hoch, – aber Sie wissen, was Sie Ihren Lesern zumuten dürfen, und das Citat von dem Kind im Lausehaar[199] ist gut gewählt, weil es etwas fürs Herz ist. Aber wie gut ist erst das Gil

197 Kellen war von 1941–1943 Thomas Manns Sekretär gewesen. (Vgl. K. Kellen, ›Als Sekretär bei Thomas Mann‹, Neue deutsche Hefte, Gütersloh, H. 81, Mai/Juni 1961, S. 37–46.)
198 Werner Weber, ›Ein Meisterwerk Thomas Manns‹, Neue Zürcher Zeitung, Jg. 175, Nr. 2471, 9. 10. 1954, Bl. 1.
199 Vgl. Drittes Buch, Kap. 10 (VII, 642).

Blas-Citat[200] gewählt! Fast möchte ich sagen, ich hätt's dem Buch als Motto setzen können.

Nur zu zutreffend ist, was Sie von den völlig offenen Möglichkeiten einer Fortsetzung sagen. Einiges Weitläufige habe ich fertig gemacht, den Zauberberg, den Joseph, den Faustus. Dies ist vielleicht überhaupt zum Fertigmachen von Natur nicht bestimmt, und ich dürfte nicht weiter traurig sein, wenn ihm beschieden sein sollte, weit offen stehen zu bleiben. (Abschr.)

Katja Mann an Alexander Moritz Frey   Kilchberg, 10. 10. 1954
Der Roman hat, soweit man bis jetzt sehen kann, im Ganzen was man eine vorzügliche Presse nennt, aber seltsamerweise: so sehr mein Mann sich über eine gehässige Kritik grämen kann, so wenig fühlt er sich durch freundliche gestärkt und erfreut.

(eBr. / Hauswedell, Kat. 108, Nr. 473)

Thomas Mann an Ida Herz   Kilchberg, 15. 10. 1954
Nun steht der rührende Tag nahe bevor, und mein Angebinde ist auch schon unterwegs: Nichts anderes konnte es sein, als das eben erschienene erweiterte ›Krull‹-Fragment; ich denke, es wird Sie ziemlich gleichzeitig mit diesen beglückwünschenden Zeilen erreichen. Ein recht passendes Geschenk ist es nicht, teilweise sogar recht ungehörig, ja leicht skandalös. Aber es gehört doch auf Ihren Tisch mit den 60 Kerzen, und ich muß hoffen, daß Sie sich als souveräne lady werden damit abzufinden wissen.

Ja, das ist nun für uns beide ein Tag vielen, langen Gedenkens und Rückerinnerns! Wie es anfing, und Sie, damals Inhaberin eines Darmgeschäfts, auf der Trambahn hin und her flatterten von einer Platform [sic] zur anderen und mich schließlich ansprachen und wir Bekanntschaft machten; wie es dann weiter ging und Sie mir immer so wohlgesetzte Briefe schrieben, in besserem Deutsch als mancher Gelehrte es aufbringt und mich von Zeit zu Zeit in Pfeiffering besuchten; wie Sie zugegen waren am Sterbebett des armen kleinen Nepomuk Schneidewein, den wir leider dem Teufel überlassen

200 »Freundlicher Leser, wer du auch sein magst... Liesest du meine Abenteuer, ohne auf die moralischen Andeutungen zu achten, die darin enthalten sind, so wirst du keinen Nutzen von diesem Werke ziehen. Wenn du aber dasselbe mit Aufmerksamkeit liesest, so wirst du darin das Nützliche mit dem Angenehmen verbunden finden, wie schon Horatius vorgeschrieben hat.«

mußten, und zuletzt noch wiederum zugegen waren, als ich aus ›Fausti Weheklag‹ vorspielen wollte und dabei etwas abwegig wurde, sodaß alle Gäste davon liefen, nur Sie und Frau Schweigestill nicht – – das sind freilich weite, bedeutende, bewegende Erinnerungen, die an diesem Festtage vor unser beider Augen aufsteigen.[201]   (eBr.)

Thomas Mann an Karl Kerényi   Kilchberg, 17. 10. 1954
für Ihre packende Sendung tausend Dank. Welche ganz eigentümliche Coinzidenz, das Erscheinen dieses Buches[202] gleichzeitig mit dem Bande, den Ihnen zu schicken ich natürlich ohnehin im Begriffe war, den ich mich aber nun beeile zu dem Ur- und Erzschelmenbuch und besonders zu Ihrem mythologischen Beitrag in die Beziehung zu bringen, in der es von Natur dazu steht. Ich war mir, weiß Gott, nicht bewußt, einen hermetischen Roman anzulegen, als ich vor einigen 40 Jahren damit begann. Mehr, als wieder einmal eine Verkleidung und Parodie des Künstlertums hatte ich nicht im Sinn. Erst bei der späten Fortsetzung glitten, durch die Nähe des ›Joseph‹, gewisse Assoziationen hinein, und der Name des Gottes tauchte auf.
Ihre Einleitung ist Goldes wert, wenigstens für mich [. . .].
                                        (eBr. / K 193)

Thomas Mann an Fritz Martini   Kilchberg, 17. 10. 1954
Es war mir eine Beruhigung, zu hören, daß Sie sich die »picaresken« Scherze des ›Krull‹ haben gefallen lassen. Schiller meinte, auch das Frivole habe in der Kunst seine Berechtigung, wenn die Form ihm zu Hilfe komme, – und dieser moderne Hermes ist im Grunde garnicht frivol, sondern hat eine gewisse komisch-versöhnende Weltandacht – so scheint mir.   (eBr. / Br. III, 360)

Thomas Mann an Max Rychner   Kilchberg, 17. 10. 1954
da heißt es danken, recht herzlich, ohne Verzögerung! Die Freude kam überraschend: ich hatte nicht gedacht, daß auf den spontan-persönlichen Brief[203], der mir zu meiner nicht geringen Beruhigung Ihr Vergnügen an diesen pikaresken Scherzen anzeigte, noch eine so

201 Die Figur der Kunigunde Rosenstiel im Faustus-Roman trägt Züge von Ida Herz. – Vgl. ›Doktor Faustus‹, Kap. 31, 45, 47 (VI, 416, 635, 653, 655, 665).
202 Paul Radin u. Karl Kerényi u. C. G. Jung, ›Der göttliche Schelm. Ein indianischer Mythen-Zyklus‹, Zürich: Rhein-Verlag 1954.
203 Vgl. Rychners Brief an Thomas Mann vom 8. 9. 1954 (Ry 22).

schöne essayistisch geformte Besprechung[204] in großer Öffentlichkeit folgen würde. Ich werde viel beglückwünscht dazu und beglückwünsche mich und das wunderliche Buch, nicht zuletzt aber Sie selbst: denn wenn irgend etwas, so hat Ihren Aufsatz die Gottheit mit dem Schlangenstab »mit Eleganz gesegnet«.

Hermetische Stilisierung lag ursprünglich garnicht in meinen bewußten Absichten; es war eigentlich nur wieder eine Verkleidung und Parodie des Künstlertums, die ich [im] Sinn hatte, und erst bei der späten Fortsetzung war es dann – mehr die Nähe des ›Joseph‹, als des ›Tod in Venedig‹, die solche mythologischen Assoziationen hineinbrachte. Ihr Hinweis auf Kerényi ist treffend genug und wird gerade jetzt noch treffender: Es ist eine merkwürdige Koinzidenz, daß eben im Rheinverlag ein Buch erscheint: ›Der göttliche Schelm‹, von P. Radin, Kerényi und C. G. Jung in Zusammenarbeit.[205] Es handelt sich um einen indianischen Mythen-Zyklus, eine archaische Vorstufe aller Schelmenromane, und in seiner mythologisierenden Einleitung weist Kerényi auf die Entwicklung bis zu Rabelais, Spanien, Simplicissimus, Eulenspiegel, Reineke Fuchs – und Felix Krull geradezu hin. Man weiß nicht, was man tut, erfährt es aber gern, besonders wenn man soviel Wert darauf legt, wie ich, sich in einer festen, möglichst weit zurückreichenden Tradition stehend zu wissen.   (eBr. / Ry 23)

Thomas Mann an Alexander Moritz Frey   Kilchberg, 19. 10. 1954
recht herzlichen Dank! Diese Besprechung[206] ist ja, trotz aller elastischen Nachsichtigkeit und Anpassung an die Notwendigkeiten der »Tagesanzeige«, unwillkürlich noch besser, wärmer, gewinnender, dem schnurrigen Buche nützlicher ausgefallen, als die frühere. Ich bewundere die Gewandtheit des Herzens, die daraus spricht.

Der Band hat im Ganzen Glück bei der Kritik, in Deutschland und hier. Ich lasse mirs gefallen, im Stillen wohl wissend, was dran ist und was nicht.   (eBr.)

204 M[ax] R[ychner], ›‹Bekenntnisse des Hochstaplers Felix Krull. Der Memoiren erster Teil›. Zu dem neuen Roman von Thomas Mann‹, Die Tat, Zürich, Jg. 19, Nr. 283, 16. 10. 1954.
205 Vgl. Anm. 192.
206 Alexander Moritz Frey, ›Die Welt der Hochstapelei‹, St. Galler Tagblatt, St. Gallen, 11. 10. 1954; dass. u. d. T. ›Der Hochstapler Krull‹, Tages-Anzeiger, Zürich, 16. 10. 1954.

Thomas Mann an Fritz Strich   Kilchberg, 19. 10. 1954
»Der Memoiren erster Teil« begleitet diese Zeilen. Mögen diese »pi-
caresken« Späße Ihnen nicht mißfallen! Der Band macht im Ganzen
Glück bei der Kritik, in Deutschland und hier. Ich lasse mir's gefallen, im Stillen wohl wissend, was daran ist und was nicht.
Ein für mich merkwürdiges Zusammentreffen ist das gleichzeitige
Erscheinen eines Buches ›Der göttliche Schelm‹[207] (Rhein-Verlag),
wovon Kerényi den mythologischen und Jung den psychologischen
Teil geschrieben hat. Ich war sehr sonderbar berührt. Weiß Gott,
daß ich mir nicht bewußt war, einen hermetischen Roman anzulegen, als ich vor einigen 40 Jahren mit dem ›Krull‹ begann. Erst
bei der späten Fortsetzung haben sich, wohl durch die Nähe des
›Joseph‹, solche Assoziationen unwillkürlich hineingeschlichen.
                                                            (eBr.)

Thomas Mann an Louise Servicen   Kilchberg, 22. 10. 1954
Heute ließ ich ein Exemplar des ›Felix Krull‹ an Sie abgehen, dessen
Memoiren jetzt Roman-Format erlangt haben. Sie kennen diese
zum Teil recht ungehörigen Scherze ja schon und werden, wie ich
Ihnen ins Buch schrieb, Ihre Meisterkunst auch an diesem Band
wieder bewähren.[208]
In dieser Überzeugung werde ich bestärkt durch die genaue Kennt-
nisnahme Ihrer Übertragung der ›Betrogenen‹; wir beide, meine
Frau und ich, haben die zwei Fortsetzungen in ›Les Lettres Nouvelles‹[209] mit Genuß und Bewunderung gelesen, und ich hätte Ihnen
längst dafür gedankt, wenn ich nicht so lächerlich überlaufen und
überhäuft wäre.   (mBr.)

Thomas Mann an Hans Reisiger   Kilchberg, 27. 10. 1954
Vom ›Krull‹ kennen Sie weniger als Sie denken. Zum Beispiel Mme
Houpflé scheint Ihnen entgangen zu sein.[210] Starker Toback! für
meine Verhältnisse. Und dabei nicht unpoetisch. Die begeistertste

---

207 Vgl. Anm. 192.
208 Louise Servicens Übersetzung der ›Bekenntnisse‹ erschien 1956 bei Albin
    Michel, Paris.
209 ›Le mirage‹, trad.: Louise Servicen, Les lettres nouvelles, Paris, vol. 2,
    no 14–16, avril–juin 1954, p. 481–513, 709–733, 845–866.
210 Zweites Buch, Kap. 9 (VII, 434–450).

Kritik hat Sieburg geschrieben, in der ›Zeit‹.[211] Ist, glaube ich mich
zu erinnern, ein konfiszierter Kerl, hat aber eine Schwäche für
meine Gaben. (eBr.)

Thomas Mann an Erich Neumann   Kilchberg, 1. 11. 1954
Viel einfacher und leichter steht es ja mit der Fehlerliste, die den
Bekenntnissen Felix Krulls zugehört. Ich habe sie überflogen und
glaube, daß Sie in allen Fällen recht haben, besonders auch in dem
rot markierten, wo selbstverständlich versehentlich das »Muß« ausgefallen ist.
[...]
Ein Widmungsexemplar des Krull, das Sie, wie kaum ein anderer
verdienen, ging gestern schon an Sie ab. (mBr. / N 29)

Thomas Mann an Jonas Lesser   Kilchberg, 3. 11. 1954
für Ihr schönes Telegramm anläßlich des Felix Krull muß ich Ihnen
noch vielmals danken. Sie haben mir eine wahre Freude damit gemacht. Es fehlt nicht an schmeichelhaften Worten der Erkenntlich-
keit für das wunderliche Buch, aber die Ihren waren die ausdrucks-
vollsten. Ich war mir wirklich einer so lebhaften Aufnahme dieser
späten Scherze nicht vermutend. Die deutsche wie die Schweizer
Presse schlägt hohe Töne an, und die erste Auflage von 20 000 Stück
ist schon vergriffen – ein paar Wochen wird bei aller Beschleunigung
des Neudrucks das Buch nicht lieferbar sein, was immer ärgerlich
ist. Selbst meine wachsende Müdigkeit sollte sich durch soviel An-
teilnahme ermutigt fühlen, den Spaß fortzusetzen. Aber ich sage
mir auch wieder, daß es kein Unglück wäre, wenn der Roman weit
offen stehen bliebe. So recht zu beendigen wäre er ohnehin wohl
nicht, auch wenn ich *noch* 400 Seiten zustande brächte. (eBr.)

Thomas Mann an Erika Mann   Kilchberg, 7. 11. 1954
Der fast stürmische Erfolg des ›Krull‹ amüsiert mich sehr, bei all
meinen Nöten und Sorgen von wegen Weimars, des »Nationalprei-
ses« und all der Klippen. Der Verlag hat schon keine Exemplare
mehr, und man kann nur hoffen, daß die Sortimenter noch Vorrat
haben, sonst kann das Buch ein paar Wochen lang nicht geliefert

211 Friedrich Sieburg, ›Kultur ist Parodie. Thomas Manns Hochstapler-Roman‹, Die Zeit, Hamburg, Jg. 9, Nr. 40, 1. 10. 1954, S. 6.

werden. Die Besprechung von Sieburg[212] war übrigens wirklich hervorragend. Ein sonderbarer Kopf. Ich habe ein Buch von ihm gelesen: ›Die Lust am Untergang‹[213], worin sich äußerst gescheite und stilistisch hochstehende Dinge finden, alles unter seiner undeutschen Devise: »Literatur ist Kritik«. Er muß an sich selbst viel Kritik geübt haben und spricht auch garnicht liebevoll von der Bundesrepublik.   (Br. III, 363)

Thomas Mann an Anna Jacobson   Kilchberg, 14. 11. 1954
tausend Dank für Ihren schönen Brief. Sie hätten den ›Krull‹ längst von mir bekommen sollen, aber Holé, Heho, Ahé![214] Das Buch ist seit ein paar Wochen schon vergriffen und das 21. bis 40. Tausend noch nicht da. Es müssen aber in den nächsten Tagen Exemplare kommen.   (eBr.)

Thomas Mann an Richard Braungart   Kilchberg, 18. 11. 1954
Sie sollen ein alter Mann sein, noch älter als ich, aber die Frische Ihrer Empfänglichkeit spricht gegen Ihre Jahre. Komischer Weise muß ich Ihnen recht geben in dem, was Sie von einer gewissen Verwöhnung schreiben. Ich erleide sie selbst und kann sehr wenig deutsche Prosa ertragen. Immer bin ich ganz glücklich, wenn ich's doch einmal kann. So ging es mir mit Penzoldts ›Squirrel‹[215], einem reizenden Buch, dessen Hauptgestalt meiner Meinung nach eine feinere Conception ist als mein Felix.
Die Weiterreise wird sehr abgekürzt. Abenteuer und Streiche, ein schwieriges Scheinleben, eine Ehe- und eine Zuchthausepisode sind vorgesehen. Aber es gibt nur noch einen Band – *wenn* es noch einen gibt.   (eBr.)

212 Friedrich Sieburg, ›Auch ein Bildungsroman‹, Die Gegenwart, Frankfurt a. M., Jg. 9, Nr. 217, 25. 9. 1954, S. 622–623 (Erstveröffentlichung der in Anm. 211 angeführten Rezension).
213 Friedrich Sieburg, ›Die Lust am Untergang. Selbstgespräche auf Bundesebene‹, Hamburg: Rowohlt 1954.
214 Vgl. Drittes Buch, Kap. 2 (VII, 661).
215 Ernst Penzoldt, ›Squirrel. Erzählung‹, Berlin u. Frankfurt a. M.: Suhrkamp 1954.

Thomas Mann an Gert Adriani   Kilchberg, 22. 11. 1954
Ihre Bemerkung, daß in der Gestalt des Felix Krull Joseph wieder-
kehrt und daß beide durch die mythische Gestalt des Hermes verbunden sind, ist natürlich vollkommen richtig.   (Abschr.)

Thomas Mann an Käte Hamburger   Kilchberg, 25. 11. 1954
Daß ich Ihnen das Buch nicht schickte, liegt daran, daß ich überra-
schend ohne Exemplare war. Die Auflage von 20000 Stück war im
Handumdrehen vergriffen, und nun druckt man eilig, um nicht für
Weihnachten zu spät zu kommen bis zum 40. Tausend nach. Sobald
die Exemplare kommen, schicke ich Ihnen eines mit Widmung. Ver-
schenken Sie das Ihre!
Ich bin, wie immer, verblüfft von dem Erfolg dieser Scherze. Daß
Ihnen der Band Freude gemacht hat, spricht nun freilich wirklich für
ihn in meinen Augen, – was nicht gut gesagt ist. Der belletristische
Felix würde nicht so schreiben. Vom II. Bande ist noch nicht ein
Wort auf dem Papier. Wie, wenn der Roman weit offen stehen
bliebe? Es wäre kein Unglück meiner Meinung nach.   (eBr.)

Thomas Mann an Robert Faesi   Kilchberg, 27. 11. 1954
Das närrische Buch kann von Glück sagen, besonders von seinem
Glück in der Schweiz, daß Sie in dieser Weise Ihren großen Namen
dafür einsetzen.[216] Sein Erfolg ist verblüffend. Vom 21. bis 42. Tausend sind 10000 schon wieder verkauft. Ich falle aus den Wolken,
wie gewöhnlich.   (F 105)

Thomas Mann an Werner Weber   Kilchberg, 2. 12. 1954
Die Gryphaea[217] ist recht etwas für mich. Ich habe die irgendwie
physische Berührung mit Urzeiten sehr gern. Bisher war dieses Bedürfnis nur durch einen schon äußerst wackligen kleinen Totemsklaven
aus einem Grabe in Luxor erfüllt. Nun kommt diese Muschel
aus dem Urmeer, in dem »einst« der Hallauer Berg wohl eine Boden-
erhebung bildete, hinzu und beschämt das ägyptische Bürschchen
durch seine Herkunft aus viel größeren Zeitentiefen. Sie liegt als

216 Robert Faesi, ›Thomas Manns ‹Bekenntnisse des Hochstaplers Felix Krull›‹,
    Neue Schweizer Rundschau, Zürich, n. F., Jg. 22, Nr. 7, Nov. 1954, S. 403
    bis 416.
217 Fossile Muschel aus den Hallauer Bergen; Geschenk Werner Webers an
    Thomas Mann.

kleiner Briefbeschwerer auf meinem Schreibtisch, und oft nehme ich sie zu sinniger Betrachtung in die Hand. (Br. III, 364)

Thomas Mann an Monika Mann Kilchberg, 3. 12. 1954
Du hast mir ja so vortrefflich, ja geradezu bedeutend über den ›Krull‹ geschrieben, daß ich Dir nicht nur Dank dafür »wissen«, sondern, damit Du's weißt, auch ausdrücklich dafür danken muß. Freilich, das mit der Liebe, das ist wirklich ein *zu* weites Feld[218]; ich getraue mich nicht, mich auf eigene Faust und Verantwortung darüber zu ergehen, wenn ich's auch Felixen riskieren ließ. Nur soviel: Seine Neigung zum »Doppelbilde« steht wohl nicht in Widerspruch zu seiner altklugen Äußerung über die tragikomische Bemühung der Liebe, aus Zweien Eins zu machen, – was doch erst im Baby gelinge. Wahrscheinlich will ihm das Bibelwort »Und sollen sein ein Fleisch« nicht einleuchten, da es doch in der Liebe immer zwei Fleische bleiben müssen und sie mit einem nicht auskommt. Aber schon genug. Übrigens sagst Du es ja selbst mit dem Worte vom »höchsten Zweisein«. Felix hat nur den Blick für die rührende Komik des Bildes, das die physische Liebe bietet mit ihrem Sich Abzappeln nach dem Einswerden von Zweien.[219]
Der Erfolg des Buches ist ganz lächerlich. Es hält schon beim 42. Tausend und hat eine verzückte Presse. Ich falle aus den Wolken, wie gewöhnlich. (eBr. / Br. III, 365)

Thomas Mann an Agnes E. Meyer Kilchberg, 11. 12. 1954
Anfang Oktober schon sandte ich ein Buch an Sie ab, das in Deutschland und in der Schweiz eine ungewöhnlich freundliche Aufnahme gefunden hat: Die Memoiren des Felix Krull, vervollständigt auf ca. 450 Seiten. Der Gedanke beunruhigt mich, daß die Sendung Sie vielleicht nicht erreicht haben könnte. Es war das *erste* Exemplar, das ich inskribierte und versandte. (eBr.)

Thomas Mann an Henry Walter Brann Kilchberg, 12. 12. 1954
Daß Sie auch über den Krull berichten wollen, ist mir eine besonders angenehme Nachricht. In Deutschland und in der Schweiz hat das Buch, das doch schließlich wieder nur ein Fragment, wenn auch ein

218 Redewendung des alten Briest in Fontanes ›Effi Briest‹.
219 Vgl. Drittes Buch, Kap. 10 (VII, 626).

ausgedehntes, ist, einen Erfolg, der mich völlig verblüfft. Es hält schon beim 42. Tausend. Ich bin neugierig, wie es sich auf Englisch ausnehmen und wie es in dieser Sphäre aufgenommen werden wird. (mBr.)

Thomas Mann an Fritz Ernst · Kilchberg, 14. 12. 1954
Ich hätte den großen Schweizer Essayisten, den ich in Ihnen bewundere, so gern sprechen hören, besonders nun gar über dies Thema, das mich näher angeht, als ich mir während der Arbeit am ›Krull‹ bewußt war. Ich hatte mir bestimmt vorgenommen, zu kommen, hatte mich angemeldet, hatte Karten für meine Frau und mich, – und dann war mir gerade an dem Abend, – es war der lendemain der Penthesilea-Première, die mir schrecklich auf die Nerven gegangen war, – so schlecht zu Mut, daß ich mich nicht getraute, auszugehen.
Ein anderer Dr. Ernst, unser Kilchberger Hausarzt, der zwar wegen eines emergency-Falles auch nicht kommen konnte, dessen Frau aber da war, hat mir, nach ihrem offenbar intelligenten Bericht, viel von Ihrem Vortrag erzählt, der historisch begeisternd gewesen sein muß. Wie sehr hätte meinem Sinn für Tradition, meinem Bedürfnis, mich einer Tradition angehörig zu fühlen, die Einbeziehung meines Roman-Fragments in diese weiterkommende und überall hinreichende literarische Ueberlieferung geschmeichelt!
Ich kann nur hoffen, daß der zweifellos geistvolle und formschöne Ueberblick über die Geschichte des Schelmenromans, den Sie boten, recht bald einmal im Druck erscheint[220] [. . .]. (eBr.)

Thomas Mann an Joseph von Vintschger · Kilchberg, 16. 12. 1954
Dank für die Überraschung Ihres liebenswürdigen Briefes und die edle Stärkung, die ihn begleitete. Grappa Venosta! Ich muß das Etikett aufheben, wenn ich die Flasche geleert habe. Es wird noch mehr Karambolagen mit Adelsnamen geben, die hoffentlich ebenso angenehm verlaufen, wie in Ihrem Fall. Sogar das Hotel St. James and Albany[221] gibt es wirklich in Paris, wie ich mit Entsetzen erfuhr. Das muß in der französischen Ausgabe geändert werden! (mBr.)

---

220 Vgl. Fritz Ernst, ›Thomas Mann und der Schelmenroman‹, Neue Zürcher Zeitung, Jg. 176, Nr. 1498, 5. 6. 1955, Bl. 4.
221 Wurde in ›Saint-James et Washington‹ umbenannt (vgl. VII, 392 u. ›Les confessions du chevalier d'industrie Félix Krull‹, Paris: Michel 1956, S. 146).

Thomas Mann an Otto Basler   Kilchberg, 20. 12. 1954

Der ›Krull‹ ist ja ein lächerlicher Erfolg, bei Groß und Klein, Alt und Jung, Vornehm und Gering, Schlicht und High-brow. Von der ›Betrogenen‹ war man so dégoûtiert, und nun schwimmt man in Entzücken. Nur der ›Monat‹ kündigt »Kritische Bemerkungen« an [222], die mir am Ende geradezu wohltun werden nach all den Süßigkeiten.   (Abschr.)

Thomas Mann an Ferdinand Lion   Kilchberg, 25. 12. 1954

Hier und in Deutschland geht es hoch her mit dem Buch. Es ist schon das 40. Tausend auf dem Markt. Nun, Sie sind anderes gewöhnt, aber bei mir ist dergleichen schon lange nicht mehr vorgekommen, und mich rührt das offenkundige Bedürfnis der Menschen nach etwas halbwegs Erquicklichen – bei all der Unerquicklichkeit.   (eBr.)

Thomas Mann an Siegfried Marck   Arosa [Januar 1955]

Besonders verbunden bin ich Ihnen für Ihre klugen Bemerkungen über den Krull. Über das Buch ist viel Beifälliges, aber nicht sehr viel Kluges geschrieben worden. Desto empfänglicher war ich für Ihre Äußerungen und besonders für Ihre Ansicht oder, ich darf wohl sagen, Einsicht, daß ein geistig-organischer Bruch zwischen den vierzig Jahre alten Anfängen und den neuen Kapiteln nicht besteht, wenn auch natürlich eine gewisse geistige Erweiterung, wie eben die Jahre sie mit sich bringen, festzustellen sein mag.   (mBr.)

Thomas Mann an Käte Hamburger   Kilchberg, 8. 1. 1955

Nie habe ich mir träumen lassen, daß es ein solcher Treffer sein würde. Noch diesen Monat soll die 3. Auflage, bis zum 60. Tausend erscheinen, und die angelsächsischen Verleger, wie der französische und der italienische [223], haben so gute Berichte, daß ihnen der Mund wässert.   [eBr.)

222 Hellmut Jaesrich, ›Das verlängerte Fragment. Zu den ‹Bekenntnissen des Hochstaplers Felix Krull›‹, Der Monat, Berlin, Jg. 7, H. 75, Dez. 1954, S. 268–271.
223 Secker & Warburg, London; Knopf, New York; Michel, Paris; Mondadori, Mailand.

Thomas Mann an Lavinia Mazzucchetti   Kilchberg, 8. 1. 1955

[...] hier unter der ewigen Nebeldecke ist es zum Melancho-
lischwerden – wozu ja ohnedies immer eine Neigung vorhanden ist.
Daher die Felix Krull-Späße, von denen ich mir nicht träumen ließ,
daß sie ein solcher Treffer sein würden: Noch diesen Monat soll die
3. Auflage (bis zum 60. Tausend) hinausgehen. Man sieht, wie es die
Leute nach Erheiterung verlangt, bei der sich doch auch wieder dies
und das denken läßt.   (eBr. / Br. III, 369)

Thomas Mann an Werner Weber   Kilchberg, 12. 1. 1955

[...] die ewige Dunkelheit hier ist wirklich zum Melancholischwer-
den. Als ob dazu nicht ohnedies immer eine Neigung vorhanden
wäre – woher denn auch die Felix Krull-Scherze, die die Leute so
belustigen, daß schon die 3. Auflage, bis zum 60. Tausend in den
Handel kommt. [...] Im Übrigen scheint es mir ein Erfolg »in er-
manglio« zu sein, wie die deutschen Studenten zu sagen pflegten;
denn was gibt es sonst schon Erheiterndes, bei dem sich doch auch
wieder dies und jenes denken läßt?   (Abschr.)

Thomas Mann an Louise Servicen   Kilchberg, 19. 2. 1955

Ohnedies wollte ich Ihnen schreiben und zwar in Hinsicht auf Ihre
gegenwärtige Arbeit, die Übersetzung des ›Krull‹. Die größte
Schwierigkeit, die sie bereitet, liegt wohl in dem erotischen Abenteuer mit Madame Houpflé, alias Diane Philibert, besonders in der
Wiedergabe der teils deutschen, teils französischen Alexandriner,
die die Dichterin produziert. Nun möchte ich Sie für alle Fälle darauf
aufmerksam machen, daß diese Improvisationen mit einer Stelle beginnen, die ein Zitat aus Victor Hugo's ›Hernani‹ ist. Dies »Com-
ment à ce propos« stammt aus dem dritten Akt von Hugo's Drama,
der ›Le Vieillard‹ heißt:

> »Comment, à ce propos, quand l'heure nous appelle,
> N'êtes-vous pas encore prête pour la chapelle?
> Mais, vite! habillez-vous. Je compte les instants.
> La parure de noce!«[224]

224 III / 1: Don Ruy Gomez. – Vgl. Zweites Buch, Kap. 9 (VII, 442).

und Diane kommt dadurch in poetische Stimmung. Freilich ändert sie das »mais vite habillez-vous« in »*dés*habillez-vous«.

Ferner: Mit Schrecken höre ich, daß es in Paris tatsächlich ein Grand Hotel namens ›St. James and Albany‹ gibt. Wenn wir diesen Namen beibehalten, könnte es zu Unannehmlichkeiten führen. Wüßten Sie einen ähnlichen, nicht existierenden vorzuschlagen? Vielleicht könnte man den Namen einfach in ›St. James and Washington‹ ändern.[225]

Drittens finden sich im Französisch des guten Felix ein paar Fehler, die Sie ja bestimmt von sich aus korrigieren werden. So steht, ein Druckfehler des Verlages, einmal »beauté *de* diable« statt *du* diable, ferner fehlt auf Seite 146, vierter Absatz, bei der Äußerung des Zollbeamten ein »pas« und außerdem sollte er statt »je ne vous gêne pas« lieber »dérange« oder »incommode«[226] sagen. Aber, wie gesagt, wo Ihnen dergleichen auffällt, werden Sie es ja ohnedies richtigstellen. (mBr.)

Thomas Mann an Lavinia Mazzucchetti   Kilchberg, 8. 3. 1955
Nur zwei Worte heute zum Ausdruck meiner *hellen Freude* über die Nachricht, daß Sie den ›Krull‹ übersetzen wollen. »Was will ich mehr, ich bin geborgen – nun braucht sich Beckmesser nicht mehr zu sorgen«, heißt es in den ›Meistersingern‹. Gewiß freue ich mich meinetwegen und des Buches wegen, aber ebenso gewiß auch für *Sie*, der damit eine nicht reizlose und ans Leben bindende Aufgabe geboten ist – nicht zu schwer dabei, eher vergnüglich. Schwierigkeiten bietet für jeden Uebersetzer eigentlich bloß das Mme Houpflé-Kapitel mit den Alexandriner-Improvisationen in französisch und deutsch, wobei ich aufmerksam mache, daß die Gute mit Victor Hugo anfängt: »Pourquoi, quand l'heure nous appelle, n'es-tu pas encore prêt pour la chapelle«, das ist aus ›Hernani‹. Freilich sagt sie dann statt »Habille-toi, vite!« »*Dés*habille-toi!« (eBr.)

Thomas Mann an Agnes E. Meyer   Kilchberg, 16. 3. 1955
Neues von ›Krull‹ kann ich Ihnen nicht schicken. Es steht von der Fortsetzung noch kein Wort auf dem Papier. (eBr. / Br. III, 385)

225 Vgl. Anm. 221.
226 Vgl. Zweites Buch, Kap. 7 (VII, 389).

152

Thomas Mann an Otto Basler   Kilchberg, 26. 3. 1955
Vom ›Krull‹ ist das 80. Tausend im Druck! Es mutet mich etwas
närrisch an. Aber auch Knopf kabelte gestern: »The old master still
puts the young ones to shame. Krull is absolutely magnificent.« Er
hat nämlich gerade die Uebersetzung[227] gelesen. Meine Selbstach-
tung ist nun doch langsam im Steigen begriffen.

(eBr. / Br. III, 389)

Thomas Mann an Oskar Seidlin   Kilchberg, 27. 3. 1955
es ist mir so sehr lieb, Ihren gelehrten und anmutigen Aufsatz ›Pikareske Züge etc‹ nun auf deutsch zu besitzen, – denn auf englisch,
nicht wahr, hatte ich ihn doch bestimmt schon gelesen.[228] – Mich in
einer Tradition stehend zu fühlen, war mir immer ein Bedürfnis,
und Sie zeigen mir so hübsch und klug, in welcher ich stehe, und wie
ich sie entwickelte, daß es ein Vergnügen ist. Natürlich sind Joseph
und Felix Krull fast dieselbe »pikareske« Figur; aber obgleich jener
die Höhere ist, gefällt dieser den Leuten viel besser. Zur Lektüre der
Josephsgeschichten entschließen sich wenige; aber vom Krull wird
in Deutschland schon das 80. (!) Tausend gedruckt – ich meine von
dem auf einige 400 Seiten erweiterten Fragment, das erst vor kurzem erschien. Selbst Knopf, der gerade die Übersetzung[229] las, kabelte: »Krull is absolutely magnificent.« Alles schreit nach dem
»Zweiten Teil«, von dem noch kein Wort auf dem Papier ist. Ich
habe schon wieder keine Lust mehr, interessiere mich für ganz anderes, und es ist leicht möglich, daß der Roman für immer weit offen
stehen bleibt, was auch kein Unglück wäre. Es ist eine Frage der Zeit,
die mir bleibt – und der Kräfte, die mir darin noch zur Verfügung
stehen.   (eBr.)

227 ›Confessions of Felix Krull, confidence man. Memoirs, Part 1‹ (Untertitel
    der amerik. Ausg.: The early years), transl.: Denver Lindley, London:
    Secker & Warburg / New York: Knopf 1955.
228 Oskar Seidlin, ›Pikareske Züge im Werke Thomas Manns‹, Germanisch-
    romanische Monatsschrift, Heidelberg, n. F., Bd. 5, H. 1, 1955, S. 22–40.
    Vgl. 10. 10. 1951 (S. 96–97).
229 Vgl. Anm. 227.

Thomas Mann an Else Vielhaber   Kilchberg, 30. 3. 1955
Besonders hat mir in Ihrem Brief das Stifter-Citat[230] gefallen, wie ich
überhaupt ein großer Bewunderer Stifters bin, auch gerade des ›Ab-
dias‹. Ja, die ungeheure Neutralität und »Unbefangenheit« der Natur! Es ist gut, finde ich, »Natur« zu sagen oder einfach »Leben« und
lieber nicht »Gott«, ein Wort, mit dem sich doch unwillkürlich gewisse menschliche, aber offenbar nicht adäquate Moral-Begriffe verbinden. Ein Enkelbub von mir tat schon mit 9 oder 10 Jahren den
Ausspruch: »Wenn man anfängt, über den lieben Gott nachzudenken, so kriegt man *Gehirnverschüttung*.« Gut gesagt. Man unterläßt
das also besser und spricht bloß von Natur, die sich denn, ich hätte fast
gesagt: in Gottes Namen, völlig unverantwortlich und moralfremd
benehmen mag. Unter ihrem Namen läßt man's leichter hingehn.
Aber was fange ich an mit einem nach seinem Tun und Geschehenlas-
sen absolut unverständlichen und unergründlichen Gott? Nicht, daß
ich ein gläubiger Atheist wäre. Das ist auch wieder lächerlich. Denn
schließlich steht ja doch die Frage da nach dem letzten Ursprung von
Natur und Leben, der ganzen ungeheuerlichen kosmischen Veran-
staltung. Kein Mensch wird die Frage je beantworten. Wir leben und
sterben alle im Rätsel, und das Gefühl dafür kann man, wenn man
will, religiös nennen. Es ist ein etwas anspruchsvolles Wort, aber das
Bewußtsein hoffnungsloser Unwissenheit kommt ja einer gewissen
Frömmigkeit ohne Weiteres gleich.   (Br. III, 389)

Thomas Mann an Paul Burkhard   Kilchberg, 4. 4. 1955
[...] für meine Person bin ich herzlich froh, zu hören, daß der
›Krull‹ Sie unterhalten, Ihnen Freude gemacht hat. Ich bin von dem
Erfolg des Buches vollkommen überrumpelt, hatte mir nichts dergleichen vorgestellt. »Der Memoiren Erster Teil« gab ich erst einmal
fort, einfach weil ich fand, daß genug Manuskript für einen Band
sich angesammelt hatte und auch wohl, weil ich vorderhand keine
Lust zum Weiterschreiben hatte. Es traten von außen allerlei andere

---

230 »[...] es liegt auch wirklich etwas Schauderndes in der gelassenen Un-
    schuld, womit die Naturgesetze wirken, daß uns ist, als lange ein unsichtba-
    rer Arm aus der Wolke, und tue vor unsern Augen das Unbegreifliche. Denn
    heute kömmt mit derselben holden Miene Segen, und morgen geschieht das
    Entsetzliche. Und ist beides aus, dann ist in der Natur die Unbefangenheit,
    wie früher.« (›Abdias‹, 1: ›Esther‹; vgl. A. Stifter, ›Studien‹, Teil 3, Hg.:
    Max Stefl, Basel: Schwabe 1956, S. 5).

Aufgaben an mich heran: eine Einleitung zu Kleists Erzählungen[231] wollte geschrieben sein, dann ein Aufsatz über Tschechow[232], dann ein größerer Huldigungsversuch über Schiller[233], der mir viel Mühe und Arbeit gemacht hat. Zu Ende geplant ist der Krull-Roman seit mehr als 40 Jahren, aber von der Fortsetzung steht noch kein Wort auf dem Papier. Ob das Ding je fertig wird, hängt ganz von der Zeit ab, die mir noch gegönnt ist: Augenblicklich, ich gestehe es, habe ich ganz andere Rosinen im Kopf, sogar ohne sicher zu sein, ob es wirklich Rosinen sind. Aber wäre es denn ein Unglück, wenn die Krull-Memoiren weit offen stehen blieben? Vielleicht sind sie zum »unendliche Sehnsucht erregenden« Fragment geboren. Qui vivra, verra. (eBr.)

Thomas Mann an Hans Tressel   Kilchberg, 9. 4. 1955
Den Band der Krullmemoiren habe ich »an Tag gegeben«, einfach, weil sich genug Material angesammelt hatte. Ich hielt es ebenso im Fall der sogenannten Joseph-Tetralogie, die durchaus als *ein* Roman gedacht war, und mit deren erstem Teil ich aus den gleichen Gründen herausrückte. Zu Ende geplant ist der Krull-Roman seit mehr als vierzig Jahren, aber von der Fortsetzung steht noch kein Wort auf dem Papier. Seit ich den guten Felix verließ, traten verschiedene andere Aufgaben an mich heran: eine Einleitung zu Kleist's Novellen für Amerika[234], ein längerer Aufsatz über Anton Tschechow[235] und dann spann ich mich viele Wochen gänzlich ein in jenen Versuch über Schiller[236], bloße hundert Seiten, die mir aber ganz unerwartet viel Erregung und Mühe gebracht haben. Das Bändchen soll im Laufe des Sommers erscheinen.
Ob der ›Krull‹ jemals fertig wird, hängt ganz davon ab, wie viel Lebenszeit mir noch gegönnt ist. Im Augenblick, ich gestehe es, habe ich ganz andere Rosinen im Kopf, wobei ich nicht einmal sicher bin, ob es wirklich Rosinen sind. (mBr.)

---

231 ›Heinrich von Kleist und seine Erzählungen‹, Vorwort in: H. v. Kleist, ›Die Erzählungen‹, Frankfurt a. M.: Fischer Bücherei 1956 (= Fischer Bücherei, 135); engl. in: H. v. Kleist, ›The Marquise of O – and other stories‹, New York: Criterion Books 1960.
232 ›Versuch über Tschechow‹, Sinn und Form, Berlin, Jg. 6, H. 5/6, Sept./ Dez. 1954, S. 783–804.
233 ›Versuch über Schiller‹, Frankfurt a. M.: S. Fischer 1955.
234–236 Vgl. Anm. 231–233.

Thomas Mann an Harald Kohtz   Kilchberg, 15. 4. 1955
Was den zweiten Teil der Krull-Memoiren betrifft, von denen offen
gestanden noch kein Wort auf dem Papier steht, so ist der Roman ja
seit mehr als vierzig Jahren zu Ende geplant, und wie er ausgeht, ist
im ersten Teil mehrfach angedeutet. Das fernere Leben Krulls wird
eine Ehe- und eine Zuchthaus-Episode bringen und ein Leben der
beständigen Täuschung darstellen, das sehr anstrengend ist und
seinen Mann früh schon abnutzt. Er setzt sich zur Ruhe schon
mit vierzig Jahren mit einer kleinen Erbschaft, die er von seinem
Paten macht, und schreibt in London seine Memoiren. Denn, wie
Napoleon sagte, man taugt nur einige wenige Jahre für den
Krieg.[237]   (mBr.)

Thomas Mann im Gespräch mit Frederic Morton[238]   Mai [?] 1955
Well, in the second volume I shall put Krull through some matrimo-
nial and penitentiary episodes and finally into a kind of retirement
in London where he writes his memoirs.

Thomas Mann in ›Ernst Penzoldt zum Abschied‹   12. 6. 1955
[...] ›Squirrel‹[239], ein Stück ursprünglich, das ich nicht kannte, ein
schmaler Roman sodann von unbeschreiblichem Zauber, der mich
tagelang glücklich machte. In einer Welt der Schwere und Plackerei,
deren Bürger mühselig im Morast der Materie stapfen – die Erscheinung von etwas ganz Leichtem, Sorg- und Nutzlosem, kurzum:
Poetischem, in der geheimnisvollen Person eines jungen Vagabun-
den, den man halb erfroren und verhungert auf der Straße findet
und der während seines kurzen Verweilens, mit Ausnahme von ein
paar ganz Gottverlassenen, alle Herzen gewinnt, allen etwas befrei-
end Überirdisches mitteilt, alle einen Augenblick bessert und dann
wieder entschwindet – mehr ist es nicht, aber es ist entzückend. Nie
ist das Lieblingsmotiv dieses Dichters, das im Grund der Ausdruck
seiner eigenen Sendung ist, zu so vollem, reinem, spöttisch-subli-

---

237 »Man taugt nur kurze Zeit für den Krieg. Ich bin noch gut für sechs Jahre,
      dann aber heißt es: Halt!« (›Berühmte Aussprüche und Worte Napoleons
      von Corsika bis St. Helena‹, ges. u. hg. von Robert Rehlen, Leipzig: Zeitler
      1906; Nr. 437.)
238 Frederic Morton, ›A talk with Thomas Mann at eighty‹, New York Times
      Book Review, 5. 6. 1955.
239 Vgl. Anm. 215.

mem, amüsantem und herzbewegendem Erklingen gekommen. Es war um die Zeit, als eben meine Krull-Memoiren erschienen waren und aus den und den Gründen viel gelesen und belobt wurden. Penzoldts Geschichte schien ein Kleines dagegen, aber ich fand sie besser. »Ich lasse mir nichts vormachen«, schrieb ich ihm. »Ihr ›Squirrel‹ ist eine poetischere Konzeption als der ganze Krull. Das ist eine Epiphanie.«   (X, 548)

Katja Mann an Pavel Eisner   Kilchberg, 16. 12. 1956
Von der Fortsetzung des Krull ist nicht eine Zeile vorhanden.[240] Nach Beendigung des ersten Teiles wandte er sich ja sofort dem großen Schiller-Essay zu [...].   (mBr.)

Katja Mann an Pavel Eisner   Forte dei Marmi, 7. 8. 1957
Ihre Auffassung des Krull als einer »Schaubühne von Nationalpsychen« (unter Anderem) hätte sich vielleicht bewahrheitet, ohne daß dies, glaube ich, zur Grundkonzeption gehört hätte. Einiges »Material«, Zeitungsausschnitte, Bilder aus Illustrierten, sorgfältig zusammengebündelt und mit Aufschriften wie »Elegante Welt« versehen, ist vorhanden; er hat es durch all die Jahrzehnte mit sich geführt und es befindet sich im Zürcher T. M. Archiv. Die Weltreise sollte aber sehr verkürzt werden, wohl weil sie ins Unabsehbare geführt und zuviel Studium erfordert hätte. Ich glaube, sie sollte sich im Wesentlichen auf Argentinien beschränken mit einem Geschwisterpaar als »Doppelgestirn«, das ja andeutungsweise schon erwähnt ist. Nach einigen weiteren Abenteuern sollte dann eine Eheepisode kommen, mit einem zarten garnicht recht auf der Erde wurzelnden Frauchen, einem »Kinderzähnchen«, wie er das nannte, die bald an Schwindsucht sterben sollte; dann eine Zuchthaus-Episode, zu der er auch schon eingehende Studien gemacht hatte, und nach seiner Entlassung sollte er sich mit einer kleinen Erbschaft, die Pate Schimmelpreester ihm hinterlassen, unter anderem Namen in England zur Ruhe setzen.
Das ist ein äußerst mageres Gerippe, aber ich fürchte, mehr weiß ich nicht.   (eBr.)

---

240 Vgl. Hans Wysling, ›Thomas Manns Pläne zur Fortsetzung des ‹Krull›‹ (TMS III, 149–166).

[von ›Dichter über ihre Dichtungen. Band 14 / I. Thomas Mann‹]

I

Im Hinblick auf die vorliegende Ausgabe wurden alle uns zugänglichen Briefe Thomas Manns bearbeitet. Es sind deren über 13 000. Nach jahrelanger Sammeltätigkeit besitzt allein das Thomas-Mann-Archiv der Eidgenössischen Technischen Hochschule in Zürich rund 10 000 Photokopien und Originale. Öffentliche Bibliotheken und private Sammler haben es großzügig unterstützt. Die Ausgabe erhält ihren besonderen Wert dadurch, daß über die Hälfte der vorgelegten Selbstkommentare bisher nicht oder nur an schwer zugänglichen Orten veröffentlicht worden sind.

Angesichts der Fülle des Materials war es dem Herausgeber nicht möglich, sich strikte an die Editionsprinzipien der Reihe »Dichter über ihre Dichtungen« zu halten. Beschränkung war unerläßlich. Sie wurde nach folgenden Gesichtspunkten angestrebt:

1. Auf die Abteilung »Allgemeine Äußerungen über das Schreiben« wurde verzichtet.

2. Thomas Manns Kommentare zu seinem Werk sind zunächst in seinen *Briefen* zu finden. *Gespräche* und *Interviews* sind nur in Ausnahmefällen berücksichtigt worden. Die frühen *Notizbücher* Thomas Manns wurden nur dort herangezogen, wo sie Selbstkommentare enthalten oder Aufschlüsse über Werkpläne und Datierungen geben. Die frühen Tagebücher soll Thomas Mann nach Aussagen von Golo Mann 1907 verbrannt haben. Die Tagebücher von 1907–1933 sind seit dem Zweiten Weltkrieg verschollen; sie sind wahrscheinlich zusammen mit den Werkmanuskripten, die Thomas Mann seinem Rechtsanwalt, Valentin Heins, anvertraut hatte, bei einer Bombardierung Münchens zerstört worden.[1] Die Tagebücher von 1933–1955 dürfen nach dem Willen des Dichters erst zwanzig Jahre nach seinem Tod geöffnet werden. Desgleichen entfielen Auf-

---

1 [Aus den seit August 1975 zugänglichen späteren Tagebüchern geht hervor, daß Thomas Mann am 20. Juni 1944 mit der Vernichtung alter Tagebuchhefte begann.]

zeichnungen von Zeitgenossen, die mit dem Autor in Kontakt gestanden haben. Im Gegensatz zu Goethe (Biedermann: »Goethes Gespräche«) oder Schiller (Hecker: »Schillers Persönlichkeit« und Nationalausgabe Bd. 42) bestehen bei Thomas Mann noch keine brauchbaren Grundlagen. Selbstinterpretationen in *autobiographischen Schriften* und *Essays* wurden beigezogen; weggelassen wurden einzig die Aufsätze ›Über eigene Werke‹, die in Band XI der Frankfurter Gesamtausgabe von 1960 in einer geschlossenen Abteilung abgedruckt sind (S. 545–708). Verkappte Selbstkommentare in Romanen, Novellen usw. wurden nicht berücksichtigt; es wäre sonst ein gut Teil des Gesamtwerkes abzudrucken gewesen.

3. Aufgenommen wurden Äußerungen über *Werke* und *Werkpläne*, dazu Bemerkungen über verschollene Jugendwerke. Dagegen konnten Thomas Manns Hinweise auf seine *Herausgebertätigkeit* (›Mass und Wert‹, Anthologien) entfallen, soweit es sich nicht um Vorwörter oder Beiträge handelt, die er selbst geschrieben hat.

4. Aber auch innerhalb des so begrenzten Materials tat Beschränkung not. Bloße *Erwähnungen* eines Werkes wurden dann nicht berücksichtigt, wenn sie nicht einmal zur Lösung von Datierungsfragen beitragen. Dagegen wurden alle *Aussagen* über ein Werk, auch wenn sie dem Umfang oder dem Gewicht nach geringfügig sind, zitiert. Entstehungsgeschichte, aber auch Thomas Manns Kommentare zur Wirkung eines Werkes sollten möglichst lückenlos erfaßt werden. Verhandlungen mit Verlegern oder Übersetzern wurden nur ausnahmsweise abgedruckt.

5. Besondere Zurückhaltung war gegenüber den *mit Maschine geschriebenen Briefen* am Platz. Thomas Mann hat die Schreibmaschine nicht benützt, weder zum Schreiben von Briefen noch zum Schreiben von Büchern. Maschinenschriftliche Briefe wurden vielmehr von Katja Mann, dem »Generalsekretär«, wie Erich von Kahler sie einmal genannt hat, geschrieben. Sie hat den Text nach allgemeinen mündlichen Angaben oder nach einem handschriftlichen Entwurf aufgesetzt. Die Geschäftskorrespondenz mit Verlegern oder Übersetzern erledigte sie weitgehend selbständig. Sie hatte großen Spaß daran, Thomas Manns Stil nachzuahmen, und erreichte in dieser Mimikry einen Grad der Vollkommenheit, der es in gewissen Fällen selbst Kennern unmöglich macht, mit Sicherheit zu sagen, ob ein Brief von Thomas Mann verfaßt ist oder von seiner

Frau. Streng genommen könnten also nur handschriftliche Äußerungen oder maschinenschriftliche Briefe, zu denen ein handschriftliches Konzept vorliegt, als Thomas-Mann-Texte aufgefaßt werden. Bloß unterschriebene, allenfalls handschriftlich korrigierte Briefe sind zwar autorisiert, Thomas Manns Verfasserschaft ist aber damit nur graduell indiziert.

6. Inflatorischen Charakter nahm Thomas Manns Korrespondenz im amerikanischen Exil an, insbesondere in Kalifornien, wo er mit Hunderten von Flüchtlingsgesuchen, politischen Adressen, Meinungsbefragungen und Leserbriefen behelligt wurde. Der Kreis der Briefempfänger wird unübersehbar; viele von ihnen haben literarisch keine Bedeutung. Thomas Mann wollte aber nach Möglichkeit keine Briefe unbeantwortet lassen und mußte zur Bewältigung seiner Korrespondenz wie auch zum Abschreiben von Manuskripten auswärtige Hilfskräfte beiziehen. In Princeton übernahmen Molly Shenstone und Hans Meisel bestimmte *Sekretär-Arbeiten*. In Pacific Palisades, wo die Korrespondenz noch mehr anschwoll, waren es Konrad Kellen (Mai 1941 bis Frühjahr 1943), Albrecht Joseph (Frühjahr 1943 bis Sommer 1943), Hilde Kahn (August 1943 bis Juni 1952). Kellen erinnert sich, daß er teils nach wörtlichem Diktat schrieb oder übersetzte, teils nach allgemeinen Angaben; deutsche Briefe habe Thomas Mann nur dann unterschrieben, wenn er sie selbst konzipiert hatte. Joseph erledigte nur unwichtige Korrespondenz, die direkt in die Maschine diktiert wurde – die wichtigeren Briefe habe Katja Mann übernommen; bei sich zu Hause schrieb er Teile des ›Faustus‹-Manuskripts ab. Hilde Kahn erhielt zweimal in der Woche Briefe ins Stenogramm diktiert. Die Reinschriften und Übersetzungen verfertigte sie zu Hause. Auch sie berichtet, daß Katja Mann einen großen Teil der Korrespondenz erledigt habe, besonders nach Thomas Manns Lungen-Operation von 1946: »[...] wenn mich meine Erinnerung nicht täuscht, so konnte sie des Meisters Stil so vortrefflich kopieren, daß wir öfter darüber lachen mußten. Ich glaube, daß einige von ihr verfaßte Briefe unter seiner Signierung in die Welt gesetzt wurden.« Aber auch Erika Mann hat, wenn sie gerade im Hause war, als Sekretärin mitgewirkt – mit ebenso großem Spaß an stilistischer Mimikry wie ihre Mutter. Sie bediente sich dabei gelegentlich des Sekretärnamens Homer Smith. »Oft«, schreibt Thomas Mann seinem Bruder Viktor am 11. 5. 1948 (Br. III, 32), »wird am Telephon nach diesem gentleman gefragt. Dann ist er aber gerade auf Urlaub.«

All das stimmt ungefähr mit dem überein, was Thomas Mann in einem Sekretärbrief vom 9.1.1939 an Marquis Childs schreibt: »What actually happens is that my wife herself often writes my English letters for me. If for any reason she does not do this, my English secretary writes what I have indicated should be written, using what I have said as a guide. I do not actually dictate every little phrase, however.« Ein Brief vom 11.5.1939 an Kuno Fiedler ist noch deutlicher: »In meine Korrespondenz teilen sich 3 Personen, eine Engländerin [Molly Shenstone], ein junger Literat, Dr. Meisel, und meine Frau. Ich rühre die Sachen kaum noch an, wenn ich die Handschrift nicht kenne.«

Rebus sic stantibus war es angezeigt, aus den Sekretärbriefen nur Stellen mit besonderem Aussagewert auszuwählen. Bloße Erwähnungen, Leseempfehlungen, Bestätigungen, Beantwortungen von Widmungsgesuchen usw. mußten entfallen. Die Sekretärbriefe insgesamt wegzulassen wäre einer Verfälschung des Bildes von Thomas Manns Briefstellertätigkeit gleichgekommen; es sollte, was man den Betrieb im literarischen Haushalt eines »Großschriftstellers« nennen könnte, wenigstens angedeutet werden. Auf eine Zuweisung der Briefe an die einzelnen Sekretäre haben wir verzichtet, obwohl sich nach Briefdaten, individuellen Schreibgewohnheiten und Papierbeschaffenheit eine solche Zuweisung in vielen Fällen vornehmen ließe.

7. Erika Mann weist in ihrem Nachwort zum zweiten Band der Brief-Ausgabe nicht nur auf die eben dargestellten Verhältnisse hin, sie kommt auch auf die gerade in der Amerika-Zeit immer häufiger werdenden *Wiederholungen in Thomas Manns Briefen* zu sprechen: »Je mehr T. M.'s Korrespondenz anwuchs und je häufiger sie Personen betraf, die, auf dem Kontinent und über die Erdteile verstreut, einander nicht kannten oder außer Kontakt miteinander waren, desto zahlreicher sind die Wiederholungen in seinen Briefen. Was er von sich selbst erzählt, von seinen Plänen und von dem, was er kürzlich erlebt, gedacht, gelesen und geschrieben, ist natürlich an einem Montag nicht wesentlich anders als am nächsten oder übernächsten.« Bei wörtlichen Wiederholungen haben wir uns mit Verweisen beholfen. Treten dagegen Änderungen, wenn auch nur geringfügige, auf – sie lassen das Dargestellte oft in einem etwas anderen Licht erscheinen –, dann wurde die Stelle in vollem Wortlaut nochmals abgedruckt.

Des weiteren möchten wir auf folgende Einzelheiten aufmerksam machen:

1. *Orthographie und Zeichensetzung:* Eigenhändige Briefe sind originalgetreu wiedergegeben, soweit dem Archiv Originale oder Photokopien vorlagen. Offensichtliche Schreibversehen, Falschschreibungen von Namen usw. wurden korrigiert. Maschinenschriftliche Briefe wurden der heutigen Rechtschreibung angepaßt.

2. Die als Überschriften gesetzten *Werktitel* wurden nach der zwölfbändigen Frankfurter Ausgabe von Thomas Manns Werken zitiert. Unter dem Terminus »Erstdrucke« sind bei Beiträgen in Zeitschriften und Zeitungen die Erstveröffentlichung und die erste Buchausgabe (sofern sie zu Lebzeiten Thomas Manns herauskam) angegeben. Der Nachweis des Nachdrucks in der S. Fischer-Ausgabe erscheint im Register.

3. In den *Anmerkungen* sind die im Text erwähnten Arbeiten Thomas Manns mit genauen bibliographischen Angaben zitiert. Zitate werden nach Möglichkeit ausgewiesen, in der Regel nach den in Thomas Manns Nachlaßbibliothek stehenden Ausgaben. Ist eine Äußerung nicht aus sich selbst heraus verständlich, werden die Zusammenhänge, in denen sie steht, kurz angedeutet. Viele Einzelheiten konnten nicht ermittelt werden. Der Herausgeber ist für Ergänzungen und Korrekturen dankbar.

4. Die *Zeittafel* enthält die wichtigsten biographischen Angaben. Sie folgt im wesentlichen der ›Chronik‹ von Bürgin/Mayer. Neu zugänglich gewordenes Material ermöglichte es, die Chronik insbesondere der frühen Lebensjahre zu erweitern und zu präzisieren.

5. Im *Namenregister* werden Personen und Institutionen aufgeführt. Falls bekannt, sind auch Berufe und Lebensdaten der erwähnten Personen ausgewiesen. Beigegeben sind ein *Werk-* und ein nach Empfängern geordnetes *Briefregister*.

6. Die *Abkürzungen,* soweit sie nicht im Siglenverzeichnis und im Verzeichnis der zitierten Quellen aufgeführt sind, bedeuten:

eBr: eigenhändige (handschriftliche) Briefe oder Karten
mBr: maschinengeschriebene Briefe oder Karten
TMA: Thomas-Mann-Archiv der ETH Zürich

7. An *Hilfsmitteln* seien erwähnt:

Hans Bürgin, ›Das Werk Thomas Manns. Eine Bibliographie‹, unter Mitarbeit von Walter A. Reichart und Erich Neumann, Frankfurt a. M.: S. Fischer 1959.

Klaus W. Jonas, ›Fifty years of Thomas Mann studies. A bibliography of criticism‹, Minneapolis: Univ. of Minnesota Press 1955.

Klaus W. Jonas und Ilsedore B. Jonas, ›Thomas Mann studies. A bibliography of criticism‹, vol. 2, Philadelphia: Univ. of Pennsylvania Press 1967.

Klaus W. Jonas, ›Die Thomas-Mann-Literatur. Bibliographie der Kritik 1896–1955‹, in Zusammenarbeit mit dem Thomas-Mann-Archiv Zürich, Bd. 1, Berlin: Schmidt 1972.

Klaus W. Jonas, ›Die Thomas-Mann-Literatur. Bibliographie der Kritik 1956–1975‹, in Zusammenarbeit mit dem Thomas-Mann-Archiv Zürich, Bd. 2, Berlin: Schmidt 1979.

Harry Matter, ›Die Literatur über Thomas Mann. Eine Bibliographie 1898–1969‹, 2 Bde., Berlin und Weimar: Aufbau-Verlag 1972.

Georg Wenzel, ›Thomas Manns Briefwerk. Bibliographie gedruckter Briefe aus den Jahren 1889–1955‹, Berlin: Akademie-Verlag 1969 (= Deutsche Akademie der Wissenschaften zu Berlin; Veröffentlichungen des Instituts für deutsche Sprache und Literatur, 41).

›Die Briefe Thomas Manns. Regesten und Register‹, bearb. und hg. unter Mitwirkung des Thomas-Mann-Archivs der Eidgenössischen Technischen Hochschule Zürich von Hans Bürgin und Hans-Otto Mayer, Frankfurt a. M.: S. Fischer 1977 ff.

›Thomas Mann. Eine Chronik seines Lebens‹, zusammengestellt von Hans Bürgin und Hans-Otto Mayer, Frankfurt a. M.: S. Fischer 1965; ungekürzte und durchgesehene Ausgabe, Frankfurt a. M.: Fischer Taschenbuch 1974 (= Fischer-Taschenbuch, 1470).

8. Zu *Dank* verpflichtet ist der Herausgeber Frau Katja Mann für die Bewilligung zum Abdruck bisher noch unveröffentlichter Briefstellen, den einzelnen Verlagen für die Bewilligung zum Abdruck schon publizierten Materials. (Die Verlage sind im Literaturverzeichnis aufgeführt.)

Zu danken hat er ferner allen Bibliotheken und Archiven, aber auch den privaten Sammlern und Spezialisten, die ihn bei seiner Arbeit unterstützt haben:

Académie de Paris, Paris (R. Taburet); Akademie der Künste, Berlin-W.; Akademie der Künste der Deutschen Demokratischen Republik, Berlin (Ilse Siebert); Otto Basler, Burg; Bayerische Staatsbibliothek, München; Emil Belzner, Heidelberg; Walter A. Berendsohn, Bromma; Gottfried Bermann Fischer, Camaiore; Pierre Bertaux, Sèvres-Paris; Bibliotheca Bodmeriana, Cologny-Genève (Hans Braun); Bibliothek der Hansestadt Lübeck; Bibliothek der Israelitischen Cultusgemeinde, Zürich; Bibliothek der UNO, Genf; Bibliothek des Freien Hochstiftes, Frankfurt; Bibliothèque publique et universitaire de Genève; British Broadcasting Corporation, London (Winifred Phillips); Hans Bürgin, Kappeln / Schlei; CBS Records International, New York (Richard D. Simmel); Colby College Library, Waterville / Mass.; Deutsches Literaturarchiv, Marbach; Deutsches Seminar der Universität Tübingen (W. Wiethölter); Paul Felder, Nanterre; S. Fischer Verlag, Frankfurt a. M. (J. Hellmut Freund, Knut Beck); Peter Robert Franke, Saarbrücken; Erich A. Frey, Los Angeles; Goethe-Wörterbuch, Tübingen (Wolfgang Herwig, Rose Unterberger); The Guardian, Manchester (Muriel Brocklehurst); Henry Hatfield, Cambridge / Mass.; Hauptbibliothek der Eidgenössischen Technischen Hochschule, Zürich; Ida Herz, London; Hessische Landesbibliothek, Wiesbaden; Hessischer Rundfunk, Frankfurt a. M. (Friedemann Enke); Hoffmann und Campe Verlag, Hamburg (Marga Jöhnk); Rudolf Jakob Humm, Zürich; Hunter College, New York (Rose Gilligan); International Herald Tribune, New York (Murray M. Weiss); Jewish National and University Library, Jerusalem; Klaus W. Jonas, Pittsburgh; Königliche Bibliothek, Kopenhagen; Alice Kulikowska, Kattowice; Kunglinga Biblioteket, Stockholm; Louis Leibrich, Sèvres; Leo Baeck Institute, Tel-Aviv; Library of Congress, Washington; Kurt Loewenstein, Kirjat Ono; Antal Mádl, Budapest; Hans-Otto Mayer, Düsseldorf; Melantrich Verlag, Prag; Peter de Mendelssohn, München; Museumsgesellschaft Zürich; New York Herald Tribune Archives, New York University Journalism School, New York (Mae Bowler); Österreichische Nationalbibliothek, Wien (Magda Strebl); Österreichischer Rundfunk, Studio Salzburg (Klaus Gmeiner); John Pauker, Washington; Princeton University Library, Princeton (Alexander D. Wainwright); Radio der deutschen und der rätoromanischen Schweiz, Studio Zürich (Ruth Businger); Radio-Genossenschaft, Zürich; Marianne Rahn, Schondorff; Rhein-Neckar-Zeitung, Heidelberg (Ludwig Carl); Eva Schiffer, Amherst / Mass.; Schleswig-Holsteinische Landesbibliothek, Kiel; Schweizerische Landesbibliothek, Bern; Schweizerisches Sozialarchiv, Zürich; Redaktion »Sonntag«, Berlin-Ost; Staatsarchiv der Freien und Hansestadt Hamburg (Gesine Espig); Staatsbibliothek – Preussischer Kulturbesitz, Berlin-W.; Staats- und Universitätsbibliothek, Bremen; Staats- und Universitätsbibliothek, Göttingen; Stadtarchiv Braunschweig; Stadtbibliothek Aachen; Stadtbibliothek München (Richard Lemp); Stadtbibliothek Winterthur; Stadtbücherei Hannover; Stadt- und Landesbibliothek, Dortmund; Stadt- und Universitätsbibliothek, Frankfurt; Hans Ulrich Staeps, Wien; Süddeutscher Rundfunk, Stuttgart; Südverlag, Konstanz; Georg Svensson, Stockholm; Judith und Zoltán Tar, New York; Theodor-Heuss-Archiv, Stuttgart; Thomas-Mann-Gesellschaft, Zürich (Emmie Oprecht); The Times Literary Supplement, London (Patrick Carnegy); Ungarische Akademie der Wissenschaften, Budapest; Universität Bremen: Deutsche Presseforschung (Elger Blühm); Universität Lund; Universitätsbibliothek Düsseldorf; Universitätsbibliothek Heidelberg; Universitätsbibliothek Münster / Westf.; University Library, Lund (Jan-Olof Friström); University of New Hampshire, Durham / Conn.; University of Southern California, Los Angeles; Otto Veit, Wiesbaden; E. Vernède, Soestdijk Palace; Westdeutscher Rundfunk, Köln (Hanneliese Niggemeyer); Yale University Library, New Haven (Marjorie G. Wynne); Zentralbibliothek Zürich; Richard Zürcher, Zürich.

Ein ganz besonderer Dank gehört meiner Mitarbeiterin Marianne Fischer, Bibliothekarin am Thomas-Mann-Archiv der ETH, ohne deren Ausdauer Kommentar, Register und Korrekturen nicht innert nützlicher Frist hätten abgeschlossen werden können. Ursula Meili hat eine Zeitlang bei den Recherchen mitgearbeitet. Das Typoskript wurde größtenteils von Rosmarie Hintermann, Sekretärin am Thomas-Mann-Archiv, erstellt.

8. *Redaktionsschluß:* 1. April 1973.

H. W.

Nachbemerkung der Herausgeber

[zu ›Dichter über ihre Dichtungen. Thomas Mann. Teil III‹]

Infolge der unvorhergesehenen Auflösung des Heimeran-Verlages konnten die *Register* nicht in der vorgesehenen Form ausgeführt werden; insbesondere mußten wir im Namenregister auf die Angabe der Berufe und Lebensdaten verzichten.

[...]

Die Übernahme von Werkkommentaren aus den Tagebüchern war von Anfang an nicht geplant: sie hätte den verantwortbaren Umfang der Sammlung gesprengt und zudem nur Texte erschlossen, die mit Hilfe der Tagebuch-Register leicht aufzufinden sind.

Wir danken dem Zentenarfond der Eidgenössischen Technischen Hochschule für einen großzügigen Druckkostenzuschuß an die Bände II und III.

Zürich, 1. August 1980   H. W. / M. E.-F.

Zitierte Quellen

Werke Thomas Manns

›Gesammelte Werke in zwölf Bänden‹, Frankfurt a. M.: S. Fischer 1960. – ›Gesammelte Werke in dreizehn Bänden‹ (I-XII: 2., durchgesehene Aufl.) Frankfurt a. M.: S. Fischer 1974. [Bd., S.]

›‹Geist und Kunst›. Thomas Manns Notizen zu einem ‹Literatur-Essay›‹, Hg.: Hans Wysling, Thomas-Mann-Studien, Bd. 1, Bern u. München: Francke 1967, S. 123–233. [TMS I]

›Notizen zu Felix Krull, Friedrich [u. a. Werken]‹ (9. Notizbuch), Hg.: Hans Wysling, Beihefte zum Euphorion, H. 5, Heidelberg: Winter 1973.

›On Myself‹, Vortrag, gehalten vor Studenten der Universität Princeton, Hg.: Hans Wysling, Blätter der Thomas-Mann-Gesellschaft, Nr. 6, Zürich 1966, S. 5–30 [On Myself]. Nachgedruckt in: Hans Wysling, ›Dokumente und Untersuchungen. Beiträge zur Thomas-Mann-Forschung‹, Bern u. München: Francke 1974, S. 67–100, 190–196 [TMS III]; ›Gesammelte Werke in dreizehn Bänden‹, Frankfurt a. M.: S. Fischer 1974, Bd. 13, S. 127–169. [XIII]

Werke anderer

Johann Wolfgang Goethe, ›Gedenkausgabe der Werke, Briefe und Gespräche, 28. August 1949‹, Hg.: Ernst Beutler, 27 Bde., Zürich: Artemis-Verlag 1948–1971. [Artemis]

›Nietzsches Werke‹, Abt. 1–3, 20 Bde., Leipzig: Naumann; Kröner 1899–1926. [Nietzsche/GOA]

Sekundärliteratur

Hans Bürgin u. Hans-Otto Mayer, ›Thomas Mann. Eine Chronik seines Lebens‹, Frankfurt a. M.: S. Fischer 1965 [Chronik]; ungekürzte und durchgesehene Ausgabe, Frankfurt a. M.: Fischer Taschenbuch 1974, = Fischer-Taschenbuch, 1470. [Fischer-Taschenbuch 1470]

Hans Wysling, ›Dokumente und Untersuchungen. Beiträge zur Thomas-Mann-Forschung‹, Bern u. München: Francke 1974 (= Thomas-Mann-Studien, hg. vom Thomas-Mann-Archiv der Eidgenössischen Technischen Hochschule in Zürich, Bd. 3). [TMS III]

Gedruckte Briefe (Siglen)

Br. I = Thomas Mann, ›Briefe 1889–1936‹, Hg.: Erika Mann, Frankfurt a. M.: S. Fischer 1962.

Br. II = Thomas Mann, ›Briefe 1937–1947‹, Hg.: Erika Mann, Frankfurt a. M.: S. Fischer 1963.

Br. III = Thomas Mann, ›Briefe 1948–1955‹, Hg.: Erika Mann, Frankfurt a. M.: S. Fischer 1965.

A = Thomas Mann, ›Briefe an Paul *Amann*, 1915–1952‹, Hg.: Herbert Wegener, Lübeck: Schmidt-Römhild 1959 (= Veröffentlichungen der Stadtbibliothek Lübeck, neue Reihe, Bd. 3).

Ba I = ›Briefe Thomas Manns an einen Schweizer. Aus dem Briefwechsel zwischen Thomas Mann und Otto *Basler* 1930–1945‹, Schweizer Annalen, Aarau, Jg. 2, Nr. 9/10, 1945, S. 481–492. (U. d. T. ›Briefe an einen Schweizer, 1930–45‹ nachgedruckt in ›Altes und Neues. Kleine Prosa aus fünf Jahrzehnten‹, Frankfurt a. M.: S. Fischer 1953, S. 731–751.)

Ba II = Thomas Mann, ›Briefe an Otto *Basler*‹, vorgelegt von Otto Basler, Blätter der Thomas-Mann-Gesellschaft, Nr. 5, Zürich 1965, S. 5–15.

B = ›Thomas Mann an Ernst *Bertram*. Briefe aus den Jahren 1910–1955‹, Hg.: Inge Jens, Pfullingen: Neske 1960.

Be = ›Worte der Freundschaft für Alexander von *Bernus*‹, Nürnberg: Carl 1949.

F = Thomas Mann / Robert *Faesi*, ›Briefwechsel‹, Hg.: Robert Faesi, Zürich: Atlantis Verlag 1962.

Fi = ›Aus dem Briefwechsel Thomas Mann – Kuno *Fiedler*‹, Hg.: Hans Wysling, Blätter der Thomas-Mann-Gesellschaft, Nr. 11 u. 12, Zürich 1971–1972.

Gra = Thomas Mann, ›Briefe an Otto Grautoff, 1894–1901, und Ida Boy-Ed, 1903–1928‹, Hg.: Peter de Mendelssohn, Frankfurt a. M.: S. Fischer 1975.

H = Hermann *Hesse* – Thomas Mann, ›Briefwechsel‹, Hg.: Anni Carlsson, Frankfurt a. M.: Suhrkamp / S. Fischer 1968 (dass., erweitert von Volker Michels, Vorwort: Theodore Ziolkowski, Frankfurt a. M.: Suhrkamp / S. Fischer 1975, = Bibliothek Suhrkamp, Bd. 441 [H›bs‹].

Hi = Eberhard *Hilscher*, ›Thomas Mann. Leben und Werk‹, Berlin: Volk und Wissen 1965 (= Schriftsteller der Gegenwart, 15), S. 182–199.

Ho = Thomas Mann/Hugo von *Hofmannsthal*, ›Briefwechsel‹, [Hg.: Rudolf Hirsch und Hans Wysling], Almanach des S. Fischer Verlages, das 82. Jahr, Frankfurt a. M. 1968, S. 13–44.

K = Thomas Mann – Karl *Kerényi*, ›Gespräch in Briefen‹, Hg.: Karl Kerényi, Zürich: Rhein-Verlag 1960.

M = Thomas Mann – Heinrich *Mann*, ›Briefwechsel, 1900–1949‹, Hg.: Hans Wysling, Frankfurt a. M.: S. Fischer 1968; 6.–11. Tsd. 1969; 2. Auflage 1984.

Ma = Thomas Manns Briefe an Lavinia *Mazzucchetti*, in: Thomas Mann, ›Lettere a italiani‹, introd. e commento di Lavinia Mazzucchetti, Milano: Il Saggiatore 1962.

N = Thomas Manns Briefe an Erich *Neumann*, in: ›Vollendung und Größe Thomas Manns. Beiträge zu Werk und Persönlichkeit des Dichters‹, Hg.: Georg Wenzel, Halle (Saale): VEB Verlag Sprache und Literatur 1962, S. 24–35.

Nt = ›The letters of Thomas Mann to Caroline *Newton*‹, with a foreword by Robert F. Goheen, privately printed (Princeton University Press) 1971.

R = Thomas Mann – Hans *Reisiger*, ›Briefe aus der Vor- und Nachkriegszeit‹, Hg.: Hans Wysling, Blätter der Thomas-Mann-Gesellschaft, Nr. 8, Zürich 1968, S. 8–38.

Ry = ›Briefwechsel Thomas Mann – Max *Rychner*‹, Hg.: Hans Wysling, Blätter der Thomas-Mann-Gesellschaft, Nr. 7, Zürich 1967.

Briefregister

Adelman, Irving
  3. 12. 46 (87 f.)
Adorno, Theodor W.
  9. 1. 50 (90)
  9. 1. 52 (103)
  12. 2. 52 (107)
  19. 4. 52 (112)
Adriani, Gert
  22. 11. 54 (147)
Amann, Paul
  3. 8. 15 (70)
  10. 9. 15 (32, 70)
  1. 10. 15 (33 f.)
  8. 10. 16 (37, 72)
  25. 3. 17 (37)
  29. 7. 17 (38)
  11. 7. 18 (75)
  29. 3. 51 (93)
  23. 12. 51 (100 f.)
Angell, Joseph Warner
  4. 3. 37 (46)

Bab, Julius
  9. 4. 08 (15)
  5. 10. 10 (63)
  18. 10. 51 (98)
Baltzer, Peter
  10. 9. 54 (138)
Bandinelli, Ranuccio Bianchi
  2. 1. 54 (128)
Barthold, Eberhard
  26. 9. 48 (49)
Basler, Otto
  21. 6. 37 (84)
  10. 1. 48 (89)
  8. 1. 51 (91)
  25. 3. 51 (92 f.)
  7. 9. 52 (116)
  2. 8. 53 (120 f.)
  18. 1. 54 (128)
  20. 12. 54 (150)
  26. 3. 55 (153)

Benedikt, Ernst
  1. 1. 54 (127 f.)
  22. 4. 54 (132)
Berendsohn, Walter Artur
  11. 3. 51 (92)
Bernus, Alexander von
  22. 5. 10 (62)
  24. 10. 11 (64)
Bertaux, Félix
  1. 3. 23 (78)
  21. 11. 23 (80)
  20. 6. 25 (40)
  7. 2. 27 (41)
  31. 3. 27 (42 f.)
Bertram, Ernst
  28. 1. 10 (25 f.)
  30. 1. 13 (66)
  24. 7. 13 (67)
  26. 9. 16 (71)
  29. 3. 17 (38)
  21. 9. 18 (75 f.)
  16. 3. 20 (40)
  23. 6. 21 (76)
  2. 2. 22 (77)
  4. 11. 22 (40)
  8. 5. 23 (78)
  4. 2. 25 (81)
Bianquis, Geneviève
  22. 3. 28 (43 f.)
  13. 1. 30 (45)
  9. 6. 30 (Katja Mann) (45 f.)
Biermann-Ratjen, Hans Harder
  31. 1. 52 (106 f.)
Bodmer, Hans
  3. 1. 14 (69 f.)
Boy-Ed, Ida
  3. 9. 05 (7)
Brann, Henry (Hellmut) Walter
  21. 11. 51 (99)
  28. 3. 52 (109)
  12. 5. 53 (120)
  25. 8. 53 (121)

Kesten, Hermann
2. 1. 51 (90)
13. 12. 51 (100)
Kippenberg, Anton
14. 1. 32 (84)
Kläber, Kurt (Pseud.: Kurt Held)
9. 4. 51 (93f.)
Knopf, Alfred A.
4. 2. 51 (92)
2. 1. 53 (117f.)
Kohtz, Harald
6. 1. 53 (49)
15. 4. 55 (156)
Koplowitz, Oskar s. Seidlin, Oskar
Korte, Hans
3. 4. 18 (39f.)

Leibrich, Louis
16. 5. 53 (120)
16. 12. 53 (123)
4. 4. 54 (131)
Lesser, Jonas
20. 8. 51 (96)
6. 11. 51 (98)
10. 2. 52 (107)
22. 3. 52 (108)
10. 4. 52 (111)
25. 5. 52 (113)
3. 11. 54 (145)
Lion, Ferdinand
7. 12. 37 (85)
27. 12. 50 (90)
28. 4. 52 (112f.)
25. 12. 54 (150)
Lissauer, Ernst
22. 4. 24 (80f.)
Lowe-Porter, Helen Tracy
8. 4. 52 (110)
18. 12. 53 (124)
3. 3. 54 (130)
27. 6. 54 (136)
14. 7. 54 (136)
Lublinski, Samuel
6. 12. 08 (15)
16. 5. 10 (62)
13. 6. 10 (62f.)

Malik-Verlag, Berlin
1927 (82)
Mampell, Klaus
28. 6. 53 (120)
Mann, Erika
6. 11. 48 (89)
20. 5. 51 (94f.)
15. 8. 53 (121)
27. 1. 54 (129f.)
15. 2. 54 (130)
7. 6. 54 (134)
7. 11. 54 (145f.)
Mann, Heinrich
15. / 17. 10. 05 (8)
5. 12. 05 (8)
22. 1. 06 (8)
7. 6. 06 (8)
11. 6. 06 (8f.)
7. 6. 07 (10)
19. 6. 07 (10)
22. 6. 07 (10)
16. 10. 07 (13)
15. 1. 08 (14)
6. 2. 08 (14)
10. 11. 08 (15)
7. 12. 08 (15)
25. 3. 09 (16, 60)
1. 4. 09 (17)
3. 6. 09 (17f.)
30. 9. 09 (19)
12. 12. 09 (21)
18. 12. 09 (22)
10. 1. 10 (22f., 61)
26. 1. 10 (24f.)
17. 2. 10 (61f.)
16. 3. 10 (27)
20. 3. 10 (62)
18. 9. 10 (63)
16. 11. 10 (29)
24. 3. 11 (63f.)
27. 4. 12 (64ff.)
8. 11. 13 (31)
Mann, Monika
8. 1. 52 (103)
3. 12. 54 (148)

Werkregister

T = Text   A = Anmerkung

Namenregister

Mit * bezeichnete Namen s. auch Briefregister
Kursivdruck:Werktitel von Thomas Mann s. Werkregister

Thomas Mann

Fischer Taschenbuch Verlag

fi 227 / 8

Thomas Mann

Die Essaybände

Essays
Band 1: Ausgewählte
Schriften zur Literatur
Begegnungen mit Dichtern
und Dichtung
In Zusammenarbeit mit
Hunter Hannum herausgegeben
von Michael Mann
Band 2: Politische Reden
und Schriften
Ausgewählt, eingeleitet
und erläutert von
Hermann Kurzke
Band 3: Schriften über
Musik und Philosophie
Ausgewählt, eingeleitet
und erläutert von
Hermann Kurzke
3 Bände: 1906, 1907, 1908

Goethe's Laufbahn
als Schriftsteller
Zwölf Essays und
Reden zu Goethe
Band 5715

Betrachtungen
eines Unpolitischen
Mit einem Vorwort
von Hanno Helbling
Band 9108

Wagner und unsere Zeit
Aufsätze, Betrachtungen
Briefe
Herausgegeben von Erika Mann
Mit einem Geleitwort
von Willi Schuh
Band 2534

Die Briefbände

Thomas Mann
Briefwechsel mit seinem
Verleger Gottfried
Bermann Fischer
1932–1955
Herausgegeben von
Peter de Mendelssohn
Band 1566

Briefe
Herausgegeben von
Erika Mann
Band 1: 1889–1936
Band 2136
Band 2: 1937-1947
Band 2137
Band 3: 1948-1955
und Nachlese
Band 2138

Eine Chronik
seines Lebens
Zusammengestellt von
Hans Bürgin und
Hans-Otto Mayer
Band 1470

Fischer Taschenbuch Verlag

fi 119 / 2

Thomas Mann
Selbstkommentare

›Der Erwählte‹
Informationen und
Materialien zur Literatur
Band 6890

Im Juni 1917, als er für die
›Betrachtungen eines Unpoliti-
schen‹ das Kapitel ›Von der
Tugend‹ schrieb, erinnerte er im
Zusammenhang mit der Musik
Palestrinas an »die Morgenglocken
von Rom«; gut dreißig Jahre spä-
ter, im Januar 1948 begann er seine
»mittelalterliche Legenden-
Novelle« ›Der Erwählte‹ mit dem
Kapitel ›Wer läutet?‹. Im Oktober
1950 klang der Roman im Kapitel
›Der sehr große Papst‹ mit eben
diesen Glocken aus.

›Königliche Hoheit‹
›Bekenntnisse des
Hochstaplers Felix Krull‹
Informationen und
Materialien zur Literatur
Band 6891

Vom Sommer 1905 bis zum
Februar 1909 arbeitete er, von gelegentlichen Aufsätzen unterbrochen,
an einem Gegenstück zu ›Tonio
Kröger‹, wie er seinen Plan erstmals im Dezember 1903 in einem
Brief an Walter Opitz bezeichnete; vom Januar 1910 bis ins Jahr
1913 und, nach sehr langer Pause,
von Januar 1951 bis zum April
1954 schrieb er »an dem ›Krull‹ zu
meiner Unterhaltung langsam weiter ohne zu wissen, ob das Ding je
fertig wird, was jedenfalls eine
Sache von Jahren wären«
(20. August 1951 an Jonas Lesser).

Fischer Taschenbuch Verlag